Geschichte, Gegenwart und Zukunft der Bibliothek

Festschrift für Konrad Marwinski

zum 65. Geburtstag

Herausgegeben von

Dorothee Reißmann

K · G · Saur München 2000

Abbildungsnachweis

S. II: Dr. Konrad Marwinski
(Foto: Peter Scheere, Fotozentrum der Friedrich-Schiller-Universität Jena)

Die Deutsche Bibliothek – CIP-Einheitsaufnahme

Geschichte, Gegenwart und Zukunft der Bibliothek :
Festschrift für Konrad Marwinski zum 65. Geburtstag /
hrsg. von Dorothee Reißmann. – München : Saur, 2000
ISBN 3-598-11438-9

Gedruckt auf säurefreiem Papier / Printed on acid-free paper

Satz : Dr. Rainer Ostermann, München
Druck : Strauss Offsetdruck, Mörlenbach
Binden : Buchbinderei Schaumann, Darmstadt

ISBN 3-598-11438-9

Inhaltsverzeichnis

Zum Geleit

Mit dieser Festschrift möchten Ihnen die Autoren zur Vollendung des 65. Lebensjahres am 16. Januar 1999 gratulieren und ihre Anerkennung bezeugen für die vielfältigen Aktivitäten, mit denen Sie die Bibliothekslandschaft und das kulturelle Leben, insbesondere Ihrer Wahlheimat Thüringen bereicherten. So vielfältig, wie sich Ihre bibliothekarische Arbeit gestaltet und Ihr Interesse am Buch- und Bibliothekswesen dargestellt haben, so vielseitig sind auch die Themen, die in diesem Band diskutiert werden.

In Königsberg/Pr. geboren und sich nach dem Kriege in einem Dorf des thüringischen Grabfeldes als Flüchtling wiederfindend, verlief auch Ihre weitere Biographie nicht ohne die Blessuren der Nachkriegszeit und der beginnenden DDR-Zeit in einer vaterlosen Familie, da Ihre soziale Herkunft nicht in das Bild des politischen Systems paßte. Trotz aller Umwege beim beruflichen Werdegang, die Ihnen aufgebürdet worden sind, blieben Sie in Thüringen und kamen nach bibliothekarischer Tätigkeit an der damaligen Thüringischen Landesbibliothek Weimar, der heutigen Herzogin Anna Amalia Bibliothek, nach Jena an die Universitätsbibliothek der Friedrich-Schiller-Universität. Hier waren Sie zunächst als Abteilungsleiter für Informations- und Auskunftstätigkeit und später als stellvertretender Direktor für Erwerbungs- und Erschließungsaufgaben zuständig.

Sie brachten eine große Liebe zum historischen Buch mit und konnten dieser auch Ausdruck verleihen, wenn auch alle Publikationstätigkeit politischen Zwängen unterlag. Aber es war doch möglich, weil es sich um Gegenstände und Inhalte handelte, die für die politisch Herrschenden nicht von vorrangiger Bedeutung waren.

Weiter galt Ihr Interesse der Entwicklung von Bibliotheksverwaltungsprozessen und bibliothekspolitischen Aufgaben, die eng mit der Entwicklung der Universitätsbibliothek Jena zusammenhingen. So wurde in den siebziger Jahren die Konzeption eines einschichtigen Bibliothekssystems an der Friedrich-Schiller-Universität im Grundsatz entwickelt und in die Praxis eines zentralen Geschäftsgangs für Beschaffung und Erschließung sowie in eine Bestandskoordinierung schon bei der Bestellung der Literatur unter Mitwirkung der Wissenschaftsbereiche überführt.

Sie wurden nach der Wende für das Amt des Direktors der Universitätsbibliothek Jena von einer Wissenschaftlergruppe der Universität vorgeschlagen und zum 1. April 1990 in dieses Amt vom damaligen Minister für Hoch- und Fachschulwesen der neu gewählten Regierung der DDR berufen. In dieser Funktion lernten die meisten der hier versammelten Autoren Sie kennen.

Neben der Neuordnung der bibliotheksinternen Arbeitsbereiche und -prozesse und der Neubewertung der Ressourcen an Büchern sowie der materiellen und technischen Voraussetzungen widmeten Sie sich nach Ihrer Berufung in die Bund-Länder-Arbeitsgruppe Bibliothekswesen, die noch als Teil der Deutsch-deutschen Bildungskommission zur Förderung des Vereinigungsprozesses gegründet worden war, für mehrere Jahre dem Zusammenwachsen des Bibliothekswesens und trugen in vielfältiger Gremienarbeit (Bundesvorstand des DBV, BDB-Koordinationsgremium, GBV-Gründungsbeirat, Bibliotheksausschuß der DFG, DBV-Landesverband Thüringen, Hochschulstrukturkommission für Thüringen, Arbeitsgruppe Bibliotheken und Konferenz der Direktoren Thüringer Wissenschaftlicher Bibliotheken) auch weiterhin zum gegenseitigen Verständnis zwischen Fachkolleginnen und -kollegen aus Ost und West bei.

Genauso wichtig waren Ihre Aktivitäten im Hinblick auf die Gestaltung der zukünftigen Bibliotheksarbeit. Für die Einführung neuer Informationsprozesse und deren Auswirkung auf Benutzer- und Mitarbeiterschaft setzten Sie sich stets aufgeschlossen ein, indem Sie sowohl den traditionellen als auch den neu hinzukommenden Aufgaben den ihnen entsprechenden Platz einräumten.

Nicht zuletzt haben Sie von Anbeginn Ihrer Amtszeit als Direktor der Thüringer Universitäts- und Landesbibliothek gemeinsam mit den führenden Persönlichkeiten der Friedrich-Schiller-Universität alle Möglichkeiten gesucht, um das Bibliotheksneubau-Projekt in das Bewußtsein aller Entscheidungsträger zu tragen. Als Ihr schönster Erfolg ist wohl die Grundsteinlegung für das neue Domizil der Bibliothek zu betrachten. Der Neubau wird der erste Zweckbau für die Bibliothek in ihrer über vierhundertjährigen Geschichte sein. Bis das Vorhaben so weit gediehen ist, haben Sie Konzeptionen und Planungsleistungen für den Neu- und Wiederaufbau der Thüringer Universitäts- und Landesbibliothek wesentlich vorangebracht.

Wir alle haben Sie in Ihren Aktivitäten als jemanden kennengelernt, der immer bereit ist, die Meriten und Aktivitäten anderer anzuerkennen und in eigene Überlegungen mit einzubeziehen. Sie bleiben im Gespräch und polarisieren nicht. Mit dieser Integrationsfähigkeit haben Sie selbst viele Entwicklungen befördern können.

So ist es Ausdruck der Wertschätzung für Ihre Person, wenn sich namhafte Kolleginnen und Kollegen aus dem Bibliothekswesen der Bundesrepublik an dieser Festschrift beteiligen und auch Herr Professor Saur sich gern bereit erklärt hat, diese Festschrift zu verlegen. Allen Beteiligten sei an dieser Stelle noch einmal für ihre Mitarbeit Dank gesagt.

Dorothee Reißmann

BIBLIOTHEK UND MEDIEN

Helmut Claus

Zu Vorgeschichte und Anfängen der Arbeit am „Verzeichnis der im deutschen Sprachbereich erschienenen Drucke des XVI. Jahrhunderts – VD 16 – " in den neuen Bundesländern[1]

1. Vorgeschichte

In der Pflege und Erschließung des Erbes in den Bibliotheken der ehemaligen DDR standen zwei Prestigevorhaben mit deutlichem Abstand vor anderen Unternehmen im Vordergrund: der „Gesamtkatalog der Wiegendrucke" (GW) und das „Zentralinventar der mittelalterlichen Handschriften bis 1500 in den Sammlungen der Deutschen Demokratischen Republik" (ZIH).[2] Beide waren mit Dienststellen in der Deutschen Staatsbibliothek Berlin, die als „Leitstelle" für die Arbeit am Erbe in den Bibliotheken fungierte, angesiedelt. Die Inkunabel-abteilung hatte man im Laufe der Jahrzehnte aus der Gemeinsamkeit mit den Handschriften herausgelöst. Beide Abteilungen waren mit GW bzw. ZIH mit überregionalen Aufgaben betraut, im Falle des GW, wie bekannt, mit einer weit über die DDR hinaus reichenden Verpflichtung.

Gegenüber diesen Unternehmen mußte anderes zurückstehen. So kam es, daß trotz der politisch hochangebundenen Bauernkriegsforschung, die ideologiegeschichtlich als Forschung zur „Frühbürgerlichen Revolution" als *der* revolutionären Tradition des deutschen Volkes im 16. Jahrhundert galt, eine bibliographische Grundlagenarbeit für das 16. Jahrhundert nicht betrieben wurde. Wer auf diesem Gebiet forschte, war bezüglich der zeitgenössischen Drucke gewissermaßen als Einzelkämpfer darauf angewiesen, sich die notwendigen Informationen irgendwie zu beschaffen, beispielsweise über das ehemalige Tübinger DFG-Flugschriften-Projekt.[3] Für Publikationsarbeit unter diesen Umständen erwähne ich paradigmatisch den ersten Band der von der Akademie der Wissenschaften der DDR unter der Leitung von Professor Dr. Adolf Laube besorgten Flugschriften-Ausgaben: „Flugschriften der Bauernkriegszeit" (Berlin 1975; 2. Aufl.1978). Ich erinnere mich der Gespräche mit einem der Mitarbeiter dieser Arbeitsgruppe, Dr. Dietrich Lösche (†), der Anfang der 70er Jahre um das Aufspüren des notwendigen Materials in den Bibliotheken der DDR bemüht war und der den bibliographischen Gesamtzustand für ein solches Akademie-Unternehmen aufs heftigste beklagte. Von daher war es denn auch für DDR-Verhältnisse fast aufsehen-erregend, als die damalige Forschungsbibliothek Gotha zum Müntzer-Jahr 1975 ein Verzeich-

---

[1] Der Beitrag ist eine veränderte Fassung eines Vortrags in Blaubeuren am 4. November 1996 im Rahmen des 2. Tübinger Symposiums für Handschriften/Alte Drucke.

[2] Über das Zentralinventar vgl. Schipke, Renate: Mittelalterliche Handschriften in der DDR und ihre zentrale Katalogisierung. – In: ZfB 92 (1978), S. 319ff. [Corrigenda S. 475] und ZfB 95 (1981), S. 311ff.; Winter, Ursula: Die Katalogisierung der mittelalterlichen Handschriften in der Deutschen Demokratischen Republik, insbesondere in der Deutschen Staatsbibliothek Berlin. – In: Wolfenbütteler Forschungen 30 (1986), S. 101ff. (mit weiterer Literatur).

[3] Zu diesem Projekt s. Köhler, Hans-Joachim: Bibliographie der Flugschriften des 16. Jahrhunderts. T. 1. Das frühe 16. Jahrhundert (1501 – 1530). Bd. 1. Tübingen 1991, S. V ff.

nis der auf den Bauernkrieg bezüglichen zeitgenössischen Schriften der Jahre 1524 – 1526 herausbrachte[4] und dabei konstatieren mußte, daß trotz des großen Forschungsinteresses in der DDR an gerade diesen Jahren eine spezielle bibliographische Übersicht über die vorliegenden Originaldrucke mit dem Versuch der druckgeschichtlichen Einordnung und wenigstens einigen Exemplarnachweisen noch nicht erarbeitet worden war. Mit dieser kleinen Schrift und einigen weiteren einschlägigen Publikationen in ihrer Schriftenreihe hatte die Gothaer Bibliothek, wie sich im Zusammenhang mit Erwägungen zu einem „Zentralkatalog der Drucke des 16. Jahrhunderts auf dem Territorium der DDR" (ZK 16) bzw. einer wie auch immer gearteten Mitarbeit am VD 16 erweisen sollte, auf sich aufmerksam gemacht.

Ich erinnere mich des weiteren, daß das Erscheinen des ersten Bandes des VD 16 (1983) im Bibliothekswesen der DDR – trotz aller Kenntnis um das Anlaufen eines solchen Unternehmens – wie eine Bombe einschlug. Den leitenden Kräften kam nunmehr zum Bewußtsein, daß es neben den Handschriften und den Inkunabeln weitere Erbekategorien gab, bei deren bibliographischer Bewältigung erhebliche Defizite zu beklagen waren.

Seit Mitte der 80er Jahre wurden daher Überlegungen angestellt, wie man in der DDR hinsichtlich des 16. Jahrhunderts nachziehen könne. Gedacht war dabei zunächst an einen DDR-eigenen Zentralkatalog („ZK 16"). 1986 wurde ich erstmals aufgefordert, ein Positionspapier mit der Zielrichtung auf eine zentrale Arbeitsstelle in Gotha vorzulegen. Es folgten, wie dies üblich ist, weitere Papiere und Verlautbarungen: ein Pflichtenheft, eine Verteidigung des Projekts, ein Vortrag zu diesem Thema auf einer Tagung zum „kulturellen Erbe" in den Bibliotheken der DDR sowie mehrere Schreiben an die Abteilung Bibliotheken und Museen des Ministeriums für Hoch- und Fachschulwesen. Erörtert wurden dabei zwei Grundmodelle: ein Zentralkatalog ohne näheren Konnex zum VD 16 und eine Form, die den engeren Anschluß an das VD 16 anstrebte, ohne freilich dabei politische Positionen aufzugeben.

Im weiteren Fortgang wurde der Beirat für das wissenschaftliche Bibliothekswesen und die wissenschaftliche Information, dessen Vorsitz der Generaldirektor der Deutschen Bücherei, Professor Dr. Helmut Rötzsch, innehatte, vom Ministerium beauftragt, darüber zu befinden und eine Stellungnahme abzugeben. Helmut Rötzsch verständigte sich seinerseits insbesondere mit der Generaldirektorin der Deutschen Staatsbibliothek, Professor Dr. Friedhilde Krause, die ebenfalls Gotha von Anfang an als Arbeitsstelle für das Unternehmen unterstützt hatte, nicht ohne hierbei gewissen Widerständen im eigenen Hause entgegentreten zu müssen.

Der Beirat tendierte zu dem zweiten Modell, also zur Kooperation mit dem VD 16. Das war nicht zuletzt Helmut Rötzsch zu verdanken, der seinerseits den ihm möglichen Kontakt zu Dr. Franz Georg Kaltwasser, dem Direktor der Bayerischen Staatsbibliothek, gesucht hatte und hier auf Interesse gestoßen war. Die weiteren Entwicklungen verliefen nun in mehrere Richtungen:

Ich wurde beauftragt, das Ganze mit Professor Dr. Paul Raabe, dem Direktor der Herzog August Bibliothek, zu erörtern und in den Einzelheiten weiter voranzubringen. Dies geschah in mehreren Besprechungen, zuerst im September 1988 gelegentlich eines Kolloquiums in Wolfenbüttel, danach bei einem Aufenthalt von Paul Raabe in Weimar im Januar 1989 sowie im März 1989 wiederum in Wolfenbüttel. Als grundsätzlich wichtig wurde dabei u. a. festgehalten, daß die für das Supplement zum VD 16 bereits vorliegenden Katalogisate

---

4 Claus, Helmut: Der deutsche Bauernkrieg im Druckschaffen der Jahre 1524 – 1526. Verzeichnis der Flugschriften und Dichtungen. Gotha 1975. (Veröffentlichungen der Forschungsbibliothek Gotha ; 16.)

Gotha zur Verfügung gestellt werden sollten, um Doppelarbeit von vornherein so weit wie möglich zu vermeiden.

Die Vorstellungen liefen je länger je mehr darauf hinaus, daß die Arbeitsstelle über die Brücke des Kulturabkommens zwischen den beiden deutschen Staaten mit dem Unternehmen VD 16 kooperieren sollte. In diesem Sinne äußerte sich Helmut Rötzsch in seiner Eigenschaft als Vorsitzender des Beirates nun auch pflichtgemäß Anfang 1989 zu dem Projekt gegenüber dem Ministerium. Er bewertete es positiv, mahnte an, daß es an der Zeit sei, dem Ganzen von seiten des Ministeriums nunmehr eine gewisse Verbindlichkeit zu verleihen, und empfahl, das Projekt auf die Tagesordnung der für April 1989 geplanten Direktorenkonferenz in Georgenthal am Thüringer Wald zu setzen. Dies wurde akzeptiert und ich beauftragt, den dafür notwendigen einführenden Vortrag mit dem Ziel zu halten, die anwesenden Direktoren für eine Mitarbeit ihrer Häuser zu gewinnen. In der Tat erklärten sich die anwesenden Direktoren der wichtigsten Bibliotheken zur Mitarbeit bereit, und zwar ohne daß zusätzliche Mittel oder Stellen in Aussicht gestellt werden konnten. Es waren dies außer Gotha selbst:

– Berlin, Deutsche Staatsbibliothek
– Dresden, Sächsische Landesbibliothek
– Freiberg, Bibliothek der Bergakademie
– Greifswald, Universitätsbibliothek
– Halle, Universitäts- und Landesbibliothek
– Jena, Universitätsbibliothek
– Leipzig, Universitätsbibliothek
– Rostock, Universitätsbibliothek

Grundlage sollten sinnvollerweise die Erfassungs- und Katalogisierungskonventionen des VD 16 sein. Hier waren einige Vorstellungen zu überwinden, die gegenüber dem konventionell arbeitenden VD 16 eine eigene rechnergestützte Katalogisierung in Kurztitelform, die somit nicht kompatibel sein konnte, vorschlugen.

Damit waren die Würfel gefallen und die verbindliche Beauftragung der Forschungsbibliothek Gotha war nur mehr eine, wenn auch wichtige Formsache. Im Anschluß an diese Grundsatzentscheidung fand im Juni 1989 in Gotha ein Treffen der künftigen Bearbeiter der zur Mitarbeit entschlossenen Bibliotheken zur näheren Abstimmung der Vorgehensweise statt. Die Absprachen mit Wolfenbüttel und damit die Kenntnis der Arbeitsmodalitäten der sogenannten 2. Phase des VD 16, der Arbeit am Supplement, erwiesen sich nun für die künftige Arbeit innerhalb der DDR als notwendige Voraussetzung. Das München-Wolfenbüttler Erfassungsmodell, wie es sich für die Arbeit am Supplement zwischen Wolfenbüttel und einer Reihe von Bibliotheken bereits bewährt hatte, also: Abgleichung anhand der erschienenen und weiter erscheinenden VD-16-Bände, Meldung der neuen Titel auf der Grundlage von mit den weiteren unerläßlichen bibliographischen Daten versehenen Kopien einerseits und Meldung der Dubletten in Listenform für eine Besitzstandsdatei andererseits, wurde übernommen. Auf dieser Grundlage begannen einige Bibliotheken des bislang allein angesprochenen Unterstellungsbereiches des Ministeriums für Hoch- und Fachschulwesen nach Gotha zu melden.

Erst Monate später, im Oktober 1989, wurde Gotha das vom Berliner Ministerium lange angekündigte offizielle Beauftragungsschreiben übermittelt; zu einer Zeit also, da der große Exodus aus der DDR – zunächst in Richtung Ungarn – immer mehr anschwoll und man sich allenthalben die Frage stellte, wie die DDR diese Staatskrise wohl würde bewältigen können.

Über den Unterstellungsbereich des Ministeriums für Hoch- und Fachschulwesen waren zwar die für eine Zuarbeit wichtigen Bibliotheken zum größten Teil angesprochen, aber eben nur zum Teil. Es fehlten noch durchaus wichtige Sammlungen, die nur über das Ministerium für Kultur zu erreichen waren. Von ihnen seien nur die damalige Zentralbibliothek der Deutschen Klassik und heutige Herzogin Anna Amalia Bibliothek in Weimar, die Bibliothek der Lutherhalle Wittenberg sowie die Ratsschulbibliothek Zwickau genannt. Um das Ganze nicht von vornherein zu überladen, sollte der große Kreis der Kirchenbibliotheken, zu denen beispielsweise auch das Predigerseminar in Wittenberg gehört, zunächst außen vor bleiben. Zur Kontaktaufnahme über das Ministerium für Kultur kam es indes nicht mehr, denn organisatorische Maßnahmen dieser Art wurden von der Wende überrollt, und es bedurfte keiner ausdrücklichen administrativen Handlungen mehr, die drei genannten, für den Besitzstand an Drucken des 16. Jahrhunderts außerordentlich wichtigen Bibliotheken zur Mitarbeit zu gewinnen.

2. Die Anfänge der Gothaer Arbeitsstelle in der Wende-Zeit

Mein dritter Besuch in Wolfenbüttel erfolgte im November 1989 und wird mir für immer denkwürdig bleiben: In der Nacht zum 10. November wurde ich im stillen Wolfenbüttel von dem mir nur zu gut bekannten spezifischen Geräusch und Geruch der Trabis geweckt. Die innerdeutsche Grenze war offen, der Untergang der DDR zeichnete sich ab. Unter diesen Vorzeichen fand am 13. November ein Treffen im Bibliotheksausschuß der Deutschen Forschungsgemeinschaft in Bad Godesberg statt, an dem, neben den Vertretern der DFG, vom Unterausschuß für das VD 16 Professor Dr. Severin Corsten, von der Bayerischen Staatsbibliothek Dr. Kaltwasser und Dr. Irmgard Bezzel, von der Herzog August Bibliothek Professor Raabe sowie Dr. Helmar Härtel und ich mit ihnen erschienen waren. Es wurde in dieser Besprechung zwar nach wie vor von DDR-Bedingungen ausgegangen, aber allen Beteiligten war wohl klar, daß weitere, grundsätzliche Veränderungen in der näheren Zukunft bevorstanden. In Bad Godesberg wurde ein „Letter of intent" aufgesetzt und eine Vereinbarung zwischen München, Wolfenbüttel und Gotha vorbesprochen, die als Kooperationsvertrag für die Dauer von zunächst fünf Jahren im Dezember 1989 unterzeichnet worden ist. Hier wurden u. a. die Übergabe einer kompletten Kopie der bislang erarbeiteten Katalogisate der 2. Phase sowie selbstverständlich der künftige regelmäßige Austausch aller weiteren neuen Titel festgelegt. Im Anschluß an den Vertragsabschluß nahmen die Kollegen der Wolfenbütteler Arbeitsstelle das Kopieren der schon Tausende zählenden Katalogisate in Angriff und stellten diese Kopie der Gothaer Arbeitsstelle bereits Anfang 1990 zur Verfügung.

Die behördliche Aufsicht von seiten der DDR erwies sich bei dieser wichtigen Vereinbarung schon eher als vage Formsache, denn die Strukturen waren inzwischen in Auflösung begriffen. Dies wurde auch bei einer letzten, eher abwickelnden Direktorenkonferenz der wissenschaftlichen Bibliotheken in Berlin im Januar 1990 deutlich: Der bisherige Chef des Ministeriums für Hoch- und Fachschulwesen, Professor Dr. Hans-Joachim Böhme, hatte bereits seinen Hut nehmen müssen, der für die Bibliotheken zuständige stellvertretende Minister, Professor Dr. Gerhard Engel, verabschiedete sich ebenso wie der zuständige Abteilungsleiter, Professor Dr. Dieter Grampp, und der Kurs in Richtung Wiedererrichtung der Länder und die Unterstellung der versammelten Bibliotheken in der jeweiligen Region stand auf der Tagesordnung.

Unter der Voraussetzung, daß die weitere Zuarbeit gemäß den Festlegungen vom Juni 1989 auch unter den neuen Bedingungen fortgesetzt werden konnte, was zunächst abgewartet werden mußte, entwickelten sich die Dinge in Gotha im ersten Halbjahr 1990 damit in Richtung Arbeitsstelle für die zu erwartenden neuen Bundesländer. Die personellen Vorgaben wurden dabei in Gotha stillschweigend in die neue Zeit transferiert, d.h. die Arbeit auf Planstellenbasis, und zwar mit 1 ½, später 2 ½ Planstellen des gehobenen Dienstes.

Der in allen Einzelheiten zu vollziehende Angleichungsprozeß an die äußeren Formen der Arbeit am Supplement machte zwangsläufig seit Anfang 1990 eine sehr intensive Zusammenarbeit mit der Arbeitsstelle in Wolfenbüttel und ihrem leitenden Mitarbeiter, Wolfgang Schlosser, notwendig. Da in erster Linie die Zuarbeit neuer Titel gebraucht wurde, die sich durch die Abgleichung an den bis Herbst 1989 vorliegenden 14 Bänden des VD 16 bereits in beachtlicher Zahl ergeben hatten, waren auch in Gotha jene Schreibmaschinen erforderlich, die in Typenart und Typensatz mit den in Wolfenbüttel und München verwendeten identisch sein mußten, ging man doch zunächst auch für das Supplement wiederum von einem künftigen Kartendruck aus. Diese Maschinen waren inzwischen auch in den alten Ländern nur noch mit Mühe aufzutreiben, wurden aber zusammen mit einem ebenso unumgänglich notwendigen, leistungsfähigen Kartenkopierer, an den in der DDR nicht zu denken war und der mit Mitteln der Freunde der Herzog August Bibliothek erworben werden konnte, von dort bald zur Verfügung gestellt. Als dringend benötigtes Arbeitsinstrument erwies sich außerdem eine Schreibmaschine mit griechischen Typen. Sie konnte – fast überraschend – von Gotha aus kurzfristig beschafft werden (Typ „Robotron 24").

Neben den neuen Katalogisaten waren in Gotha selbstverständlich auch die bereits vorliegenden zahlreichen Berichtigungen und Korrekturen zum Hauptwerk erforderlich, um gegenüber den zuliefernden Ost-Bibliotheken aussagefähig zu sein. Auch mußten natürlich die Statistik-Konventionen aufeinander genau abgestimmt werden, damit die notwendige Berichterstattung über das Geleistete in übereinstimmender Weise gewährleistet war.

Diese erfolgte zusammen mit den anderen Arbeitsstellen gegenüber der DFG in den regelmäßig anberaumten Unterausschußsitzungen. Hier nahm die Gothaer Arbeitsstelle von vornherein insofern eine Sonderstellung ein, als eine Unterstützung mit Personalmitteln zu keiner Zeit erfolgte. Dafür förderte die DFG, deren Blick sich zu dieser Zeit ohnehin schon mit einer gewissen Ungeduld auf das VD 17 richtete, die Arbeitsstelle 1992 mit einer Computer-Konfiguration (Siemens MX300), nachdem man in Wolfenbüttel schon in den 80er Jahren damit begonnen hatte, die Besitzstandsdatei, die Verzeichnung der Mehrfachexemplare, auf Computer zu nehmen.

Mit der Installation des Wolfenbüttler Besitzstandsdatei-Programms auch in Gotha war danach die Übernahme der Besitzstandsdatei/Ost auf EDV und der regelmäßige Update-Austausch zwischen den getrennt vorliegenden Besitzstandsdateien möglich geworden. Die zeitaufwendige Erfassung der Mehrfachexemplare, die anfänglich in Gotha von den Bibliothekarinnen mit übernommen werden mußte, konnte späterhin ABM-Kräften übertragen werden, was zur Beschleunigung der eigentlichen Katalogisierung wesentlich beigetragen hat.

Mit der Computerisierung der Besitzstandsdatei bin ich der Wendezeit bereits enteilt. Es verbietet sich im Rahmen dieses Beitrages, der den Anfängen der Arbeit am VD 16 im Osten Deutschlands gewidmet ist, schon aus Platzgründen, die anschließenden Entwicklungen oder gar die technischen Einzelheiten weiter zu verfolgen. Es mögen daher in dieser Übersicht abschließend nur mehr einige grundsätzliche Bemerkungen folgen.

3. Die Mitarbeit der ostdeutschen Bibliotheken am VD 16 als sachliche Notwendigkeit

Für den Einbezug ostdeutscher Bibliotheken in ein retrospektives Unternehmen wie das VD 16 gibt es Gründe, die nicht nur auf der politischen Ebene angesiedelt sind oder mit abstrakten Mengengerüstfragen zusammenhängen. Ganz wichtig ist die gleichmäßige Berücksichtigung dessen, was man die regionale Überlieferung des „autochthonen" Schrifttums nennen könnte, sowohl in sachlicher Hinsicht, als auch – und vor allem – was die druckgeschichtliche Herkunft betrifft. Dieser Gesichtspunkt spielt beim Druckschaffen des 16. Jahrhunderts im deutschen Sprachgebiet eine bereits weitaus gewichtigere Rolle als bei den Inkunabeln. Es ist eben eine Erfahrungstatsache, daß beispielsweise die frühen Königsberger Drucke am besten in Königsberg und in anderen Orten Ostpreußens,[5] die frühen Breslauer Drucke am besten in Breslau[6] und die frühen Oderfrankfurter Drucke durch die Verlagerung der Viadrina nach Breslau am besten ebenfalls in Breslau zu finden waren.[7] Mutatis mutandis läßt sich dies, bezogen auf die Gegebenheiten im Osten Deutschlands, etwa auf die Universitätsbibliothek Rostock bezüglich der alten Rostocker Drucke,[8] auf die Ratsschulbibliothek Zwickau als die älteste wissenschaftliche Bibliothek Sachsens mit ihrem Reichtum an sächsischen Drucken[9] oder auf die Thüringer Universitäts- und Landesbibliothek Jena als wesentlichen Träger der Überlieferung der frühen Wittenberger Drucke[10] ausdehnen. Dieser Gesichtspunkt ist von Anfang an zu Recht für die Notwendigkeit der Zusammenarbeit im Sinne einer Zusammenführung des Druckschaffens des deutschen Sprachgebiets ins Feld geführt worden und er hat sich in der Praxis bestätigt, ohne daß dies hier an Einzelbeispielen belegt werden müßte.

4. Ausblick

Von den oben genannten Bibliotheken, die sich in den 80er Jahren zur Mitarbeit an der Erfassung ihrer Bestände an Drucken des 16. Jahrhunderts bereit erklärten, hat de facto ab 1990 nur ein Teil, freilich der weitaus überwiegende, mitgearbeitet. Die Ursachen hierfür sind nicht zuletzt in den veränderten politischen Bedingungen zu sehen, die für jedes Haus andere, überaus gewichtige und Prioritäten setzende Herausforderungen im Gefolge hatten. Auf Grund dieser von Bibliothek zu Bibliothek durchaus unterschiedlichen sachlichen und personellen Voraussetzungen stellten einige Bibliotheken ihre Mitarbeit bald wieder ein (Freiberg, Greifswald), der Grad der Mitarbeit der anderen war und ist hinsichtlich des

---

5 Vgl. insbesondere die Fundortangaben bei Schwenke, Paul: Hans Weinreich und die Anfänge des Buchdrucks in Königsberg. – In: Altpreußische Monatsschrift 33 (1896), S. 67ff. Zu Exemplaren früher Königsberger Drucke, die sich außerhalb Ostpreußens erhalten haben, s. Hubatsch, Walther: Königsberger Frühdrucke in westdeutschen und ausländischen Bibliotheken. – In: Acta Prussica. Abhandlungen zur Geschichte Ost- und Westpreußens. Fritz Gause zum 75. Geburtstag. Würzburg 1968, S. 115ff.

6 Claus, Helmut: New light on the presses of Adam Dyon and Kaspar Libisch in Breslau (1518 – 1540). – In: The German Book 1450 – 1750. Studies presented to David L. Paisey in his retirement. Ed. by John L. Flood and William A. Kelly. London 1995, S. 61f.

7 Vgl. die Exemplarnachweise bei Bauch, Gustav: Drucke von Frankfurt a.O. – In: ZfB 15 (1898), S. 241ff.

8 Vgl. Händel, Astrid (†): Der frühe Buchdruck in Rostock. Die Druckerei des Ludwig Dietz (1510 – 1559). [Unvollendetes Manuskript in der UB Rostock.]

9 Handbuch der historischen Buchbestände. Bd. 18: Sachsen L–Z. Hildesheim, Zürich, New York 1997, S. 280 (Dietrich Nagel).

10 Vgl. Geschichte der Universitätsbibliothek Jena. 1549 – 1945. Weimar 1958, passim.

zeitlichen Ablaufs und der Intensität verschieden. Herr Dr. Marwinski, dem diese Zeilen gewidmet sind, hat die Wichtigkeit der Mitarbeit der ihm seit der Wende anvertrauten Thüringer Universitäts- und Landesbibliothek Jena von Anfang erkannt und die Arbeit am VD 16 nach Kräften befördert. Wenn in der Arbeitsstelle für die neuen Bundesländer in Gotha für den Zeitraum von 1990 bis zum 30. September 1996 insgesamt 8.167 neue Drucke in das Supplement eingebracht werden konnten, so hat Jena daran mit 1.097 neuen Drucken, dazu mit 9.675 Dubletten zur Hauptreihe und 993 Dubletten zum Supplement einen sehr gewichtigen Anteil. Nach Kühne ist im Falle von Jena von einem Besitzstand von rund 25.000 Drucken auszugehen, die für das 16. Jahrhundert zu bearbeiten sind.[11] Davon sind allein in den Jahren 1991 bis 1996, wie die obigen Zahlen belegen, insgesamt 11.765 Exemplare bearbeitet und nach Gotha gemeldet worden, also annähernd die Hälfte des einschlägigen Bestandes der Jenaer Bibliothek. Für diese Leistung gebührt Konrad Marwinski Dank und Anerkennung.

---

[11] Kühne, Andreas: Die Drucke des 16. Jahrhunderts im deutschen Sprachgebiet. Untersuchungen zur Weiterführung des VD 16. Im Auftrag der Deutschen Forschungsgemeinschaft vorgelegt. München 1991, S. 151; ders.: Bibliographie zum Schrifttum des 16. Jahrhunderts. Mit einem Verzeichnis der wesentlichen Buchbestände des 16. Jahrhunderts in deutschen Bibliotheken und Archiven. München 1995, S. 241.

Bernd Hagenau

Regionalbibliotheken im Informationszeitalter

1. Begriffe

Sowohl „Regionalbibliotheken" auf der einen als auch – und vor allem – „Informationszeitalter" auf der anderen Seite sind nicht nur dem bibliothekarischen Fachpublikum gleichermaßen vertraute Begriffe, haben sie doch sogar Eingang in den allgemeinen Sprachgebrauch
gefunden. Gerade dies aber fördert die Erweiterung ihrer jeweiligen Bedeutungsfelder und
läßt es deshalb durchaus angeraten erscheinen, sie einer näheren Betrachtung zu würdigen.

Bei der Gattung der „Regionalbibliotheken"[1] haben wir es mit einer ausgesprochen
inhomogenen Gruppe zu tun. Keine andere Spezies innerhalb des Bibliothekswesens weist
einen ähnlichen Facettenreichtum auf. Verbindendes Element sind dabei die – ähnlich diffus
zu definierenden – „regionalen Funktionen", die sie zu erfüllen haben. Diese Aufgaben sind
unter anderem:

– Archivierung historischer Bestände, zumeist mit regionalem Bezug,
– Wahrnehmung eines regionalen Sammelauftrages, oft verbunden mit der Durchsetzung
   eines Pflichtexemplarrechtes,
– Verzeichnung regionaler Bestände in einer entsprechenden Bibliographie,
– Aufbereitung besonderer, regionalspezifischer Informationsquellen (z. B. Regionalbibliographie im Netz),
– regionale Literaturversorgung für ein breites, nicht notwendig institutionell gebundenes
   Publikum,
– zentrale Funktionen für das regionale Bibliothekswesen (z. B. als Leihverkehrszentrale
   oder Archivbibliothek, Restaurierungszentrale etc.).

Diese Aufzählung erhebt keinen Anspruch auf Vollständigkeit, auch läßt sich eine Abgrenzung zu den Aufträgen und Tätigkeitsfeldern anderer Bibliotheksgattungen nur recht unscharf
vornehmen. Regionalbibliotheken werden aufgrund ihrer wissenschaftlichen Bestände geradezu zwangsläufig auch von einem universitären Nutzerkreis in Anspruch genommen, ebenso
fügen sie sich hinsichtlich ihres bibliothekarischen Dienstleistungsspektrums ihrerseits ein
in das kooperative System der übrigen wissenschaftlichen, zumeist institutionsgebundenen
Bibliotheken eines Landes. Auch zum Bereich des öffentlichen Bibliothekswesens gibt es flie-
ßende Übergänge, wobei die konkreten Verhältnisse an den einzelnen Standorten der Bibliotheken zu sehr unterschiedlichen Ausprägungen dieser Wechselbeziehungen führen können.

Es kann deshalb nicht verwundern, daß der Typus der „Regionalbibliothek" eher selten
in der Reinkultur einer, womöglich gar einer einzigen Landesbibliothek für ein ganzes
Bundesland anzutreffen ist. Neben diesem originären Typus gibt es eine Reihe von „Stadt-
und Landesbibliotheken" oder „Universitäts- und Landesbibliotheken", die ihr breiter gefaßtes

---

[1] Vgl. Wolfang Dittrich: Die Regionalbibliotheken – heute und morgen. – In: Reden und Vorträge. 77. Deutscher
   Bibliothekartag in Augsburg 1987. Hrsg. von Yorck A. Haase und Gerhard Haass. Frankfurt a. M. 1988.
   (ZfBB: Sonderh. ; 46), S. 71-84.

Funktionsspektrum bereits in der Bezeichnung tragen. Begriffe wie „Staatsbibliotheken"[2] oder gar „Forschungsbibliotheken"[3] machen die Begriffsverwirrung für Außenstehende komplett. Hinzu kommt, daß mitunter regionalbibliothekarische Funktionen gar nicht sichtbar in der Bibliotheksbezeichnung auftauchen, nämlich dann, wenn etwa eine Universitätsbibliothek die eine oder andere regionale Funktion mit erfüllt, ohne deshalb gleich mit dem Zusatz „Landesbibliothek" versehen zu sein.

So gestaltet sich schon die Suche nach einem einheitlichen Kriterium für Regionalbibliotheken komplizierter als zunächst vermutet: Entscheidend ist der regionale Bezug in der Gegenwart, wobei Ausprägung und Funktionsbreite differieren können, hinzu tritt häufig die betont archivalische, sogar museale Funktion im Zusammenhang mit historischen Altbeständen, die aus den Bibliotheken der Fürstenhöfe der frühen Neuzeit auf die heutigen Länder als deren Rechtsnachfolger übergegangen sind. Das Charakteristikum der institutionellen Ungebundenheit greift jedoch nicht durchgängig, weil aufgrund vermeintlicher oder tatsächlicher Synergieeffekte in den vergangenen Jahren immer häufiger eine Anbindung an andere Bibliothekstypen bevorzugt wurde.

Auch das „Informationszeitalter" ist ein Begriff unserer heutigen Umgangssprache geworden, hat sogar einen gewissen Schlagwortcharakter angenommen und dementsprechend sehr unterschiedliche Bedeutungsausprägungen erfahren. Er bezeichnet – in einem etwas radikalen, gewiß nicht allgemein akzeptierten Sprachgebrauch – unser gesamtes Zeitalter in Abgrenzung zu früheren Epochen (Agrar-, Industrie-, Dienstleistungszeitalter).[4] In jedem Falle aber unterstreicht dieser Begriff die hohe Bedeutung der Information in unserer Gegenwart[5] und beinhaltet dabei sowohl eine technische Komponente, indem er die Informationstechnik und die durch sie möglich gewordene schnelle und weltweite Verbreitung von Informationen bezeichnet, als auch eine inhaltliche Komponente, indem der Aspekt der immer stärkeren, häufigeren, intensiveren Nutzung von Informationen in einer komplexer gewordenen Umwelt in das Blickfeld gerückt wird.

Dabei beinhaltet die Bibliotheksarbeit im Informationszeitalter – nicht nur in den Regionalbibliotheken – sowohl einen aktiven als auch einen passiven Aspekt, nämlich einerseits die Nutzung externer Informationsquellen und andererseits deren aktive Bereitstellung, damit also die Schaffung von Informationsquellen durch die Bibliothek selbst.

2. Nutzung von Informationen

Hinsichtlich der Nutzung externer Informationsquellen für die eigene Arbeit oder das eigene Dienstleistungsangebot sind Regionalbibliotheken, so wie alle anderen Bibliotheken auch, auf die Nutzung moderner Technologien und eine entsprechende technische Ausstattung

---

2 Dieser Begriff wird in den Frei- und Stadtstaaten gerne verwendet, steht aber in einer eigentlich nicht intendierten Nähe zu der in Deutschland begrifflich nicht existierenden „Nationalbibliothek". Vgl. zu dieser Thematik auch: Hermann Leskien: Nationalbibliothek? – In: „Nur was sich ändert, bleibt". 88. Deutscher Bibliothekartag in Frankfurt am Main. Hrsg. von Sabine Wefers. Frankfurt a. M. 1998. (ZfBB: Sonderh. ; 75), S. 13-27.

3 Vgl. Michael Knoche: Die Forschungsbibliothek. Umrisse eines in Deutschland neuen Bibliothekstyps. – In: Bibliothek. Forschung und Praxis 17 (1993), S. 291-300; vgl. auch: Jürgen Weber: Forschungsbibliotheken im Kontext. – In: ZfBB 44 (1997), S. 127-146.

4 „In an information society [...] a majority of people spend their time doing tasks which relate to information – expressing, gathering, storing, retrieving and desseminating it." (David Lyon: The information society – issues and illusions. Cambridge 1988, S. 123.)

5 Diese Bedeutung gelangt beispielsweise in der Formulierung des Programms der Bundesregierung 1996 – 2000 mit dem Titel „Information als Rohstoff für Innovation" zum Ausdruck.

angewiesen. Hier kann eine gegebenenfalls fehlende Einbindung in institutionelle Strukturen von Nachteil sein. „Universitäts- und Landesbibliotheken" verfügen in dieser Hinsicht über günstigere Voraussetzungen, ist doch die Universität im Zusammenhang mit ihren Aufgaben in der Lehre und Forschung ohnehin stets auf eine diesen Anforderungen entsprechende technische Ausstattung angewiesen und aufgrund der in ihr versammelten fachlichen Kompetenzen auch stets auf aktuellem Stand.[6] Durch diese quasi „automatische Einbindung" in den Wissenschaftsbetrieb wird zugleich die direkte Kommunikation der Bibliothek mit ihren wissenschaftlichen Nutzern erleichtert. Die Betreuung dieser technischen Ausstattung durch ein universitäres Rechenzentrum erleichtert die Implementierung neuer Angebote bei gleichzeitiger Verringerung des hausinternen Betreuungs- und Schulungsaufwandes. Institutionell ungebundene Regionalbibliotheken müssen häufiger in eigener Verantwortung und mit eigenen Ressourcen technische Standards nachvollziehen und aktualisieren, oft müssen sie innerhalb der Behördenstruktur einer Landesregierung erst für die Schaffung der bibliotheksspezifischen Infrastruktur werben. Haushaltstechnische Probleme können die Handlungsfreiheit dabei noch zusätzlich einschränken.

Das Angebot externer Informationsquellen sowie dessen Qualität liegen naturgemäß außerhalb des bibliothekarischen Verantwortungsbereiches. Aus der Fülle der gebotenen Informationen jedoch die Spreu vom Weizen zu trennen, ist zweifellos eine zentrale Aufgabe der modernen Bibliotheksarbeit, der sich auch Regionalbibliotheken nicht entziehen möchten.

Als ein weiterer Nachteil der institutionellen Ungebundenheit können Beschränkungen in der Nutzung von Datenbankangeboten zu Buche schlagen: Universitäten verfügen häufig über Campuslizenzen, die Zugangserleichterungen und Kostenersparnisse mit sich bringen, nicht selten können sowohl für die Hard- als auch für die Softwarebeschaffung Hochschulrabatte genutzt werden. Außerdem haben Universitätsbibliotheken einen leichteren Zugang zu universitätsinternen Schulungsangeboten und können auf diese Art und Weise auf Fachwissen und Schulungskapazität zurückgreifen, die eigenständige Regionalbibliotheken entweder selbst schaffen oder möglicherweise gegen Entgelte einkaufen müssen.

Doch auch in fachlicher Hinsicht kann die Informationsfülle Risiken bergen: Der Umfang des Angebotes, vor allem aber seine fachliche Breite dient keineswegs der regionalhistorischen Profilierung des Informationsangebotes einer Regionalbibliothek. Vielmehr ist die weltweite Informationsflut des Internet von einer ausufernden Beliebigkeit geprägt. Hinzu treten Aspekte des Jugendschutzes, die von einer Regionalbibliothek aufgrund ihrer Öffnung für eine breitere Klientel zu berücksichtigen sind, während Universitätsbibliotheken im allgemeinen davon ausgehen dürfen, daß dieser Aspekt angesichts der Altersstruktur einer universitären Nutzerschaft von allenfalls marginaler Bedeutung ist. Hingegen kann die nicht universitäre, vielleicht auch eher auf das Gebiet der Hobby- und Familienforschung ausgerichtete Nutzerschaft einer Regionalbibliothek im Hinblick auf den erforderlichen Betreuungs- und Schulungsaufwand noch ein zusätzliches personelles Problem für die Bibliothek darstellen – dies bei einer üblicherweise eher geringeren Personalausstattung im

---

6 Den Empfehlungen des Bibliotheksausschusses und der Kommission für Rechenanlagen der Deutschen Forschungsgemeinschaft zu entsprechen, dürfte Universitätsbibliotheken damit schon aus strukturellen Gründen heraus deutlich leichter fallen als Regionalbibliotheken (vgl. „Neue Informationsstrukturen für Forschung und Lehre". – In: ZfBB 43 (1996), S. 133-155.) Ebenso hat auch der Wissenschaftsrat bereits seine „Empfehlungen zur Hochschulentwicklung durch Multimedia in Studium und Lehre" entwickelt (1998). Natürlich erleichtern derartige Positionspapiere auch Regionalbibliotheken die Argumentation gegenüber ihren Unterhaltsträgern.

Vergleich zu Hochschulbibliotheken. Schließlich verlangt die regionale Ausrichtung in Verbindung mit der Wahrnehmung des Pflichtexemplarrechtes ausgerechnet den Regionalbibliotheken eine besondere Kompetenz im Hinblick auf die Sammlung und Archivierung auch elektronischer Publikationen ab.[7]

So zeigt sich, daß die mehr passiv orientierte Nutzung externer Informationen für Regionalbibliotheken eher mit zusätzlichen Problemen als mit besonderen Chancen behaftet sein kann, zumindest dann, wenn die Bibliothek nicht in der einen oder anderen Form an eine Universität oder ein entsprechendes Kompetenzzentrum angeschlossen ist. Die Aufgaben sind eher vielfältiger bei tendenziell eher beschränkten Ressourcen.

3. Bereitstellung von Informationen

Stellt die aktive Präsentation von Informationen eine allgemeine bibliothekarische Aufgabe dar, so ist als Besonderheit für die Regionalbibliotheken festzuhalten, daß es hier zusätzlich und schwerpunktmäßig um die Anbietung der profilbildenden, nämlich der regionalen und womöglich auch historischen Informationsquellen geht. In diesem Bereich ergeben sich durchaus Überschneidungen zum öffentlichen Bibliothekswesen, denn in ihrer Funktion als regionales Informationszentrum stehen die Regionalbibliotheken allen Nutzern der Region zur Verfügung. Ein Problem bei der Bereitstellung regionaler Informationsressourcen ist die Themenbreite dieser Dokumente, denn das Kriterium der regionalen Eingrenzung ist eher ein formales denn ein sachliches. So muß die gesamte Breite des Wissenschaftsspektrums in Abhängigkeit von regionalen Aspekten Berücksichtigung finden.

Gerade eine solche profilbildende Aufgabe ist auch aus bibliothekspolitischen Gründen ein besonders wichtiger Aspekt regionalbibliothekarischer Arbeit. Durch die stetig steigende Anzahl von Hochschulabsolventen, die im Rahmen ihrer Ausbildung den Umgang mit wissenschaftlichen Informationen gelernt haben und diesen auch in ihrer beruflichen Weiterbildung benötigen, ist die Anzahl potentieller Nutzer wissenschaftlicher Bibliotheken in den zurückliegenden Jahren immer größer geworden. Wenn die Forderung nach „lebenslangem Lernen" in unserer Gesellschaft kein Schlagwort bleiben soll, müssen nicht zuletzt durch die Stärkung von Regionalbibliotheken außerhalb konkreter institutioneller Anforderungen auch die bibliothekarischen Voraussetzungen dafür geschaffen werden. Universitätsbibliotheken stehen aufgrund ihrer institutionellen Abhängigkeit in erster Linie den Mitgliedern der jeweiligen Universität zur Verfügung. In Zeiten knapper Finanzausstattungen ist an vielen Hochschulstandorten auch ein weitgehender Rückzug aus der ehemals oft noch als selbstverständlich „nebenher" erfüllten Funktion für die allgemeine wissenschaftliche Literaturversorgung festzustellen. Neue Hochschulbibliothekskonzepte, die bisweilen eine – oft kurzsichtig anmutende – Bevorzugung dezentraler Organisationsformen zum Inhalt haben,[8]

---

7 Vgl. Klaus-Dieter Lehmann: Das kurze Gedächtnis digitaler Publikationen. – In: ZfBB 43 (1996), S. 209-226; vgl. auch die Empfehlungen des Bibliotheksausschusses der Deutschen Forschungsgemeinschaft „Elektronische Publikationen im Literatur- und Informationsangebot wissenschaftlicher Bibliotheken". – In: ZfBB 42 (1995), S. 445-463.

8 So in jüngster Zeit unter anderem an der Freien Universität Berlin (vgl. dazu z. B. das „Editorial" von Ulrich Naumann zu den beiden letzten Ausgaben der „Bibliotheksinformationen" der Universitätsbibliothek der Freien Universität Berlin, Nr. 32/Mai 1997 und Nr. 33/Dezember 1997), der Gesamthochschule/Universität Kassel oder auch der Technischen Universität München; vgl. auch: Berndt Dugall: Aktuelle Tendenzen zur Neustrukturierung der Informationsversorgung an deutschen Universitäten. – In: „Nur was sich ändert, bleibt", a. a. O. (siehe Fußn. 2), S. 51-63.

stellen der allgemeinen Zugänglichkeit zusätzliche Hindernisse in den Weg. Insofern ist die Regionalbibliothek in ihrer Funktion als Informationszentrum für die Region und außerhalb institutioneller Abhängigkeiten von hoher Bedeutung. Ist sie zwar institutionell anderweitig angebunden, jedoch in ihrer regionalbibliothekarischen Funktion explizit anerkannt, wie dies bei „Universitäts- und Landesbibliotheken" oder „Stadt- und Landesbibliotheken" der Fall ist, stellt die institutionelle Abhängigkeit allerdings nicht zwangsläufig ein Hindernis dar, wenngleich in diesen Fällen die regionalbibliothekarische Aufgabe im allgemeinen die untergeordnete Rolle zu spielen pflegt.

In dieser besonderen Funktion hat die Regionalbibliothek die Möglichkeit, für die Landesdienststellen und auch die Landesregierung eine wichtige Rolle im Rahmen der Öffentlichkeitsarbeit zu spielen, die ihre Stellung innerhalb der Landesverwaltung und damit letztlich ihre Existenzgrundlage zusätzlich festigen kann. Sie hat ein vitales Interesse daran, sich als Informationsknotenpunkt innerhalb der Region zu profilieren und dabei auch informationstechnologische Kompetenz nachzuweisen, für andere Bereiche der Landesverwaltung vielleicht sogar eine gewisse Vorreiterrolle einzunehmen. Die Bereitstellung einer Regionalbibliographie als Online-Alternative zur gedruckten Ausgabe ist dabei nur ein Beispiel innerhalb des Aufgabenspektrums, dessen Abdeckung von einer modernen Regionalbibliothek mit Recht erwartet und erfüllt wird.

Profilbildend aber sind neben den aktuellen regionalen Informationsressourcen vor allem auch die historischen Dokumente, die sich – meistens aufgrund einer Vorgeschichte als Hofbibliothek – in den Beständen von Regionalbibliotheken wiederfinden. Diese wiederum sind nur mit hohem Aufwand in moderne Informationsmedien umzusetzen: Handschriften und alte Drucke, Sonderbestände wie Leichenpredigten, Theaterzettel, Plakate, Musikalien, Libretti oder Schulschriften wirken nicht zuletzt durch ihre nicht auf andere Speichermedien übertragbare physische Beschaffenheit, ihre mediale Vielschichtigkeit[9] und entziehen sich womöglich schon aufgrund ihrer Konsistenz oder ihres Erhaltungszustandes weitgehenden Maßnahmen zur Inhaltsübertragung. Ihr Adressatenkreis ist zumeist auf wenige Spezialforscher und Regionalhistoriker begrenzt, so daß sich die Frage stellt, ob eine Digitalisierung solcher Materialien überhaupt lohnenswert erscheint. Zumindest die üblichen juristischen Probleme bei der Bereitstellung und sogar Verbreitung solcher Dokumente sind jedoch nicht zu berücksichtigen, weil diese Materialien aufgrund ihres Alters in urheberrechtlicher Sicht unbedenklich sind.

So lassen sich auf der aktiven Seite unserer Informationsgesellschaft, also im Hinblick auf die Bereitstellung besonderer profilbildender Informationsressourcen durchaus günstige Rahmenbedingungen für Regionalbibliotheken feststellen.

4. Zwischen Informationsvermittlung und -nutzung

Die oben stehenden Überlegungen führen insgesamt zu der Erkenntnis, daß die Chancen und Probleme der Regionalbibliotheken im Informationszeitalter angesichts neuer Medien und Technologien zwar nicht grundsätzlich verschieden sind von denen, die auch das Tagesgeschäft anderer Bibliothekstypen bestimmen, doch muß es im Interesse dieser Bibliotheken liegen, ihr spezifisches Profil zu erhalten und womöglich zu stärken. Dies richtet

---

9   Vgl. Thomas Bürger: Das alte Buch als Herausforderung für neue Medien. – In: Die Herausforderung der Bibliotheken durch elektronische Medien und neue Organisationsformen. 85. Deutscher Bibliothekartag in Göttingen 1995. Hrsg. von Sabine Wefers. Frankfurt a. M. 1996. (ZfBB: Sonderh. ; 63), S. 241-251.

sich in erster Linie auf den Ausbau ihrer Funktion als regionales Informationszentrum, jedoch nunmehr im Hinblick auf eine durchaus überregionale, sogar internationale Nutzung. Sowohl eigene als auch fremde, die eigenen Bestände ergänzende Ressourcen werden über den regionalen Zugriff hinaus weltweit zur Verfügung gestellt. Die Regionalbibliotheken entwickeln sich somit zu einer „Virtuellen Fachbibliothek" im Sinne des entsprechenden Förderungsprogrammes der Deutschen Forschungsgemeinschaft für die Sondersammelgebiete,[10] wobei die Fachorientierung in diesem Falle durch die regionale Orientierung ersetzt wird. Soweit es sich um wissenschaftlich relevante Materialien von überregionaler Bedeutung handelt, die auf diesem Wege durch Regionalbibliotheken der internationalen Forschung zugänglich gemacht werden, wäre im Einzelfall auch deren Einbeziehung in dieses Förderprogramm zu erwägen oder doch zumindest zu prüfen.

Damit verknüpft, jedoch nicht notwendig davon abhängig ist die Frage der Digitalisierung von Regionalbibliotheksbeständen. Dabei sind einige besondere Aspekte zu berücksichtigen: Die weltweite Darbietung an sich gerade singulärer Bestände ist zwar ganz gewiß profilbildend, impliziert aber zugleich die Gefahr des Bedeutungsverlustes, weil die Bibliothek als physischer Standort bestimmter wertvoller Bestandsgruppen in den Hintergrund tritt. Dies darf freilich kein entscheidendes Handlungskriterium sein, denn die Bedeutung einer Bibliothek läßt sich nicht durch Zugangserschwernisse künstlich aufrechterhalten. Andererseits ist die digitale Aufbereitung größerer historischer Sammlungen von der Menge, teilweise aber auch von der Beschaffenheit her kaum zu leisten. Zudem ist die Nutzerschaft für diese Bestände zahlenmäßig eher gering zu veranschlagen.

Deshalb kommt vor allem der Darstellung und Beschreibung dieser Bestände sowie ihrer Nutzungsmöglichkeiten auf elektronischem Wege eine besondere Bedeutung zu. Auf diese Weise können einzelne Dokumente „on demand" individuell an jeweils interessierte Nutzer übermittelt werden. Die elektronische Kommunikation erleichtert den individuellen Kontakt zwischen dem Wissenschaftler und dem Bibliothekar, auch detaillierte Anfragen können über E-mail gezielter, schneller und präziser beantwortet werden, als dies aufgrund der Laufzeiten im Wege des herkömmlichen Briefverkehrs möglich gewesen ist, wohingegen Kostengesichtspunkte und sprachliche Kommunikationsprobleme, wie sie sich bei telefonischen Anfragen leicht ergeben können, ebenfalls an Bedeutung verlieren. Der Fachbibliothekar kann zudem einen sehr direkten Forschungsbeitrag auch in der Weise liefern, daß er ihm bekannte, an vergleichbaren Materialien arbeitende Forscher miteinander in Verbindung bringt oder selbst den Stand der Forschungen auf seinem jeweiligen Fachgebiet vermitteln kann. Diesen Forschungsstand aktuell nachlesbar zu dokumentieren, wäre ebenfalls eine Leistung im Rahmen einer „Virtuellen Forschungsbibliothek mit regionalen Funktionen". So ist die bewußt gesuchte Nähe zur Forschung ein ebenso wichtiges Merkmal für die Regionalbibliothek der Zukunft wie die allgemeine wissenschaftliche Literaturversorgung der Bevölkerung mit dem dadurch verursachten, technologisch bedingten hohen Beratungs- und Schulungsaufwand,[11] und zwar unabhängig von der Frage ihres institutionellen Status'.

---

[10] Vgl. Deutsche Forschungsgemeinschaft: Memorandum zur Weiterentwicklung der überregionalen Literaturversorgung. – In: ZfBB 45 (1998), S. 135-164; Reinhard Rutz: SSG-Programm, Virtuelle Fachbibliotheken und das Förderkonzept der DFG. – In: Bibliothek. Forschung und Praxis 22 (1998), S. 303-308; Reinhard Rutz: Positionen und Pläne der DFG zum Thema Virtuelle Fachbibliothek. – In: ABI-Technik 18 (1998), S. 402-409.

[11] Vgl. z. B. Hermann Leskien: Ein Zeitalter für Bibliotheken. Vielfältig gewandelte Rahmenbedingungen erfordern eine tiefgreifende Neuorientierung. – In: ZfBB 44 (1997), S. 1-19, hier S. 8.

5. Zusammenfassung und Schluß

Auch in der modernen Informationsgesellschaft darf es weder für Regionalbibliotheken noch für andere Bibliotheksgattungen darum gehen, jeder technischen Modeerscheinung nachzulaufen. Modernität ist kein Wert an sich. Daß dennoch alle technischen Möglichkeiten genutzt werden müssen, die zur Verfügung stehen und eine sinnvolle Bereicherung des Spektrums bibliothekarischer Dienstleistungen darstellen können, steht außer Frage. Auch sollten Möglichkeiten der Übertragung von Dokumenten auf andere Informationsträger genutzt werden, wo immer dies im Interesse einer effizienteren Nutzung dieser Dokumente möglich ist und seitens der Wissenschaft nachgefragt wird.

Die Medienvielfalt wird – schon aus Mengengründen – auf absehbare Zeit erhalten bleiben, und insofern wird sich das Aufgabenspektrum der Bibliotheken im Hinblick auf neue Medien erweitern, ohne daß die bisherigen Aufgaben in gleicher Weise entfallen. Die Bibliothekare müssen sich ihrer Bedeutung in einer solchen Zeit des Umbruchs bewußt sein, denn schon bei den Medienübergängen von der Papyrusrolle zum handschriftlichen Kodex und später weiter zum gedruckten Buch wurde mit der Entscheidung für die Übertragung in eine neue äußere Form zugleich auch eine Entscheidung über die Bewahrung der Inhalte getroffen.

Dennoch wird ein Grundsatz im Sinne von „nur was digitalisiert wird, bleibt"[12] sicherlich keine allgemeine Gültigkeit beanspruchen können. Zumindest in der näheren Zukunft wird es darum gehen, den Erhalt der in konventioneller Form vorliegenden Materialien und Dokumente zu sichern. Aspekte der Konservierung und Restaurierung von Bibliotheksbeständen werden deshalb in den nächsten Jahren keinesfalls an Bedeutung verlieren. Der museale Aspekt von Bibliotheken ist gegenwärtig kein sonderlich beliebter Imageträger, aber er ist dennoch wichtig, vielleicht sogar eine Überlebensgarantie der Bibliothek als Institution,[13] auch wenn es natürlich fatal wäre, sich auf ihn allein konzentrieren zu wollen. Aufgrund ihrer vielfältigen historischen Bestände verfügen Regionalbibliotheken in diesem Sinne jedoch über eine besonders günstige Ausgangssituation.

Gerade bei historischen Dokumenten aber stehen Inhalt und Form in einer engen Wechselbeziehung zueinander, ebenso wie sich auch durch die modernen Medien die Publikations- und Kommunikationsmuster gewandelt haben. Produktion und Rezeption von Wissenschaft, aber auch von Literatur und Kunst, hängen in starkem Maße auch vom Medium selbst ab. Die Übertragbarkeit von Inhalten hat genauso ihre medialen Grenzen, wie sie neue Möglichkeiten eröffnen kann. Die Authentizität[14] einer illuminierten Handschrift des Mittelalters jedenfalls läßt sich unabhängig von Form, Aufbau und Material nicht adäquat digitalisieren. Diesen Aspekt nicht zu überhöhen, andererseits aber auch nicht zu verdrängen, verdeutlicht die ambivalente Stellung von Regionalbibliotheken im Spannungsfeld technologischer Neuerung und konservatorischen Anspruchs.

---

[12] In Anlehnung an das Motto des Bibliothekartages 1998 in Frankfurt am Main („Nur was sich ändert, bleibt").

[13] „Jetzt gilt es, die traditionellen Qualitäten der Bibliotheken zu nutzen. Sie haben es über dreitausend Jahre geschafft, Informationen angemessen zu bewahren. Ihr eher konservativer Ansatz könnte ein gutes Korrektiv zur derzeitigen Wegwerfmentalität in der sich schnell entwickelnden Informationstechnik sein." (Martin Grötschel, Joachim Lügger: Wissenschaftliche Kommunikation am Wendepunkt: Bibliotheken im Zeitalter globaler elektronischer Netze. – In: ZfBB 42 (1995), S. 298-299)

[14] Eine besondere Würdigung dieses Aspektes findet sich u. a. in dem Sammelband „Le Patrimoine: Histoire, pratiques et perspectives." Sous la direction de Jean-Paul Oddos. Paris 1997.

In dieser Sonderstellung eigene, bestandsadäquate Lösungen und Verfahrensweisen zu finden, mag wiederum institutionell unabhängigen Regionalbibliotheken leichter fallen als ihren Schwestereinrichtungen, die vorrangig die aktuellen und sich rasch wandelnden Tagesanforderungen von Forschung und Lehre zu berücksichtigen haben. Deshalb sollten die Länder als Träger von Regionalbibliotheken insbesondere dann die Wahrnehmung landes-bibliothekarischer Aufgaben im Auge behalten, wenn diese einer Stadt- oder Universitäts-bibliothek übertragen wurden, damit die regionalbibliothekarischen Belange im Falle von Interessenkollisionen in finanzschwachen Zeiten angemessen geschützt werden. Die kommunalen und universitären Aufsichtsgremien wären überfordert, müßten sie von sich aus die teilweise anders, jedenfalls neben ihren eigentlichen Aufgabengebieten gelagerten allgemeinen kulturpolitischen Belange bei ihren Entscheidungen mit berücksichtigen.

Joachim-Felix Leonhard

Von der Bedeutung kulturgeschichtlicher Dokumente und Dokumentationen: Das Programm „MEMORY OF THE WORLD" als eine Initiative der Unesco

Nun also ist es allem Anschein nach soweit: das Gedächtnis der Menschheit ist zum Gegenstand eines Programms der UNESCO geworden. Da fragt man sich natürlich, aus welchem Grund dieses Thema thematisiert wird – oder werden muß? – und/oder ob es dafür äußere Anlässe gibt. Ein wenig mag sich mancher die Augen reiben, wenn ausgerechnet in das Zeitalter der Digitalisierung, d.h. also auch der Propheten des *ewigen Datensatzes*, ein dem äußeren Anschein nach verhältnismäßig konservatives, nämlich konservierendes Element Einzug hält in die Formen der menschlichen Kommunikation: Letzterer nämlich sind durch die Digitalisierung im Sinne globaler Konvergenz und multimedialer Direktheit Techniken und Formen zugeflossen, die den Kosmos zum Dorf werden lassen und in der das Medium selbst zur Botschaft geworden ist. Es mag auffällig sein, daß wenige Jahre vor dem Jahr 2000, das uns ja in irgendeiner Form symbolisch und metaphorisch zu bewegen scheint, aber auch in Zeiten vor den in vielen Ländern gefeierten 75-jährigen Jubiläen des Rundfunks, der schon immer in den Äther sendete und dessen Worte und Bilder dennoch nicht in den Wind gesprochen waren, das Nicht-Physische unsere Kommunikation bestimmt und die tatsächliche Greifbarkeit, als Teil unserer visuellen und akustischen, aber auch taktilen Wahrnehmung, nicht mehr so gesetzmäßig zu funktionieren scheint, wie dies in Zeiten physischer und materialisierter Formen der Kommunikation der Fall gewesen ist. Sind wir auf dem Wege dorthin, also zum Dorf, von wo wir – kommunikationsgeschichtlich – eigentlich hergekommen sind und befinden wir uns nach dem ersten Paradigmenwechsel von der *Oralität* zur *Literalität* erneut auf dem Wege zu einer freilich quantitativ und vor allem qualitativ neuen Oralität bzw. *Visualität*?

Kulturgeschichte als Kommunikations- und Mediengeschichte, Sammeln und Dokumentieren: die Entwicklung

So sehr die Fragen uns am Ende des 20. Jahrhunderts, auch des zweiten Jahrtausends beeindrucken, möglicherweise auch bedrücken, sie sind, was den Ablauf der Kulturgeschichte als Geistes- und Ideengeschichte angeht, nicht unbedingt neu: Stets hat es Wechsel in den Kommunikationsformen gegeben, stets waren sich jede Epoche und ihr jeweiliger geographischer Umkreis ihrer bzw. seiner Kultur bewußt und versuchten, sie entsprechend auch antiquarisch zu bewerten, als historische Idee und Evolution. Das war nicht viel anders, als man im 15. Jahrhundert mit der Erfindung Gutenbergs und den beweglichen Lettern eben auch mehr Flexibilität und damit Verbreitung, letztlich mehr Literalität gegenüber bisheriger Oralität fand und dennoch fast erschrak, als beim Eintritt in das 16. Jahrhundert eine den heutigen Verhältnissen durchaus nicht unähnliche Phase anarchisch-chaotischer Kommunikationsstruktur eintrat: So festgefügt das Kommunikationsbild im Ablauf zwischen Autor, Schreiber bzw. Drucker und später Verleger sich darstellte – die Flugblätter vor und nach der Reformation waren letztlich nicht viel anders zu betrachten; ihre Entwicklung stellte eine Globalisierung dar, freilich im noch topographisch restriktiven Sinne, und war doch von ähnlicher unkontrollierter Streuung, wie wir sie heute in World-Wide-Web und Internet vorfinden. Auch finden sich bestimmte Grundprobleme wie die Fragen des Urheberrechts, aber auch anderer Tatbestände, da z. B. die Verfasser blasphemischer Flugschriften gleichfalls nicht unbedingt im Sinne rechtlicher Rahmen handelten und anonym bleiben wollten, nicht unähnlich den Anbietern von Texten und Bildern, die Gegenstand strafrechtlicher Verfolgung sind. Auch in anderer Hinsicht scheint die heutige Zeit der Digitalisierung den früheren Verhältnissen vergleichbar, als nämlich die Einheit von Autor, Schreiber und Produzent heute wieder zunehmend Bedeutung gewinnt, wo über Jahrhunderte die arbeitsteilige Organisation zwischen Urheber, Drucker und Verleger des Werkes die Abfolge bestimmte.

Das Gedächtnis der Menschheit hat sich über Formen der Schriftlichkeit, aber auch – und nach wie vor, vielleicht neuerdings schon wieder *zunehmend* – über mündliche Tradition aufgebaut: Nicht anders ist es zu verstehen, daß Jahrhunderte, nachdem Gutenbergs Erfindung einer breiteren Produktion und Publikation verholfen hatte, die Brüder Grimm sich, antiquarisch sammelnd, anschickten, Mythen und Legenden in schriftliche Form zu gießen und zur gleichen Zeit etwa die Monumenta Germaniae Historica mit ihren Editions-Vorhaben all' das, was irgendwo in schriftlicher oder anderer Form überliefert war, zu kodifizieren versuchten. Nicht viel anders verhielt sich im übrigen die historische Rechtsschule Anfang des 19. Jahrhunderts, als im Grundverständnis der Zeit ein berühmter Rechtsgelehrter wie Savigny Rechtsinhalte in alten Weistümern sammelte, um aus ihnen Kodifikationen, gleichsam ein Rechts-Gedächtnis abzuleiten, sehr im Widerspruch zu seinem, der französischen Revolution und ihrem Gedankengut verpflichteten Kollegen Thibaut.

Das Phänomen des 19. Jahrhunderts, nicht zuletzt auf der Basis positivistischen Denkens und neuhumanistischer Bestrebungen, zu sammeln und – das kollektive, das historische *Gedächtnis* aufbauend – in schriftliche Form von „Dokumentation" zu geben, was dann nicht selten „Monument" geheißen wurde – man denke nicht nur an die Monumenta Germaniae Historica, sondern auch an die Editionen von Geschichtsschreibern in Italien und Frankreich um die gleiche Zeit – war dann freilich noch zusätzlich geprägt von den im aufkommenden industriellen Zeitalter verständlichen Bemühungen, das gesprochene oder gesungene Wort in der dem Augenblick verhafteten Form magnetisch aufzuzeichnen oder gar einen Vorgang in bewegten Bildern, sprich im Film, abzubilden. Auch darf man nicht übersehen, daß gerade im 19. Jahrhundert die großen kultur-, auch naturgeschichtlichen Museen gegründet wurden: Ausgehend von der Entwicklung der Nationalstaaten, etablierten sich im Lauf des Jahrhunderts große und bedeutende Sammlungen als neue, die Kultur und ihre Geschichte bewußt abbildende Institutionen, wie beispielsweise das Germanische Nationalmuseum in Nürnberg, das Britische Museum in London oder die Smithonian Institution in Washington. Es war die gleiche Zeit, da viele große Nationalbibliotheken und Nationalarchive gegründet wurden. Stets lag der Gründung dieser Einrichtungen die Aufgabe zugrunde, das im jeweiligen nationalen oder zumindest sprachlichen Rahmen Produzierte in Text und Bild, auch in Gegenständen zu sammeln, gleichsam als nationalgeschichtliches Gedächtnis anzuhäufen und zu dokumentieren, mit freilich einer, jedoch aus der jeweiligen staatlichen Situation begreiflichen und die nationalen Grenzen übersteigende Ausnahme: Es war gleichzeitig die Zeit, da die Gründung von Völkerkundemuseen nicht nur als Teil eines geographisch größeren Weltbildes begriffen werden konnte, sondern auch als Ausdruck von kolonialer Macht oder deren Entwicklung. Geschichte und Geschichten, das Gedächtnis der Nation und ihrer Kultur wurden in den politischen Kontext gesetzt oder bildeten einen Ausdruck desselben.

War solchermaßen das *Gedächtnis der Menschheit* in einem nationalen, auch zum Teil supranationalen Rahmen, stets aber in einer Art Kanonbildung physischer Quellen der Tradition in Schrift, Bild und Gegenständen verfestigt, so erlangten die Erfindungen Edisons, auf Tonzylindern Töne magnetisch aufzuzeichnen, und der Brüder Lumière, mit bewegten Bildern Situationen visuell wiederholbar zu gestalten, einen ersten radikalen Quantensprung: es erwies sich nämlich als gar nicht so leicht, derartige Dokumente auf Dauer zu konservieren wie etwa Bücher und Urkunden, Porträtsammlungen und Gegenstände. Auch hat natürlich die Erfindung von Philipp Reis in der Kommunikationsgeschichte eine Revolution hervorgerufen, indem Kommunikation zum ersten Mal nicht mehr dem Gesetz der physischen Lokalisierung zu folgen brauchte und schon gar nicht Gegenstand von Archivierung, also von Gedächtnisbildung im engeren Sinne sein sollte. Dennoch waren keine Bedenken gegeben, daß angesichts oder wegen neuer Techniken nun etwa das Gedächtnis der Menschheit verlorengehen könnte, weil es gelang, Töne und Filme in physischen Formen zu konservieren, die es bei jeder neuen technologischen Generation freilich stets nochmals zu konservieren galt. Bei Bildern und Zeitschriften war dies deshalb anders, weil sich ihre Formen „grosso modo" über Jahrzehnte und Jahrhunderte erhielten, weil sie so praktisch und einfach waren und ihre Nutzung ohne Hilfsmittel ermöglichten.

Neuerdings fürchten aber Bibliotheken und Archive, in denen nicht-physische Dokumente zunehmend Gegenstand des bisherigen Sammelauftrages, vor allem der funktionalen Aufgabenbestimmung werden und in denen vor allem die Handwerkszeuge – sprich die Kataloge – sich längst in elektronische Datenbanken verwandelt haben, die dann überregional und international recherchierbar sind, deren Zukunftssicherung aber nicht hundertprozentig geklärt ist – heute fürchten also Bibliothekare und Archivare, daß nicht nur die Dokumente nicht auf Dauer archivierbar sind, sondern gleichzeitig damit auch der *Verlust des Gedächtnisses* oder von Teilen desselben einhergehe. Kaum vergeht ein internationaler Fachkongress von Bibliothekaren und Archivaren, kaum eine nationale Fachtagung, auf der nicht das Thema der Elektronifizierung der Bibliotheken und Archive und ihrer Dokumente eine Rolle spielt, und zunehmend greift Skepsis Raum, wo zuvor, in den 60er und 70er Jahren, Fortschrittsglaube die Entwicklung neuer elektronischer Methoden begleitet hatte. Auch macht sich zuweilen – unberechtigterweise – eine gewisse Panik breit, wenn bereits vor dem Gedächtnisverlust der Menschheit gewarnt und die Frage gestellt wird, ob die Bibliotheken – wegen ihrer elektronischen Kataloge –Verlust in Kauf nehmen müßten.

Abgesehen davon, daß sich Verlust in ganz anderer Weise in den letzten 200 Jahren ereignet hat und wohl auch weiter ereignen wird, nämlich wenn ganze Büchersammlungen entweder durch Kriege oder Brände, jedenfalls durch äußere Ursachen zerstört wurden oder heute der Verlust ganzer Sammlungen in ganz anderer Weise, nämlich durch den sogenannten Säurebefall der Papiere droht, was die Panik eher kennzeichnet, ist ein universalistisch-maximalistisches Sammelverständnis, das die qualitativen Bewertungen zurückstellt und stets der Frage des quantitativen „Alles oder Nichts" zugewandt ist, wo eigentlich qualitative Bewertung zwecks Zukunftsdokumentation gefragt ist. Das Problem läßt sich im Prinzip auf den Nenner bringen, in der jeweiligen Gegenwart über die Zukunft der Vergangenheit (und ihrer Überlieferung!) zu entscheiden, was nichts anderes bedeutet, als daß wir in einer Zeit, die vom exponentiellen Wachstum in der Literaturproduktion, aber ebenso von der Vermehrung von Akten und Schrifttum geprägt ist, nicht alles werden aufheben *können*, sondern Bewertungen werden vornehmen *müssen*. Hier sind letzlich archivarische Methoden gefragt, die die Bibliothekare zum Teil erst noch zu entwickeln haben; hier ist zugleich

auch methodisches Aufeinanderzugehen notwendig, da manche Verfahren und Entwicklungen bereits Archivaren und Dokumentaren vertraut sind und die es nunmehr, unter den
multimedial zusammenwachsenden Berufsfeldern, in Aus- und Fortbildung zu vermitteln
gilt. Schließlich geht es mehr denn je um den Inhalt und weniger um die Form, da Bits und
Bytes nicht inhaltlich unterscheiden, und ebenso wenig ist die Provenienz entscheidend
gegenüber den – digitalen – Inhalten, die die Nutzer obendrein noch direkter angehen
(können). Die Klage über zu viele Bücher und ihre Schreiber ist alt, nämlich alttestament-
lich belegt, und auch Seneca hat bereits auf den Antagonismus von Quantität und Qualität
hingewiesen (de tranquillitate animi, IX, Y): „Wozu unzählige Bücher und Bibliotheken,
deren Besitzer in seinem ganzen Leben kaum die Titel durchgelesen hat? Es belastet den
Lernenden die Masse, nicht belehrt sie ihn, und viel ertragreicher ist es, sich wenigen Autoren
anzuvertrauen als hindurchzuirren durch viele?" Also: Von der Redundanz zur Relevanz,
von der Information zum Wissen, vom Wissen zu Erkenntnis, Bildung und Gedächtnis,
individuell und kollektiv?

Memory of the World – nur eine Initiative oder ein Programm der UNESCO?

Man mag fragen, was dies mit einem Programm der UNESCO zu tun hat, das sich dem
„Gedächtnis der Welt" zuwendet: Betrachtet man den Ausgangspunkt der UNESCO-
Überlegungen, die ja weltweit angelegt sind und nicht zwischen Erster, Zweiter und Dritter
Welt unterscheiden möchten, so sind die Motive äußerst heterogen, ebenso aber auch die
Zielvorstellungen: da ist der Nationalarchivar eines Landes in der Dritten Welt, der hofft,
mit internationalem Verständnis – möglicherweise auch Hilfe – Teile seines Archivs über-
haupt retten zu können, da die Baulichkeiten, das Klima und die sonstige Umgebung, auch die
mögliche politische Instabilität dies nicht garantieren; da ist der Bibliothekar einer berühmten
historischen Sammlung in einem europäischen Land, dessen Autographen zerbröseln, weil
sie vom Tintenfraß zerlegt werden; da ist der Direktor oder die Kustodin eines berühmten
Photoarchivs, der bzw. die sich um die Sammlung Sorgen macht; da ist die Direktorin eines
Filmarchivs, die mit Kaufwünschen von Filmkaufleuten bezüglich originaler Filmdoku-
mente konfrontiert wird, auch mit Bestechungsversuchen; da ist der Leiter eines Phono-
grammarchivs, der keine historischen Abspielgeräte mehr hat, um Tonwalzen aus dem
Anfang des 20. Jahrhunderts wiedergeben zu können, und nun hofft, mit Hilfe der optischen
Zeichenkennung, also mit dem Scannen, die Rillen gleichsam optisch zu erfassen, um sie
dann – digitalisiert – akustisch wiedergeben zu können. Da ist, da soll, da möchte: Die Aus-
gangsposition, sich der Materialbewahrung zuzuwenden und damit die Dokumentation von
Inhalten vorzunehmen, ist vielfach keinesfalls nur national bestimmt oder institutionengeprägt,
sondern letztlich international und – mit anderen Worten – auf die gesamte Kommunikations-
und Mediengeschichte der Menschheit bezogen. Zwar finden sich die Autographen von
Johann Sebastian Bach in der Staatsbibliothek in Berlin, doch sind sie keinesfalls nur als
„deutsches" Kulturgut anzusehen, sondern besitzen Anspruch auf weitaus breitere Bedeutung.
Ähnliches mag für Palmblatt-Handschriften in Indonesien gelten, ähnliches für Zeitungen
im frühen 19. Jahrhundert in Lateinamerika, für Schallplatten- und Tonbandsammlungen
und Bild-, Film- Fernseharchive rund um die Welt.

Kann die UNESCO hier helfen? Wohl kaum im grundständigen Sinne, wenn es darum
geht, Funktionen zu übernehmen, die eigentlich der jeweilige Träger vorzunehmen hat.
Was aber soll dann ein solches Programm?

Nach Weltkulturerbe und Weltnaturerbe jetzt das Dokumentenerbe?

Hier scheint es notwendig, daran zu erinnern, daß dieses Programm keinesfalls solitär innerhalb der UNESCO zu betrachten ist. Nach dem Programm zum *Weltkultur*erbe, in dessen Rahmen derzeit 380 Monumente in ausgewählter Form in eine Liste aufgenommen worden sind, die von Tempelanlagen in Mexiko bis zum Reichskloster Lorsch an der Bergstraße reichen, und nach dem Programm zur Dokumentation des *Weltnatur*erbes, in dessen Rahmen 107 Naturdenkmäler, darunter die Wasserfälle des Iguaçu oder die Fossilienfunde der Grube Messel bei Darmstadt, beschrieben werden, wendet sich die UNESCO nun zu Recht, wie man sagen muß, dem *dokumentarischen Erbe der Menschheit* zu. Denn entweder ist die Kultur abhängig von dem, was die Menschen selbst produzieren, dann wäre das Programm zum Weltkulturerbe unvollständig gewesen, oder aber es dokumentiert sich globale Besonderheit in Naturmonumenten, die für die Menschen zumindest von großem Eindruck und Bedeutung sind. Aber weit schwieriger ist es, eine Liste des *Weltkultur*erbes im Sinne des *„Gedächtnisses der Menschheit"* zusammenzustellen, weil dieses über die Jahrzehnte, Jahrhunderte und Jahrtausende gewachsen ist, geprägt von sprachlichen, religiösen, politischen und soziokulturellen Wandlungen, die nun einmal eben nicht vom Gebot globaler Konvergenz, sondern regionaler und nationaler, vor allem historisch gewachsener Divergenz geprägt sind.

Dies macht es schwierig, Richtlinien zur Bewertung zu entwickeln, weil es sich um Selektion im strengen Sinne handelt, die von einem komplizierten Sinnverständnis auszugehen hat. Dabei verficht die UNESCO im Grunde genommen zwei Ziele, nämlich einmal die Etablierung eines digitalen Speichers für die Selektion von sogenannten „bedeutenden und wichtigen" Dokumenten, wobei dieser Speicher keinesfalls zentral etwa in den Headquarters in Paris angesiedelt sein muß, sondern sich auch als digitales Netzwerk und in Serverarchitektur rund um die Welt – mit offenen Schnittstellen – verstehen kann. Darüber hinaus aber ist mit der Aufnahme bestimmter Dokumente in ein solches Netzwerk die Anregung und Ermunterung, auch die Verpflichtung der Herkunftsländer und Träger verbunden, für das jeweilige dokumentarische Erbe zu sorgen und zu dessen Erhalt und Verfügungsfähigkeit beizutragen. Dies gilt um so mehr, als die Gefahren der Nicht-Erhaltung, was ja nicht gleichgesetzt werden muß mit Vernichtung, sich heute in ganz anderer Weise darstellen, wenn es nämlich beispielsweise im Rahmen von Deregulierung auch um die Privatisierung und Kommerzialisierung von Kulturgütern geht. Zugänglichkeit kann über Digitalisierung, auch durch das Einscannen ganzer Museumsbestände durch eine amerikanische große und bedeutende Softwarefirma vorangetrieben werden, aber zu welchem Preis, und es bleiben Fragen offen, nämlich die Frage nach der Autorität über die Bestände, nach der Garantie der Authentizität sowie nach der Legitimität der Nutzung. Sie sind keinesfalls geklärt. Nicht anders ist ja zu verstehen, daß man sich innerhalb der World Intellectual Properties Organisation (WIPO), aber auch der Europäischen Union in einem verzweifelten Wettlauf mit der Zeit um die Klärung juristischer Rahmenbedingungen bemüht, die eminente Bedeutung für die Bewertung von Dokumenten als Teil der Kommunikation im politisch-historischen Verständnis haben.

Seit einiger Zeit haben viele Länder die Beschäftigung mit diesem Programm aufgenommen, fanden zahlreiche Veranstaltungen weltweit statt: Dabei wurden bereits einige Projekte vorgestellt und darüber hinaus fanden Erörterungen der Programmplanung im September 1997 in Tashkent (Usbekistan) statt. Die Deutsche UNESCO Kommission hat die Thematik mehrfach diskutiert und zugleich auch die Schwierigkeit der Behandlung im spezifisch deutschen Umfeld gesehen: Wie soll in einem Land, in dem gemäß Verfassung bzw. Grundgesetz die Kulturhoheit bei den Ländern liegt, die Koordination und Abstimmung unter den Kulturträgern hinsichtlich der Bestimmung und Selektion erfolgen, wie und wer soll unter Beteiligung von fachlicher Kompetenz (Fachverbänden, von denen es mannigfaltige Formen in diesem Bereich in Deutschland gibt) den Beratungsprozeß bestimmen bzw. begleiten? Wird möglicherweise nicht ein schiefes Bild einer historisch-kulturellen Entwicklung Deutschlands gezeichnet, wenn in einem solchen, nach außen hin international zu verstehenden Kanon gleichsam zentralistisch etwas, nämlich das „Gedächtnisfähige" beschrieben wird, was in der kulturgeschichtlichen Entwicklung Deutschlands von der historischen Dokumentation stets und immer polyzentrisch verstanden wurde? Würde man etwa alle Verbände, alle Berufsgruppen, alle im Rahmen der Kultusministerkonferenz zuständigen Referenten und Ministerien zusammenrufen, benötigte man einen Sitzungssaal mit einem Fassungsvermögen für wenigstens 100-200 Personen, eine grotesk anmutende Situation, in der die Frage nach der Wichtigkeit mit aller Wahrscheinlichkeit mit ebenso vielstimmigen wie individuellen Hinweisen beantwortet würde, die aber eher auf die Provenienz lokaler bzw. regionaler Eigenheiten rekurrierten denn auf die Repräsentation der Bedeutung von Dokumenten im nationalen, geschweige denn internationalen Rahmen. Das ist in anderen Ländern einfacher, und daher sind die meisten Länder auch wesentlich weiter.

So wird man eher pragmatisch vorgehen (müssen); zumal es nicht um viele, sondern um (wenige) bedeutende Dokumente geht, ähnlich wie bei einer Ausstellung, bei der man nie Vollständigkeit der Dokumentation vornehmen kann – und auch nicht darf. Es müßten qualitative Entscheidungen getroffen werden, nicht quantitative. So wird man sich bei einer solchen Bewertung in ähnlich strenger Disziplin, – wie bei den Beratungen zum Weltkulturerbe und Weltnaturerbe – auf eine sehr kleine Zahl von Büchern, Archivalien und audiovisuelle Medien beziehen müssen. Eine solche Diskussion wird sich im definitorischen Rahmen drei Ebenen zuwenden müssen:

– der *Sachdefinition* (Unikate in Archiven und Multiplikate in Bibliotheken), ferner
– der *Bezugsdefinition*, wo es um Einzelstücke (Bestände) von (oder ganze) Sammlungen (Provenienzen) gehen wird, und nicht zuletzt
– der *Zeitdefinition*, wo die Frage retrospektiver Betrachtungsweise versus Zukunftsorientierung eine Rolle spielen wird.

Allein schon in der Sachdefinition ist die Frage der Unikate und Multiplikate von Bedeutung, und zwar keineswegs nur für die auf uns im Sinne der Tradition überkommenen Dokumente: Geht es um das Gedächtnis der Menschheit, könnte man davon ausgehen, daß Multiplikate, also etwa Bücher, in vielfacher Hinsicht über die Bibliotheken der Welt verstreut sind und ihre Zugänglichkeit, also auch ihre Gedächtnisfähigkeit eben durch die Verbreitung gesichert ist. Dies ist aber noch kein Hinweis darauf, welche Bedeutung wir diesen Dokumenten zumessen. So mögen bestimmte Werke für *unsere* Kulturgeschichte von außerordentlicher Bedeutung sein (z. B. die Schriften Immanuel Kants oder Werke von Goethe und Schiller) und gehörten demnach in die Liste, sind aber ihrerseits weit über die Welt verstreut und sogar in Übersetzungen überliefert.

Ähnliche Probleme werfen Unikate auf, gleich, ob sie Urkunden, Briefe, Ton- und Fernsehdokumente in Archiven oder in Museen und – nicht zu vergessen – elektronische Dokumente im Internet sein könnten: Manches Unikat ist so brüchig, daß sich die Frage nach dem besonderen Wert des Originals gegenüber dem Faksimile und Editionen stellt, wenn uns „nur" der Inhalt interessiert. Dies – die Frage der Präsentation von Originalen gegenüber Repliken – ist stets auch z. B. ein Entscheidungsdilemma für Ausstellungsmacher: Wenn es nur um den Inhalt ginge, so könnte von mancher Urkunde nicht notwendigerweise das Original die höchste Bedeutung haben, sondern die Edition oder das Faksimile, welche wiederum, als Buch oder in anderer Form, verbreitet sind. Stets wird, wo die Form nicht so sehr entscheidend ist wie der Inhalt, die qualitative Bedeutung eine vordringliche Rolle spielen: so z. B. bei Schallplatten oder Filmen, wo es ja z. B. von der „Feuerzangenbowle" mehrere Kopien gibt und wir nicht den Ursprungsfilm benötigen, oder wo wir von einer Rundfunksendung oder einem Tondokument über mehrere Sendebänder bzw. Kopien verfügen und deshalb nicht zum Urband oder Ur-Tonträger greifen (müssen).

Eine ganz andere Frage wirft der Problemkreis der *Bezugsdefinition* auf, nämlich die Frage, ob Einzelstücke oder ganze Sammlungen im Sinne der Gedächtnisfähigkeit definiert werden sollen. So verständlich es ist, wenn in manchem Land gleich ganze Sammlungen als relevant im Sinne des „Memory of the World" angesehen werden, so wird eine solche Definition eher den Effekt haben, daß dann gleich enzyklopädisch-universalistische Zielvorstellungen entstehen, die schlicht und einfach nicht einzusetzen sein werden. Auch hier wird es darauf ankommen, Selektionen vorzunehmen, weil es ja nicht darum gehen wird, etwa die Originale an einen Ort zu verbringen, sondern von diesen digitale „Kopien" zu erstellen, so daß sie im (digitalen) Netzwerk zur Verfügung gestellt werden können.

Noch schwieriger freilich ist die *Definition der zeitlichen Bedeutung*. Dürfen, sollen wir uns darauf beziehen, was sich bereits jetzt als Kanon herausgestellt *hat*, und wären so im Kulturverständnis retrospektiv-statisch oder müssen wir im Diskurs, insbesondere mit Fachkollegen, nicht eher erörtern, was sich zwar historisch angesammelt, jedoch nicht nur heute Bedeutung hat, sondern auch in der Zukunft *haben könnte*: Nichts unterliegt mehr den Wandlungen des Zeitgeschmacks als die Frage der Einordnung und Bedeutung historischer Kommunikationsströme und -stränge: kaum wäre zu erwarten gewesen, daß etwa der Trivialroman des 19. Jahrhunderts Gegenstand wissenschaftlicher Bemühungen werden würde, kaum hätte man vor etwa 20 oder 30 Jahren erwarten können, daß sich Historiker in den 80er Jahren mit Mentalitäts- und Alltagsgeschichte befassen würden und deshalb beklagen, daß etwa Quellen der Werbung und der Modegeschichte größtenteils nicht mehr vorhanden sind, weil es um Wertbestimmungen jeweiliger soziokultureller Rahmen geht, und dennoch sind diese Forschungsinteressen und kulturellen Einschätzungen eingetreten, ohne daß sie aufgrund jeweilig retrospektiver oder retrograder Sichtweisen hätten erwartet und vermutet werden dürfen.

Die Schwierigkeiten liegen also nicht nur gleichsam in der Frage der Phänomenologie von Kultur und Kulturerbe bzw. Gedächtnisfähigkeit, sondern auch in der Interpretation einer Zielvorstellung, die, was bei der UNESCO und ihrer Politik nicht verwundert, in nationaler Umsetzungspraxis jeweils individuell verschieden sein mag: denkt man dabei beispielsweise an die Langzeitsicherung, so beinhalten diese Fragen nicht nur das Gebot der Erhaltung, sondern eben auch das Gebot der Kommunikation und der Nutzung, was nichts anderes als Multiplikation und Zugänglichkeit im freiheitlichen Sinne bedeutet. Damit ist noch nicht gesagt, daß alles Gedankengut gleichsam „Public domain" und damit unentgeltlich nutzbar sein müsse: Immerhin sind Urheber- und Leistungsschutzrechte zu beachten, national und international. Auch ist das Problemfeld „Original versus Fälschung", also die durch die Digitalisierung leichtere Manipulierbarkeit, zu hinterfragen im digitalen Konservierungsverständnis, wie man nicht nur aus den jüngsten Prozessen weiß, in denen die Manipulation von historischen Film- und Fernsehdokumenten Gegenstand von Strafverfahren gewesen ist. Ferner ist die Frage von Schutzinteressen einzelner, also die Frage des privaten Nutzungsrechts, des Datenschutzes und des Persönlichkeitsrechtes einzubeziehen, da die freie Verfügbarkeit von Materialien im Internet nicht nur die Distribution garantiert, sondern zugleich auch die Frage der wirtschaftlichen Verwertbarkeit und/oder Manipulierbarkeit aufweist. Bei alledem ist die qualitative Bewertung in der Nominierung einzelner Dokumente – gleich, bei welcher Obergrenze – Teil einer Diskussion, die zumindest die kulturelle Identität unseres Landes – insbesondere nach der Wiedervereinigung – also „unser Gedächtnis im Weltverständnis", d. h. im internationalen Spiegel der UNESCO vermitteln soll.

Eigentlich ist die Quadratur des Kreises ein leichteres Unterfangen, verglichen mit der Lösbarkeit dieser Aufgabenstellungen. Und doch haben bereits in verschiedenen Ländern Komitees begonnen, sich mit diesen Fragen zu beschäftigen und Vorstellungen, ja sogar Nominierungen von einzelnen Dokumenten des jeweiligen Gedächtnisfeldes zu entwickeln. Das hat die Konferenz im September 1997 in Taschkent (Usbekistan) deutlich gezeigt. Es bedarf keines Kommentars, daß die Diskussion in Deutschland etwa nur deshalb nicht geführt werden könne, weil sie aufgrund der kulturellen Vielfalt und der heutigen politischen, durch das Grundgesetz vorgegebenen föderativen Verantwortung in einen unendlichen Abstimmungsprozeß mit ungewissem Ausgang münden würde. Der Förderalismus und die Regionalität sind konstitutive Faktoren des Reichtums und der Vielfalt der kulturellen Tradition unseres Landes: die Frage der Bewertung, der Auswahl von Wenigem ist bei diesen Rahmenbedingungen nicht einfach, aber reizvoll; es lenkt unsere Gedanken nachdrücklich auf die Dokumente als Teil des kulturellen Erbes.

Gottfried Mälzer

Bibliothek und Bildung – ein Plädoyer

Was haben Bibliothek und Bildung miteinander zu tun? Hätte im vorigen oder erst recht im 18. Jahrhundert jemand diese Frage gestellt, er wäre auf Verwunderung und Unverständnis gestoßen; denn natürlich sah man Bibliotheken als Einrichtungen an, die in hohem Maße und mit zweifelsfreier Selbstverständlichkeit der Bildung dienen. Es bestand Einverständnis darüber, daß sie in ihrer Funktion als „Gedächtnis der Menschheit" Schatzhäuser nicht nur des Wissens, sondern auch des von einer Generation zur anderen zu tradierenden Bildungsgutes sein sollten. Ebenso begriff man sie als kulturelle Einrichtungen, die ihrer Bestimmung gemäß tagtäglich ihren Beitrag zur Bildung leisten in Gestalt eines ständig zur Verfügung stehenden (Literatur-)Angebots. Dieses Verständnis von Bibliotheken als Bildungsinstituten wurde dadurch noch verstärkt, daß „Aus-Bildung" eben auch als Bildung verstanden wurde: als ein Prozeß des Sich-Bildens. Bibliotheken waren also in zweifacher Weise der Bildung verpflichtet: in einer langfristigen Archivfunktion als Tradenten und in einer kurzfristig-aktuellen Vermittlerrolle als ständige Anbieter.

Das heutige Spannungsverhältnis zwischen Ausbildung und Bildung

Mittlerweile haben sich die Verhältnisse grundlegend geändert. Wir sind politisch, gesellschaftlich – und worauf es hier ankommt – bildungspolitisch zu völlig neuen Ufern aufgebrochen. Bildung ist nicht mehr das Privileg einer Minderheit, sondern ein Angebot an alle. Ein Schlagwort der jüngeren Vergangenheit lautet: „Bildung ist Bürgerrecht." Daß sie nicht mehr das exklusive Vorrecht einer Minderheit darstellt, wird jeder Demokrat begrüßen. Daß es zugleich zu einer Umdeutung und Verengung des Bildungsbegriffs gekommen ist, muß man jedoch bedauern: Während früher Bildung nach allgemeinem Verständnis dem Anspruch nach universal angelegt war und dabei unter anderem auch, im Sinne eines Aspekts, die Ausbildung mit einschloß, wird in unserer Zeit unter Bildung häufig nicht mehr als nur noch Ausbildung verstanden. Das idealistische Bildungsideal von einst ist weitgehend durch ein auf Nützlichkeit, Zweckmäßigkeit und Notwendigkeit reduziertes Modell verdrängt worden.

Im Hochschulbereich, von dem hier und im folgenden vorrangig die Rede sein soll, wird Ausbildung heutzutage in erster Linie als Berufstraining verstanden: von denen, die sie vermitteln ebenso wie von jenen, denen sie vermittelt wird. Für dieses Berufstraining braucht man auch Bibliotheken, ebenso wie dafür Rechenzentren, Labors oder Kliniken benötigt werden. Die Bibliotheken haben aus der Sicht des Durchschnittsstudenten in erster Linie die Funktion einer Lehrbuch- bzw. Lehrmittel-Sammlung im weitesten Sinne des Begriffs. Was aber noch schwerer wiegt: Auch die sogenannten Unterhaltsträger, also die für die räumliche, personelle und finanzielle Ausstattung unserer Bibliotheken zuständigen staatlichen Verwaltungsorgane, sehen das nicht wesentlich anders. Nach ihrem Verständnis sind Bibliotheken weit weniger als universale oder zumindest fächerüberspannende Wissensspeicher und zugleich als Hüter und Vermittler humaner Kultur und Bildung zu verstehen. Sie werden vielmehr als Dienstleister unter anderen Dienstleistern gesehen, die dafür zu sorgen haben, daß die Hochschulausbildung möglichst effizient vonstatten geht.

Nebenbei: Die Entkopplung der Begriffe Bibliothek und Bildung macht nicht bei den Hochschulbibliotheken halt. Selbst die ursprünglich vom Gedanken der Volksbildung geprägten Büchereien von Städten, Gemeinden und anderen Trägern, haben es heute nicht mehr so sehr auf Bildung abgesehen als vielmehr auf „Fort-Bildung" im Sinne des fortgesetzten Berufstrainings sowie außerdem auf Unterhaltung und Zeitvertreib, also auf eine gepflegte Art, der Langeweile entgegenzuwirken.

Läßt man die aktuellen Veranstaltungen und Veröffentlichungen des wissenschaftlichen Bibliothekswesens Revue passieren, dann ist unendlich oft und ausführlich von verwaltungstechnischen Prozessen die Rede, insbesondere von dv-gestützten, nicht weniger häufig von Katalogisierungsregeln, Managementaufgaben, von Finanzierungsproblemen oder Baufragen. Und das ist ja auch nötig und richtig so. Nach Bibliothekskongressen oder Fachpublikationen, die sich mit Bildungsfragen auseinandersetzen, wird man dagegen lange suchen müssen und es obendrein vergeblich tun. Der Bildungsauftrag unserer Bibliotheken ist für die Fachleute der Bibliotheksbranche schon seit einiger Zeit kein Thema mehr. Mehr noch, es besteht Grund zu der Annahme, daß eine nicht unerhebliche Zahl heutiger Bibliothekare an der Vermittlung von Bildung kein sonderliches Interesse besitzt. Es ist sicher nicht zuviel gesagt, wenn man konstatiert, daß weithin eine Allianz von Bibliothekaren, Bibliotheksnutzern und Unterhaltsträgern besteht, die in Bibliotheken nur noch Informations-Supermärkte sehen, in denen möglichst kostengünstig und benutzungsfreundlich alles bereitgestellt wird bzw. werden sollte, was man für die berufliche Arbeit und das berufliche Fortkommen benötigt.

Führungskräfte brauchen Bildung

Was kann man, vielmehr muß man gegen diese utilitaristische, bildungsverachtende Sichtweise vorbringen? Einige grundlegende Einwände lassen sich als Fragen formulieren: Ist unsere Gesellschaft nur noch daran interessiert, hochtrainierte Fachleute heranzubilden? Geht es bei den Führungskräften von morgen nur um Fachkompetenz? Ist alles das, was unser Land, ja was unsere Welt an sozialer, geistiger und musischer Kultur, an universaler Bildung des Hirns und des Herzens, an lebensbereichernden Werten und an Wissen und praktischer Erfahrung über soziale und gesellschaftliche Verantwortlichkeit hervorgebracht hat, nur schönes Beiwerk, auf das jedermann jederzeit verzichten kann? Muß nicht eine akademische Ausbildung entschieden mehr als nur Berufstraining bieten, sollte sie nicht auch grundlegend Bildung vermitteln? Wohin ein Defizit an humaner Bildung und an humanistischer Gesinnung führen kann, ist uns durch die finsteren Geschehnisse dieses Jahrhunderts hinreichend vor Augen geführt worden. Positiv gewendet: Was wir gebildeten und im Beruf und in der Gesellschaft engagierten Menschen an Leistungen für die Gemeinschaft zu danken haben, dafür gibt es – quer durch die Jahrhunderte und auch in unserer Zeit – genügend nachahmenswerte Beispiele. Deshalb: Eine Hochschulausbildung muß mehr als nur Faktenwissen, Methodik und Fertigkeiten vermitteln. Und: Eine Hochschulbibliothek hat auch die schöne und verantwortungsvolle Aufgabe, einen Beitrag zur humanen, umfassenden Bildung einer jungen Akademikerschaft, also der kommenden Führungskräfte unseres Landes, zu leisten.

Das gilt länderübergreifend, aber erst recht und in besonderer Weise für die Hochschulen in unseren sogenannten neuen Bundesländern; denn hier kommt zu der allgemeinen Aufgabe, während des Hochschulstudiums auch Bildung zu vermitteln, noch eine spezielle hinzu. Hier sollte es nicht zuletzt das Ziel aller Beteiligten sein, den Einseitigkeiten und Mängeln der zu DDR-Zeiten vermittelten Schul-„Bildung", die im übrigen für bestimmte Fächer weit besser war als ihr heutiger Ruf, durch ein entsprechendes Informations- und Bildungsangebot entgegenzutreten. Was kann man da tun, was wird da bereits getan?

Bildungsangebote der Technischen Universität Ilmenau

Der Rektor der Technischen Universität Ilmenau (TU), deren Bibliothek ich seit Anfang 1998 leite, hat in dem 1998 veröffentlichten „Tätigkeitsbericht des Rektorates" für die Jahre 1996 bis 1997 im Abschnitt 3.1.6 über „Studium generale, Europastudium" (dort S. 31) folgendes ausgeführt: „Das Studium generale an der TU Ilmenau hat die Aufgabe, im Sinne eines universitären Studiums eine weitergehende geistige Orientierung zu geben und die Persönlichkeitsentwicklung im humanistischen Sinne zu fördern. In diesem geistes- und sozialwissenschaftlichen Begleitstudium, das nach Beschluß des Senates der TU Ilmenau vom 08.07.1997 für die Studierenden der ingenieur-, wirtschafts- und naturwissenschaftlichen Studiengänge verbindlicher Studienbestandteil ist, wird ein breites Problemfeld aktueller und historischer Themen zur Entwicklung von Wissenschaft, Technik und Gesellschaft behandelt. Im engen Zusammenhang mit dem Studium generale steht auch das fakultative „Europa-Studium", bei dem die Studierenden zusätzliche, auf Europa bezogene sprachliche, allgemeine und fachspezifische Qualifizierungen erwerben können und abschließend ein Zertifikat erhalten. Für das Studium generale können die Studierenden aus ca. 25 Angeboten auswählen. Die Teilnehmerzahlen pro Semester lagen zwischen 340 und 550." Hierbei ist zu berücksichtigen, daß sich die Zahl der Studierenden im Wintersemester 1997/98 auf rund 3.500 belief. Ein Jahr später ist sie auf etwa 4.400 gestiegen.

Ich halte es für vorbildlich, wie unsere Technische Universität Ilmenau sich hier den Herausforderungen stellt, die uns auf dem Gebiet der Heranbildung des akademischen Nachwuchses aufgegeben sind. Und das wohlgemerkt als eine Universität, die zwar seit einigen Jahren eine wirtschaftswissenschaftliche Fakultät besitzt, und die das Studium der Medienwissenschaft planmäßig und anspruchsvoll ausbaut, die aber ihrer Herkunft und ihrem Schwerpunkt nach eben eine Hochschule der Techniker ist, an der Elektrotechnik und Maschinenbau, Informatik und Automatisierung im Vordergrund von Studium, Lehre und Forschung stehen.

Die zitierte Aussage des Rektors steht nicht vereinzelt da. Ich verweise u. a. auf das „2. Ilmenauer Hochschulgespräch" mit Dr. Hanna-Renate Laurien, das moderiert von unserer Prorektorin für Wissenschaft, Frau Prof. Dr.-Ing. habil. Ilka Philippow, im November 1998 zum Thema „keine Zukunft ohne Bildung" stattfand. Nicht weniger wichtig erscheint mir der Hinweis auf die Präambel der Grundordnung der TU Ilmenau, die man im Vorlesungs-verzeichnis, genannt „Semesterheft", abgedruckt findet. Dort heißt es: „Die Technische Universität Ilmenau fühlt sich dem Humanismus verpflichtet. Ihre Mitglieder und Angehö-rigen bedenken verantwortungsvoll die Folgen wissenschaftlicher Erkenntnisse. Im Sinne einer Selbstverpflichtung soll Forschung, bei der ersichtlich ist, daß ihre Anwendung eine Gefahr für das Leben oder das friedliche Miteinander in sich birgt oder Schaden an der Umwelt herbeiführen kann, nicht stattfinden."

Beiträge der Bibliothek zum Bildungsangebot

Fragen wir nun, wie eine Hochschulbibliothek dem Auftrag zur Vermittlung humanisti-scher Bildungs-Ideale und -Inhalte, der ihrer Universität, ob ausgesprochener- oder auch unausgesprochenermaßen aufgegeben ist, am zweckmäßigsten entsprechen kann. Vorab: Es geht hierbei primär wahrhaftig nicht um die Lösung von Finanzierungsproblemen, wie das bei größeren Projekten häufig der Fall ist, sondern vorrangig um eine Frage des Wollens, also der Gesinnung, und um professionelle Organisation. Natürlich steht und fällt ein Projekt, wie das hier erörterte, mit der Beschaffung und Bereitstellung der entsprechenden Literatur. Zu dieser zählen außer Büchern und Zeitschriften auch in- und ausländische Tages- und Wochenzeitungen, ebenso elektronische Medien und Tonträger: für die Wiedergabe literarischer Texte und Interpretationen bis hin zu Musikkassetten; denn selbstverständlich besitzt auch die musische Bildung einen hohen Stellenwert innerhalb eines Bildungsprogramms.

Wie hoch der zusätzliche Bedarf einer Bibliothek an Bildungsliteratur bzw. bildungsrelevanten „Medien" ist, hängt wesentlich von dem Fächerspektrum der betreffenden Hochschule ab. Natürlich wird man z.B. dort, wo ein musikwissenschaftliches Institut existiert, einen guten Bestand an Tonträgern schon deshalb in der Bibliothek vorfinden, weil das Institut Derartiges benötigt. Und an einer Universität, an der beispielsweise Lehrstühle für Germanistik bestehen, wird derentwegen schon von vornherein ein umfangreicher Fundus an deutscher Literatur zur Verfügung stehen. Bildungsliteratur existiert im Kernbestand bestimmter Fächer, wenn für diese auch mit einer anderen Zweckbestimmung, ist also in der Regel bis zu einem gewissen Grade an jeder Hochschulbibliothek ohnehin vorhanden und muß insoweit nicht eigens beschafft werden. Nicht unerwähnt darf bleiben, daß wir von einem Naturwissenschaftler erhoffen, daß seine Bildung vor den Geisteswissenschaften nicht Halt macht, aber selbstverständlich zählt ebenso naturwissenschaftliches, medizinisches und technisches Wissen für einen Akademiker, der einer geisteswissenschaftlichen Disziplin angehört, zu dem, was man ihm an Bildung wünscht.

In einer Zeit stagnierender, überwiegend aber rückläufiger Bibliotheksetats finden Finanzierungsprobleme natürlich besondere Aufmerksamkeit. Können sich unsere Bibliotheken Ausgaben für Bildung überhaupt noch leisten? Die Frage ist nicht klüger als jene, ob nicht eine Stadt sich aufgrund finanzieller Probleme von ihrem Theater oder ihrem Opernhaus trennen sollte, um Kindergärten und Altenheime weiterhin ungeschmälert finanzieren zu können. Sinnvolles Sparen darf nicht zur Vernachlässigung oder gar Streichung wichtiger Aufgaben führen, sondern erfordert vermehrt Augenmaß beim anteiligen, ausgewogenen Mitteleinsatz für alles, was ohne finanzielle Ausstattung nicht existieren kann. Außerdem: Der finanzielle Aufwand, der einer auch für Bildung engagierten Hochschulbibliothek zusätzlich entsteht, ist im Vergleich zu den Kosten naturwissenschaftlicher, technischer und medizinischer Grundlagen-Literatur immer noch recht gering. Wir können uns in unseren Bibliotheken erfreulicherweise, trotz aller landauf-landab zu hörenden Klagen, die Mehrausgaben für ein sinnvoll konzipiertes Bildungsprogramm wahrhaftig immer noch ohne Schwierigkeiten leisten, heute ebenso wie aller Voraussicht nach auch in Zukunft.

Auf die Wünsche der Kunden („Benutzer") eingehen

„Professionelle Organisation" umfaßt vielerlei: gute, lange Öffnungszeiten und eine zum Verweilen einladende freundliche Atmosphäre im Bibliotheksgebäude, eine eingängige, möglichst einfache und effektive sachliche Erschließung des Materials, unkomplizierte Zugänglichkeit zu diesem, freundliche Auskunft und Hilfestellung durch das Bibliothekspersonal, Offenheit und Entgegenkommen gegenüber Benutzerwünschen. Das sind, nebenbei bemerkt, alles bibliothekarische „Tugenden", die ganz generell für gute Bibliotheksarbeit, auf welchem speziellen Gebiet auch immer, Geltung besitzen und daher durchgängig zur Anwendung kommen sollten. Erfreulich ist es allemal, wenn eine Bibliothek sich für ihr

Bildungsangebot einen dezidierten Bestand in einem eigenen Raum leisten kann. Ich halte im Hinblick auf derartige Forderungen bzw. Wünsche u. a. das Konzept einer „Studenten-bücherei" für vorbildlich, wie es bei der Universitätsbibliothek Regensburg schon bald nach deren Gründung verwirklicht wurde. Übrigens: Eine Bibliothek darf nicht mit einem Nürnberger Trichter verwechselt werden. Zugreifen, das Angebot nutzen, aus den gebotenen Möglichkeiten Kapital schlagen – das müssen die Benutzer schon selbst tun.

Natürlich läßt sich auch auf eine ganze Anzahl flankierender Maßnahmen hinweisen, die bei der Behandlung unseres Themas von Belang sind. Eine Bibliothek kann kulturelle Ver-anstaltungen durchführen, Ausstellungen veranstalten – vor allem in Partnerschaft mit Ein-richtungen der Universität oder auch des lokalen und regionalen kulturellen Umfelds sowie in Zusammenarbeit mit anderen Bibliotheken. Sie kann durch Aushänge oder in ihrer Homepage auf eigene kulturelle Veranstaltungen wie auf die von anderen Institutionen hinweisen, sie kann hierfür Sponsoring betreiben und manches andere mehr.

Zusammenfassend konstatiere ich: Eine Bibliothek, die einen Beitrag zur Bildung des akademischen Nachwuchses, also der kommenden Führungskräfte des Landes leistet, hat es damit viel leichter, als mancher Außenstehende vielleicht denken mag; denn sie muß weder kostspielige Finanzierungsprogramme durchsetzen noch aufwendige Organisationsmodelle verwirklichen. Natürlich kommt sie nicht darum herum, etwas Geld zusätzlich aufzuwenden. Aber, aufs Ganze gesehen, steht das nicht im Vordergrund. Viel wichtiger, ja entscheidend ist es, daß sie dieser ebenso wichtigen wie schönen Aufgabe mit Offenheit begegnet und ihren Kunden („Benutzern") hier mit der gleichen Hinwendung und dem gleichen Engagement entgegentritt, wie sie es bei allen anderen Aufgaben, die sie durchzuführen hat, ständig tun sollte.

Elmar Mittler

Bibliotheken – Tore zur Information
Tendenzen des Bibliotheksbaus auf dem Weg zur multifunktionalen Bibliothek

Die klassischen Funktionen der Bibliothek sind weitgehend gebäudebezogen. Deshalb bestimmt die Qualität des Gebäudes wesentlich die Leistungsfähigkeit der Bibliothek. Gilt dies auch noch im Zeitalter digitaler Medien und weltweiter elektronischer Informationsbereitstellung im Internet? Gibt es bauliche Konzeptionen für die Bibliothek der Zukunft oder verflüchtigen sich die Gebäude im Zeitalter der virtuellen Bibliothek? Dies sind grundsätzliche Fragen, die sich jedem stellen, der gegenwärtig vor der Aufgabe steht, ein Bibliotheksgebäude zu planen oder zu bauen.

Dabei lohnt sich ein Blick zurück, denn Bibliotheken und ihre bauliche Unterbringung sind wesentlich von den Funktionen beeinflußt, denen sie dienen sollen. Sie haben im Laufe der Jahrhunderte viele Wandlungen erfahren und waren auch in den letzten Jahrzehnten dramatischen Änderungen unterworfen. Einige epochale Änderungen seien hier angesprochen.

1.   Die Bibliothek als Tresor

Das Buch war im frühen und hohen Mittelalter eine Kostbarkeit von Seltenheitswert. Allein der materielle Wert einer großen Pergamenthandschrift, für deren Herstellung eine ganze Schafherde benötigt wurde, war erheblich. Der Wert wuchs durch die wenigen vorbehaltene kunstfertige Herstellung der Schrift oder gar der Illuminationen. Es verwundert deshalb nicht, wenn Bibliotheksräume in dieser Zeit wie Schatzhäuser angelegt wurden, die möglichst diebstahlsicher und trocken, aber nicht brandgefährdet im ersten Obergeschoß untergebracht wurden, die mit der Kirche wie im Klosterplan von St. Gallen oder mit den Schlaf- bzw. Aufenthaltsräumen der Mönche in enger Verbindung standen. Ein sprechendes Beispiel für einen mittelalterlichen Bibliotheksraum ist das Brunnenhaus des ehemaligen Prämonstratenserklosters Unserer Lieben Frau in Magdeburg, in dessen Obergeschoß sich die Bibliothek befunden haben soll.[1] Die Bücher wurden in der Regel in diesen Räumen nicht gelesen sondern für liturgische Zwecke in der Kirche, für Lesungen im Refektorium oder für das Studium in der Mönchszelle entnommen.

2.   Die Pultbibliothek als Studienzentrum

Eine Revolution bedeutete demgegenüber das Schaffen von großen Bibliotheksräumen wie der Bibliothek der Dominikaner von San Marco in Florenz in der ersten Hälfte des 15. Jahrhunderts. Die über einen Mittelgang erschlossenen zwei breiten Schiffe boten Platz für 64 Pulte, auf denen ca. 400 Bände ausgelegt waren.[2] Diese funktionale Architektur diente

---

[1] Vgl. Edgar Lehmann: Die Bibliotheksräume der deutschen Klöster im Mittelalter. Berlin 1957. (Schriften zur Kunstgeschichte ; 2), S. 38f.

[2] Vgl. James F. O'Gorman: The architecture of the monastic library in Italy 1300 – 1600. New York 1972, S. 58.

vor allem der Bereitstellung wichtiger Texte und Nachschlagewerke. Der hohe Wert der Bücher machte weiterhin besondere Schutzmaßnahmen notwendig. Deshalb waren sie in der Regel angekettet, wie dies auch von den Universitätsbibliotheken oder für die Universität bestimmte Buchbestände wie die der Heiliggeistkirche in Heidelberg der Fall war.[3] Der freie Zugang zu den Beständen, die in der Regel vor Ort genutzt wurden (oder werden sollten), kennzeichnet eine neue auf das wissenschaftliche Arbeiten mit vielen Texten gerichtete Bibliothekskonzeption, wie sie nicht zuletzt im universitären Betrieb in Bologna in verschiedenen Beispielen realisiert wurde.

3. *Die Saalbibliothek bringt flexiblere Formen der Aufstellung und Nutzung*

Ein neuer Wandel führt von der dreischiffigen Hallen- zur Saalbibliothek, wie sie erstmals von Michelangelo in der Bibliothek von San Lorenzo in Florenz für Papst Clemens VII. realisiert wurde – dem Wunsche des Auftraggebers entsprechend noch mit traditioneller Pultausstattung. Der Wechsel von Pulten zu Schränken wurde in der 1586 bezogenen neuen Vatikanischen Bibliothek Sixtus V. erst in der Mitte des 17. Jahrhunderts realisiert. Erleichtert war er durch den Wechsel von der Standort- (Pult-) Signatur zu einem System von Inventaren mit Indices, in denen die Individualsignaturen der Bücher leicht ermittelbar waren, der unter der „Dynastie" der Ranaldi durchgeführt wurde.[4] Die große Zahl gedruckter Bücher machte flexible Formen der Aufstellung wie der bibliothekarischen Bearbeitung notwendig. Die Saalbibliotheken wurden dabei in ihrer Fassungskraft durch das Anlegen zusätzlicher Galerien ermöglicht, die z. B. in der Biblioteca Angelica in Rom auf drei Stockwerke anwuchsen. Kennzeichen der Saalbibliotheken insbesondere in Italien, Österreich und Süddeutschland ist ihre Entwicklung zum Gesamtkunstwerk, dessen umfangreiche Ausstattungsprogramme teilweise bewußt gegenreformatorischen Propagandacharakter tragen.[5] Doch finden sich auch schöne Beispiele fürstlicher Bibliotheken mit beeindruckenden Raumprogrammen.[6] Wo die Bücher vor dem Zugriff der Benutzer geschützt werden mußten, wurden sie – wie in vielen Pariser Bibliotheken, die öffentlich zugänglich waren – durch Türen mit leichten Metallgittern geschützt, wie sie auf einer Darstellung der Bibliothek von St. Victor in Paris gut erkennbar sind.[7]

4. *Die dreigeteilte Bibliothek –*
Professionalisierung und Spezialisierung der Gebäudeteile

Die Professionalisierung bibliothekarischer Arbeit macht sich in den Bibliotheksräumen erst relativ spät bemerkbar. Die „Sala dei scrittori" der Vatikanischen Bibliothek ist ein beeindruckendes Beispiel eines großen Bibliotekarraumes für eine fachmännisch geleitete Bibliothek mit einem relativ großen kontinuierlichen Personalbestand.

---

3 Zum Heidelberger Beispiel vgl.: Bibliotheca Palatina. Hrsg. von Elmar Mittler. Heidelberg 1986. 2 Bde. Textbd. S. 10f.

4 Vgl. P. Petitmengin: Recherches sur l'organisation de la Bibliothèque Vaticane à l'époque des Ranaldi (1547 – 1645). – In: Mélanges d'archéologie et de l'histoire de l'École française de Rome 75 (1964), S. 561-628.

5 J. Hess: La Biblioteca Vaticana. – In: L'Illustrazione Vaticana 9 (1931), S. 233-241 und ders.: Kunstgeschichtliche Studien zu Renaissance und Barock. 2 Bde. Rom 1967. Bd 1, S. 117-128, 143-152, 163-172.

6 Erwähnt sei z. B. die Bibliothek der Villa Farnese in Caprarola. Vgl. André Masson: Le décor des bibliothèques du Moyen Age à la Revolution. Genf 1972, S. 54 und 191.

7 Vgl. Masson (Anm. 6) S. 107 und Abb. 58.

Der nächste Wandel im Bibliotheksbau zielte vor allem auf die flexiblere Unterbringung der Bücher. In dem berühmten Grundriß Leopoldo Della Santas[8] wird aus der Saalbibliothek eine Abfolge von Kabinetten und damit praktisch eine Magazinbibliothek. Der Plan ist aber zugleich auch das erste Beispiel einer dreigeteilten Bibliothek, in der Bücher, Benutzer und Bibliothekare voneinander getrennt werden. Diese Konzeption, die zu getrennten Baukörpern für Magazin, Lesesaal und Verwaltung führte, ist in einer Vielzahl von Beispielen auch äußerlich sichtbar realisiert worden.[9] Auch nach dem Zweiten Weltkrieg wurde z. B. das Gebäude für die Universität Mainz noch nach diesem Schema errichtet. Ziel war die Optimierung der jeweils getrennten Funktionen, eine besondere Schwierigkeit ihre Verzahnung.

5. Die offene Bibliothek in vollflexibler Bauweise

Als wichtigstes Problem der dreigeteilten Bibliothek erwies sich aber nach dem Krieg, daß in ihr nicht schnell genug auf den rasanten Wandel reagiert werden konnte, der sich mit den Schlagworten Informationsexplosion und Bildungsboom charakterisieren läßt. Er fiel zusammen mit dem Durchsetzen des fabrikmäßigen Bauens mit vorgefertigten Bauteilen.

Die Trendwende kündigte sich langsam in Bauten mit großen Fachlesesälen (UB/TIB Hannover) an. In der Staats- und Universitätsbibliothek Bremen wurde erstmals das amerikanische Konzept einer fast vollständigen Freihandbibliothek mit systematischer Aufstellung realisiert. Die Entwicklung kumulierte in den Bauten für die Bibliotheken der Gesamthochschulen in Nordrhein-Westfalen, die in der Regel (wie auch in Bielefeld und Konstanz) in Gesamtgebäude der Universitäten integriert wurden.[10] Bei den riesigen Baumaßen, die hier geschaffen wurden, war ein hoher Energieverbrauch für Beleuchtung und Klimatisierung notwendigerweise einprogrammiert. In der Zeit der Ölkrise wurden Gebäude dieser Art auch „Energievernichtungsmaschinen" genannt. Dabei zeigt das Beispiel der Universitätsbibliothek Freiburg i. Br., daß durch die hohe Technisierung gegenüber dem Vorgängerbau eine außerordentliche Intensivierung der Geländenutzung ermöglicht wird – die Nutzfläche des Bibliotheksgebäudes ist etwa 10 mal so groß wie die des Vorgängerbaus, eines Gymnasialgebäudes aus dem 19. Jahrhundert.

6. Die postmoderne Bibliothek

Die moderne, vollflexible Bibliothek, wie sie weltweit über einige Jahrzehnte geschaffen worden ist,[11] hat in Deutschland heftige Kritiker gefunden. Hauptschwachpunkte sind:

– die hohe Tragkraft, die alle Decken haben müssen, weil sie für Magazinierung von Büchern vorgesehen sind, macht die Baukosten höher, als bei spezialisierter Nutzung.
– die unvermeidlich erforderliche totale Klimatisierung macht sie – jedenfalls bei deutschem Klima – zu einer „Energievernichtungsmaschine".

---

8   Leopoldo Della Santa: Della costruzione e del regolamento di una pubblica universale biblioteca con la pianta dimostrativa. Florenz 1816.
9   Vgl. z. B. die alte Universitätsbibliothek von Marburg in: Hanns Michael Crass: Bibliotheksbauten des 19. Jahrhunderts in Deutschland. München 1976. S. 110 f. und Abb. 123 und 124.
10 Die Bauten sind dokumentiert in: Bibliotheksneubauten in der Bundesrepublik Deutschland 1968 – 1983. Frankfurt 1983 (ZfBB : Sh. ; 39).
11 Vgl. hierzu die „10 commandments" von Harry Faulkner-Brown u. a. in: British academic library planning 1966 – 1980. – In: LIBER-Bulletin 16 (1981), S. 32-38.

– die viel gerühmte Umwidmung von Flächen erweist sich in der Praxis als wesentlich aufwendiger, als gedacht, und als wesentlich seltener nötig, als vermutet.

Die Nutzung von Räumlichkeiten in den Bibliotheken hat sich, allen andersartigen Vorstellungen zum Trotz, in den letzten beiden Jahrzehnten als erstaunlich stabil erwiesen. Auch der Platzbedarf für das Personal hat sich trotz des EDV-Einsatzes und der Kooperation in Verbundsystemen keineswegs wesentlich vermindert – sehr zum Kummer z. B. der Bibliothekare der State University in Columbus/Ohio, die gerade ein neues Gebäude geplant haben, als das EDV-Katalogisierungszentrum OCLC gegründet wurde, und damals auf Räume für die Katalogisierung verzichtet haben; deshalb mußte die Katalogisierungsabteilung in den letzten Jahrzehnten in einem überfüllten Kellergeschoß untergebracht werden. An einer Stelle aber erweisen sich die scheinbar vollflexiblen Gebäude als hilflos unflexibel: bei der Nachverkabelung der Räume für den EDV-Einsatz.[12]

Demgegenüber wurden wesentliche Forderungen des postmodernen Bauens bereits 1980 von mir in 10 Punkten formuliert, von denen hier fünf wiederholt seien:[13]

1. Zu ihrer Effektivität bedarf die Bibliothek einer günstigen Lage, übersichtlicher Gliederung mit geradezu magischer Führung des Benutzers an die einzelnen funktionalen Stellen. Das spricht für gegliederte, also nicht voll flexible Gebäude.
2. Die moderne Bibliothek zeichnet sich durch klare Ausrichtung auf die Bedürfnisse ihrer Benutzer in Buchbestand und Buchaufstellung aus. Die Benutzungshäufigkeit ist der wesentliche Aspekt für die Aufstellung des Buches in den Präsenzbeständen, Freihandbeständen oder geschlossenen Magazinen.
3. Flexibilität bleibt in Buch- und Lesebereichen Trumpf, um neue technische Medien zu berücksichtigen, aber auch Änderungen der Interessenanlage der Benutzer bei der Buchaufstellung konsequent nachvollziehen zu können.
4. Auch Nebenbedürfnisse der Benutzer wie Möglichkeiten zur Gruppenarbeit, das Angebot von Ausstellungen und Vortragsräumen (auch zur Benutzerschulung) und Erfrischungsräume sind erforderlich. Die Bibliothek sollte so sein, daß sie der Benutzer gar nicht mehr verlassen will.
5. Man sollte beim Bau von Bibliotheken auch an das Personal denken. Gerade bei Neubauten der 70er Jahre ist es öfter zu kurz gekommen. Die Formel dafür scheint einfach: weniger Großräume und weniger Klimatisierung.

Es konnte von mir im Einzelnen dargestellt werden, wie diese Forderungen im Detail im Gebäude der Niedersächsischen Staats- und Universitätsbibliothek Göttingen erfüllt worden sind,[14] das auch deshalb in vielfältiger Weise auf spätere Bauten eingewirkt hat, nicht zuletzt nach dem Zeugnis seines Architekten auch auf den Neubau für die Thüringer Universitäts- und Landesbibliothek Jena.

---

[12] Ein anschauliches Beispiel dafür findet sich bei: Anthony Quinsee: After Atkinson. British University planning since 1976. – In: The postmodern library. Graz 1997, S. 71 und Abb. 38.

[13] Vgl. Elmar Mittler; Zentrale Hochschulbibliotheken. Struktur und Organisationsformen und deren Auswirkungen auf das Gebäude. – In: Zentrale Hochschulbibliotheken. München 1980, S. 11-20.

[14] Vgl. Bibliothek, Forschung und Praxis 17 (1993), S. 347f.

7. Der Einfluß der elektronischen Datenverarbeitung

Der wachsende Einfluß elektronischer Medien hat in den Bibliotheken drei große Veränderungen gebracht. Es sind vor allem drei Bereiche erfaßt:

1. Die Bearbeitung
2. Die Kataloge
3. Die Benutzung

Die Automatisierung der Bearbeitung ist in vielen Bibliotheken weitgehend abgeschlossen: Die Katalogisierung der Buchbestände erfolgt mit EDV-Unterstützung, in der Regel am Terminal oder PC mit direkter Verbindung zu einem Verbundrechner.

Entsprechend ist der Arbeitsplatz des Mitarbeiters eingerichtet: Es ist ein nach ergonomischen Gesichtspunkten gestalteter Computerarbeitsplatz, die Tischplatte ist höhenverstellbar: der Neigungswinkel der Tischplatte kann verändert werden. Für den PC hat man ein Tableau, das eine Verschiebung ermöglicht. Wichtig ist der höhenverstellbare Stuhl, der auch im Sitzwinkel geändert werden kann. Um neben dem PC im Bedarfsfall auch Drucker, CD-ROM-Geräte u. a. m. einsetzen zu können, hat der Tisch eine Installationsleiste, in der beliebig Kabel untergebracht werden können. Durch entsprechende Anbaumöbel ist der Tisch erweiterbar.

Alle Räumlichkeiten sollen Kabelkanäle haben, die den Anschluß an lokale, nationale und internationale Netze gewährleisten.

Auch die Ablösung der Kartenkataloge als Informationsmittel des Benutzers über die Bestände der Bibliothek durch den OPAC (Online-public-access-catalogue) ist weitgehend abgeschlossen. Schon vor rund 15 Jahren veranstaltete die Zeitschrift „American Libraries" einen Wettbewerb für die beste Idee, was man mit einem nicht mehr gebrauchten Katalogkasten machen könne.

Bei der SUB Göttingen mußte man im August 1992 noch mit den alten Katalogkästen umziehen. Aber die Tische, auf denen die Katalogkästen im Neubau stehen, sind so konstruiert, daß sie auch der Aufstellung von PCs für die Benutzerinformation dienen können. Inzwischen hat dieser Wechsel in vielen Bereichen schon stattgefunden. Die Bibliothek ist auf dem Weg zu einer neuen Wandlung.

8. Auf dem Weg zur multifunktionalen Bibliothek

War es ein Ziel des Bibliotheksbaus der modernen und postmodernen Bibliothek, die Bedürfnisse nach schneller Bereitstellung und guten Lesemöglichkeiten gedruckter Literatur zu befriedigen, so werden diese inzwischen ergänzt und überlagert von den Bedürfnissen der digitalen Bereitstellung und der elektronischen Bearbeitung von Informationen. Dies führt zu erheblichen Änderungen in der Nutzung der Bestände.

Es ist selbstverständlich geworden, daß die Bibliothekskataloge online zur Verfügung stehen und die Ausleihe EDV-unterstützt erfolgt. Das bedeutet, daß für Wissenschaftlerinnen und Wissenschaftler sowie für die Studierenden Bestellmöglichkeiten auch dezentral vom Arbeitsplatz in der Universität aus bestehen. Die Verfügbarkeit eines Buches ist über das Ausleihsystem feststellbar. Unnötige Gänge in die Bibliothek erübrigen sich, wenn Literatur ausgeliehen ist, die aber vorgemerkt werden kann.

Auch der Zugriff auf wichtige, in gedruckter Form vorhandene Zeitschriften ist inzwischen durch elektronische Dienstleistungen wesentlich verbessert worden: Elektronische Zeitschrifteninhaltskataloge, die mit Bestandsdaten verknüpft sind, erlauben die Recherche auch in den neuesten Publikationen und die gezielte Bestellung einzelner Aufsätze, die kurzfristig als Kopie, Fax oder elektronisch (TIFF-Datei bzw. Email) bereitgestellt werden können. Hierfür ist eine apparative Ausstattung notwendig (Scanner, Fax-Geräte, ARIEL-Station, Server usw.). Außerdem muß kontinuierlich die personelle Kapazität bereitgestellt werden, um die benötigten Zeitschriften zu holen, die Aufsätze zu scannen und zu versenden. Dieser Benutzerservice kann zugleich als inneruniversitärer Dienst wie auch zur Fernleihe oder zur Direktlieferung an auswärtige Benutzer (SUBITO) eingesetzt werden.

Durch die Erstellung von Benutzerprofilen können Inhaltsdienste auch zur gezielten regelmäßigen Information über neue Literatur auf definierten Gebieten dienen – eine neue Dienstleistung, mit der die Attraktivität der Bibliotheksbestände auch für den Spezialisten wesentlich erhöht werden kann.

Für die Leserinnen und Leser in der Bibliothek ergibt sich über die bisherigen Möglichkeiten der Nutzung der Bestände in den Lesebereichen (einschl. der Kopiermöglichkeiten) hinaus die Chance, durch Einsatz von Scannern bestimmte Kopien für den persönlichen Gebrauch in digitalisierter Form zu speichern und (evtl. durch OCR-Programme) elektronisch weiter zu bearbeiten und sich dabei auf dieser Grundlage zum Beispiel das Zitieren wesentlich zu erleichtern.

In jedem Fall ist erkennbar, daß durch die EDV-unterstützten Zugriffe auch auf einzelne Zeitschriftenaufsätze eine neue Qualität der Dienstleistung entsteht, die den Arbeitsplatz in der Bibliothek für die Nutzerin und den Nutzer attraktiver macht, aber auch eine Verbesserung des dezentralen Service (Lieferung digitaler Kopien an den Arbeitsplatz) ermöglicht.

Was für Zeitschriftenaufsatzdienste gilt, ist in gleicher Weise auch für die Verknüpfung von Bestand und Dokumentation beim Einsatz von fachspezifischen Datenbanken (CD-ROM, Online-Datenbanken) der Fall, wenn diese über eine Z39.50-Schnittstelle verfügen. Auch dann ist mit der Recherche eine sofortige Bestellmöglichkeit – auch ggf. von außerhalb der Bibliothek – gegeben.

Einen weiteren Schritt bedeutet es, wenn nicht nur die Information über die Literatur, sondern die Publikation selbst von vornherein in digitaler Form zur Verfügung steht. Viele Zeitschriften werden inzwischen zusätzlich oder ausschließlich in digitaler Form bereitgestellt. Das bedeutet die Chance verbesserter Zugriffsmöglichkeiten, detaillierter Erschließung (bis zur Volltextrecherche) und schneller Lieferung an den Arbeitsplatz. Allerdings steigen damit die Ausdruck- und Kopierbedürfnisse, weil viele Nutzerinnen und Nutzer in der praktischen Arbeit mit den Texten die Ausgabe auf Papier der reinen Bildschirmbereitstellung und -bearbeitung vorziehen. Die technische Ausstattung im Druckbereich muß deshalb durch zusätzliche Drucker an den Arbeitsplätzen selbst sowie durch konzentrierte Bereitstellung qualitativ hochwertiger Drucker in der Hauptbibliothek wesentlich erweitert werden; der Beratungsbedarf erhöht sich im technischen wie im fachlichen Bereich in erheblichem Umfang.

Bei zielgerichteter Nutzung der Internetressourcen ist dies in noch höherem Maße der Fall: Die vielfältigen Publikationen im Internet stellen für viele Fachgebiete eine zunehmend wichtige Quelle für Forschung und Studium dar. Sie in gezielter Auswahl bereitzustellen, ist nicht nur die Aufgabe zentraler Fachbibliotheken oder überregionaler Schwerpunktbibliotheken. Im Rahmen der Grundversorgung vor Ort sollten auch in den Universitätsbibliotheken bedarfsgerecht Internet-Materialien dauerhaft bereitgehalten werden; in anderen Fällen müssen Links gesetzt werden, die den Zugriff erleichtern und der regelmäßigen Überprüfung bedürfen. Schulungs- und Beratungsbedarf steigen exzeptionell.

Die Nutzung digitaler Medien erweitert sich darüber hinaus zunehmend in den multimedialen Bereich (Audio, Video, Animation, Simulation, ...). Die apparative Ausstattung wird komplexer und ihre Beherrschung bei schnell sich wandelnder Technologie immer komplizierter. Hier entsteht ebenfalls erheblicher zusätzlicher Schulungs- und Beratungsbedarf.

Digitale Medien sind nicht nur für die passive Nutzung da. Sie dienen ebenso der aktiven wissenschaftlichen Arbeit. Studierende wie Forscherinnen und Forscher schreiben ihre Texte mit dem Computer. Dissertationen entstehen so und können ohne große Umarbeitung ins Internet gelegt werden. Die Einbeziehung von komplexer Software, von Bildmaterialien und multimedialen Möglichkeiten ist dafür aber teilweise erforderlich. Auf die Bibliotheken kommen auch hier neue Aufgaben der Unterstützung des Publizierens der Hochschulangehörigen innerhalb der Universität und der dauerhaften, weltweiten Bereitstellung der Materialien im Internet zu.

Benutzerorientierte Dienstleistungen im digitalen Bereich sind von hoher Wichtigkeit für die Leistungs- und Wettbewerbsfähigkeit jeder Bibliothek. Ihre Attraktivität auch für die Studierenden wächst, wenn sie zukunftsorientierte Dienstleistungen mit guten Informations- und aktiven Selbstlernmöglichkeiten anbieten kann.

Daraus ergeben sich folgende konkrete Anforderungen an das Bibliotheksgebäude:

1. Die traditionellen Katalogbereiche wie die Lesebereiche müssen vollständig verkabelt sein.
2. Alle Arbeitsplätze (für Benutzer wie Personal) müssen Zugriff auf Elektrizität und EDV-Netzverbindung haben. Der moderne Arbeitsplatz, an dem parallel mit PC und Papier gearbeitet werden muß, hat einen Grundflächenbedarf, der deutlich höher liegt als bei konventionellen Arbeitsplätzen.
3. In größerer Zahl sind Arbeitsplätze für multimediales Arbeiten vorzusehen.
4. Ergänzend müssen Druckmöglichkeiten geschaffen werden, weil das Bedürfnis nach Ausgabe in Papierform wachsende Tendenz hat.
5. Der Kommunikationsbedarf bei der Arbeit mit digitalen Materialien ist wegen des Einsatzes komplizierter, sich schnell wandelnder Technik und der zunehmend in Teamwork entstehenden Produkte besonders hoch. Gruppen, die gemeinsam an Problemlösungen arbeiten, wechseln in ihrer Zusammensetzung häufig. In englischen und amerikanischen Bibliotheken haben sich deshalb Kommunikationsinseln in der Nähe der Bibliotheksauskunft bewährt, wo Gruppen in wechselnder Größe an Geräten arbeiten können, um z. B.
   - Beratung vom Bibliothekar oder von EDV-Spezialisten zu erhalten,
   - sich mit Dozenten aus ihrem Fachbereich bei der Weiterarbeit zu beraten,
   - in kleinen studentischen Gruppen Informationen über die Nutzung der Geräte oder die Arbeitsgestaltung auszutauschen oder
   - Übungsarbeiten anzufertigen.
6. Möglichst in der Nähe derartiger Kommunikationsinseln sollten Computerlehrräume bereitstehen, in denen eine systematische Schulung mittelgroßer Gruppen (ca. 16 Plätze) möglich ist. Ergänzend sollten ein oder zwei größere Seminarräume zur Verfügung stehen, die mit wechselnder Möblierung für Gruppen von ca. 50 Personen (mit Tischen) oder ca. 100 Personen (als Auditorium) ausgestattet werden können.

Diese hier knapp skizzierten Forderungen an eine neue multifunktionale Bibliothek greifen wesentliche Entwicklungslinien auf, wie sie im Symposium der LIBER-architecture group „The multifunctional library" im April 1998 in London diskutiert wurden.[15]

---

[15] Die Vorträge werden in Heft 1 (1999) des LIBER-Quarterly veröffentlicht.

9.   Die Bibliotheken als Tor zur Information

Die multifunktionale Bibliothek ist die konzeptionelle Antwort auf die Herausforderungen der Entwicklung moderner Informationstechnik. Dabei wird die einzelne Bibliothek eine wichtige Rolle behalten, obwohl sie in einem nie gekannten Ausmaß mit Bibliotheken, Verlagen aber auch den Autoren und nicht zuletzt den Benutzern vernetzt sein wird. Sie wird dabei in Arbeitsteilung auch mit universitären Benutzereinrichtungen wie den Rechen- und Medienzentren wirken und mit ihnen neue gemeinsame Dienstleistungen entwickeln müssen.[16] Auf jeden Fall aber wird sie eines bleiben – ein wichtiges Tor zur Information. Dieses weit zu öffnen, ist mehr denn je die größte Aufgabe für jeden Bibliothekar. Konrad Marwinski hat in Jena und darüber hinaus in einer Zeit der Wende in beeindruckender Weise daran mitgewirkt, die wandlungsfähige zukunftsorientierte Bibliothek zu schaffen. Er hat dabei sanft, aber bestimmt die Entwicklung in die richtige Richtung gelenkt. Die gegenwärtige und zukünftige Leistungsfähigkeit „seiner" Bibliothek und die Erfolge ihrer Benutzer, zu denen sie beitragen kann, werden für seinen unermüdlichen Arbeitseinsatz der schönste Lohn sein.

---

[16] Vgl. dazu auch: Informationsinfrastruktur im Wandel. Oldenburg 1998 sowie: Bibliothek, Forschung und Praxis 22 (1998) S. 14-17.

Georg Ruppelt

Das gefesselte Wort:
Groteske Zensurfälle aus fünf Jahrhunderten

1. Zur Einführung

„Seit Bücher geschrieben werden, werden Bücher verbrannt. [...] Die Geschichte des
Geistes und des Glaubens ist zugleich die Geschichte des Ungeistes und des Aber-
glaubens. Die Geschichte der Literatur und der Kunst ist zugleich eine Geschichte
des Hasses und des Neides. Die Geschichte der Freiheit ist, im gleichen Atem, die
Geschichte ihrer Unterdrückung, und die Scheiterhaufen sind die historischen
Schnitt- und Brennpunkte. Wenn die Intoleranz den Himmel verfinstert, zünden die
Dunkelmänner die Holzstöße an und machen die Nacht zum Freudentag. [...] Das
blutige Rot der Scheiterhaufen ist immergrün."[1]

Diese Sätze sprach Erich Kästner 1958 auf der Hamburger PEN-Tagung und wies 25 Jahre
nach den nationalsozialistischen Bücherverbrennungen darauf hin, daß die Geschichte der
Literatur auch die Geschichte ihrer Unterdrückung ist. Die Praxis, Texte zu zensieren und
zu vernichten, oder diejenigen zu verfolgen, die sie geschrieben, gedruckt, verlegt oder
auch nur gelesen haben, gehört zu den dunkelsten Seiten der Kulturgeschichte der Menschheit. Die erste literarisch bezeugte Bücherverbrennung im Abendland fand im 5. Jahrhundert v. Chr. in Athen statt. Dort wurden Schriften des bedeutenden Sophisten Protagoras
(480 bis 410 v. Chr.) verbrannt, weil er in einer seiner Schriften die Existenz von Göttern
bezweifelt hatte.[2]

Mit diesem frühen überlieferten Fall von Bücherverbrennung ist einer der Hauptgründe
für Maßnahmen gegen Literatur benannt, nämlich Zensur aus religiösen Gründen. Im
wesentlichen lassen sich drei Gründe für Zensurmaßnahmen über die Jahrhunderte anführen.
Zensur wird ausgeübt

– gegen Schriften, die den religiösen Vorstellungen von Machtträgern entgegenstehen,
– gegen Texte, die den Vorstellungen von Staat und Politik widersprechen,
– aus moralischen oder vorgeblich moralischen Gründen.

---

[1] Erich Kästner: Über das Verbrennen von Büchern. – In: E.K.: Gesammelte Schriften für Erwachsene. 8 Bde.
     Bd. 8: Vermischte Beiträge III. Zürich 1969, S. 277-285, hier S. 277-279.
[2] Der Beitrag stützt sich im wesentlichen auf die im folgenden genannten Publikationen, die auch umfängliche
     Literaturangaben enthalten. Hans J. Schütz: Verbotene Bücher. Eine Geschichte der Zensur von Homer bis
     Henry Miller. München 1990. (Beck'sche Reihe ; 415); Der Zensur zum Trotz. Das gefesselte Wort und die
     Freiheit in Europa. Weinheim 1991. (Ausstellungskataloge der Herzog August Bibliothek ; 64); Heinrich
     Hubert Houben: Verbotene Literatur von der klassischen Zeit bis zur Gegenwart. Ein kritisch-historisches
     Lexikon über verbotene Bücher, Zeitschriften, Theaterstücke, Schriftsteller und Verleger. Bd. 1.2. Dessau,
     Bremen 1924 – 28; Anne Lyon Haight: Verbotene Bücher. Von Homer bis Hemmingway. Übersetzt aus dem
     Amerikanischen von Hans Egon Gerlach. Düsseldorf 1956; Zensur und Kultur – Censorship and Culture.
     Zwischen Weimarer Klassik und Weimarer Republik mit einem Ausblick bis heute – From Weimarer Classi-
     cism to Weimarer Republic and Beyond. Hrsg. von John A. McCarthy und Werner von der Ohe. Tübingen
     1995. (Studien und Texte zur Sozialgeschichte der Literatur ; 51.)

Es ist allerdings häufig nur schwer zu bestimmen, ob eine Maßnahme aus religiösen Gründen, die gleichzeitig auch politische sein können, oder moralischen Gründen, die ebenfalls religiöse oder politische Aspekte aufweisen können, vollzogen wird.

Im folgenden wird nach dieser groben Einteilung über Zensurfälle berichtet werden, die sich aus den genannten Beweggründen ereignet haben. Es sollen aber auch Beispiele für die Überwindung von Zensur vorgestellt werden, um zu zeigen, wie mutige und pfiffige Frauen und Männer es immer wieder verstanden haben, die Zensur zu umgehen. Insofern ist die Literaturgeschichte nicht nur gleichzeitig auch eine Geschichte der Zensur, sondern sie ist auch die Geschichte des Widerstandes gegen Zensur und der Überwindung von Zensur.

Dieser kleine Beitrag über Zensurfälle ist hervorgegangen aus einem Vortrag, den der Verfasser im Dezember 1998 im Bremer Tabak-Collegium hielt. Die Absicht des Beitrages kann es nicht sein, auch nur in Ansätzen eine Geschichte der Zensur zu umreißen. Vielmehr soll an einige wenige außergewöhnliche Zensurfälle erinnert werden. Die im folgenden vorgestellten Fälle mögen oft kurios oder grotesk wirken. Es sollte dabei aber nicht vergessen werden, daß hinter all diesen Fällen Autoren, Drucker, Verleger und Leser, also Menschen standen. Es wurden über die Jahrhunderte hinweg bis in unsere unmittelbare Gegenwart hinein ja nicht nur Bücher, Zeitungen und Zeitschriften verboten oder vernichtet, sondern es ist denjenigen, die sie geschrieben oder an den Leser vermittelt haben, oft Schaden an Leib und Seele zugefügt worden. Leider besitzen die berühmten Heine-Zeilen aus dem „Almansor" zeitlos Gültigkeit: „Das war ein Vorspiel nur, dort wo man Bücher verbrennt, verbrennt man am Ende auch Menschen."

Man kann nach Reinhard Aulich und Michael Knoche drei grundlegende Funktionen und ihre entsprechenden Instrumente von literarischer Zensur unterscheiden:[3]

– Zensur als Kontrolle der Entstehung literarischer Produktionen. Dabei erstrecken sich die Sanktionen auf den Autor und auf die Auslöschung seines Geistesprodukts.
– Zensur als Kontrolle der literarischen Distribution. Diese zielt auf die Multiplikatoren (Drucker, Verleger, Händler und Bibliothekare).
– Zensur als Kontrolle der literarischen Aufnahme. Hier werden die Leser ins Visier genommen, um dem vorliegenden Gedankengut entgegenzutreten und seine weitere Verbreitung zu verhindern.

Um ihre Ziele zu erreichen, bedient sich die Zensur verschiedener Instrumente. Für die Funktion, die als erste genannt wurde – Zensur zielt auf die Entstehung von Texten – ist die extremste Maßnahme die *Tötung des Autors*. Er wird auf diese Weise an der Produktion von Texten gehindert, die der staatlichen oder kirchlichen Macht als gefährlich gelten. In vergangenen Jahrhunderten konnte dies im Rahmen bestehenden Rechts oder auch durch Lynchjustiz geschehen. Der Fall Rushdie zeigt in unserer Gegenwart auch den Versuch, den Autor mit terroristischen Mitteln, also Mord, zu eliminieren, nachdem der Staat Iran von der Verfolgung des Autors Abstand genommen hat: „Die als ultrakonservativ geltende Stiftung ‚Khordad' hat eine Erhöhung des auf den britischen Schriftsteller ausgesetzten Kopfgeldes um 300.000 Dollar auf 2,8 Millionen Dollar (etwa 4,5 Millionen Mark) angekündigt. Ein kleines Dorf im Norden des Landes hat ebenfalls ein Kopfgeld für die Ermordung Rushdies ausgesetzt. Die Einwohner des Ortes Kiapay bieten nach einem Bericht einer ira-

---

[3] Vgl. zum folgenden Michael Knoche: Einführung in das Thema. – In: Der Zensur zum Trotz. S. Anm. 2, S. 23-39.

nischen Zeitung Ackerland, Gärten, ein Haus und zehn Teppiche als Belohnung für die Ermordung Rushdies an. Außerdem sollen sie ein Spendenkonto eröffnet haben." (dpa-Meldung in der Frankfurter Allgemeinen Zeitung vom 20.10.1998.) Im Dezember 1998 lautete die Überschrift eines Spiegel-Artikels: „Die Zunge abschneiden. Unruhe in Teheran: Die Morde an Schriftstellern treiben die Opposition zu Protesten auf die Straße und setzen den eher gemäßigten Staatschef Chatami unter Druck" (Der Spiegel 1998, 52, S. 130-131.)

Ein gegen den Autor gerichtetes Mittel ist auch das Zumschweigenbringen durch *Polizeimaßnahmen*, in unserem Jahrhundert vielfach angewandt zur Zeit des „Dritten Reiches" (Konzentrationslager), oder durch Einweisung in psychiatrische Anstalten wie in der Sowjetunion, beides also Maßnahmen der Gewaltanwendung gegen die Person des Autors.

Schriftsteller an der Produktion von Texten zu hindern, gelang aber auch durch *Publikationsverbote*. Ein bekanntes Beispiel betraf Gotthold Ephraim Lessing. Herzog Carl von Braunschweig entzog ihm 1778 die sechs Jahre zuvor erteilte Zensurfreiheit und verbot ihm kurz darauf überhaupt, die Religion betreffende Texte ohne vorherige Genehmigung drucken zu lassen. Anlaß war der sogenannte Fragmentenstreit, in dem sich Lessing kritisch mit der protestantischen Orthodoxie in Hamburg auseinandergesetzt hatte. Dieses Verbot ist damit – wenn man so will – letztendlich verantwortlich für eines der wichtigsten Werke der deutschen Literatur, nämlich „Nathan den Weisen". Lessing schrieb am 6. September 1778 in einem Brief an seine Freundin Elise Reimarus: „Ich muß versuchen, ob man mich auf meiner alten Kanzel, auf dem Theater wenigstens, noch ungestört will predigen lassen."[4] Wie ungleich größer aber ist die Wirkung „Nathans des Weisen" seit zwei Jahrhunderten im Vergleich zu seinen polemischen Schriften!

Ein sehr erfolgreiches Mittel der Zensur, mißliebige Autoren am Publizieren zu hindern, ist das *Berufsverbot* – eine Maßnahme, die weitaus effektiver sein kann als die Einzelzensur. Eines der leider wirkungsvollsten Beispiele bietet die Reichsschrifttumskammer im nationalsozialistischen Deutschland. Nur wer Mitglied der Reichsschrifttumskammer war, hatte Zugang zum literarischen Markt und durfte publizieren. Autoren, Verleger und Buchhändler wurden auf ihre „erforderliche Zuverlässigkeit und Eignung" geprüft. Autoren oder Buchdistributoren, die aus politischen oder rassistischen Gründen abgelehnt wurden, konnten so auf Dauer am Publizieren gehindert werden.

Ein weiteres Maßnahmenbündel von Zensur richtet sich gegen die Verbreitung von Texten. Ziele dieser Maßnahmen sind in erster Linie die Distributoren der Texte, also Verleger, Drucker und Buchhändler. Ein tragisches Beispiel bietet der Nürnberger Buchhändler Johann Philipp Palm. Palm mußte für seine Agitation gegen Napoleon mit dem Leben bezahlen. In einer anonymen Broschüre mit dem Titel „Deutschland in seiner tiefen Erniedrigung", die bei Palm 1806 in erster Auflage und einen Monat später schon in einer zweiten Auflage erschien, wurde gegen die französische Fremdherrschaft zu Felde gezogen. Der Autor (vermutlich Philipp Christian Gottlieb Yelin) war von den Franzosen nicht zu ermitteln, aber Anzeichen wiesen auf Nürnberg als Druckort und Palm als Verleger hin. Palm wurde verhaftet und am 26. August 1806 in Braunau am Inn erschossen.

Freilich konnte auch in ganz „normalen Zeiten" der Vertrieb durch eine *restriktive Auslegung des Gewerberechtes* behindert werden. Der Konzessionszwang, der im deutschen Buchhandel bis 1872 galt, erlaubte es nur demjenigen, Bücher zu drucken und verbreiten zu lassen, der die polizeiliche Zulassung erlangt und behalten hatte. – Ein Mittel, Bücher

---

4   Gotthold Ephraim Lessing: Werke und Briefe in 12 Bdn. Hrsg. v. Wilfried Barner u. a. – Bd. 12: Briefe von
    und an Lessing. Hrsg. von Helmuth Kiesel. Frankfurt/M. 1994, S. 192-193.

aus dem Ausland nicht an die Leser des eigenen Landes gelangen zu lassen, ist die Beschlagnahmung durch Zollbehörden.

Wenn von Zensur im allgemeinen geredet wird, ist häufig damit die *„Vorzensur"* gemeint. Amtlich bestellten Zensoren müssen Manuskripte oder Druckfahnen vorgelegt werden. Erst wenn diese sie freigeben, gegebenenfalls mit Änderungs- oder Eliminierungsauflagen, können die Texte zum Druck gelangen. Besonders Zeitungen wurden im 19. Jahrhundert von diesem Verfahren behindert. Berüchtigt waren die sogenannten „Karlsbader Beschlüsse" mit ihren Bestimmungen über die Freiheit der Presse von 1819, die bis 1848 für alle deutschen Bundesstaaten galten. Neben der Nachzensur wurde hier die Vorzensur für alle Regierungen bindend vorgeschrieben, und zwar für alle Bücher mit weniger als 20 Bogen Umfang und für Zeitschriften. Zunächst gingen die oft in letzter Minute vorgenommenen Zensurstriche tatsächlich als Striche mit in den Druck. Berühmt ist Heinrich Heines listige vorgetäuschte Zensurmaßnahme. Auf einer Seite seines zweiten Teiles der „Reisebilder" finden sich außer der Kapitelnennung nur vier deutsche Wörter. Oben heißt es nach einer Reihe von Zensurstrichen „die deutschen Censoren", dann folgen wieder Zensurstriche, danach folgt das Wort „Dummköpfe" und schließlich wieder Zensurstriche.[5]

Ein effektives Mittel, die Produktion von Verlagen zu steuern, bietet in Planwirtschaften die *Papierbewirtschaftung*. Unter dem Hinweis der Papierknappheit wurden im nationalsozialistischen Deutschland seit 1936 die Verlage gezwungen, sich Papierkontingente bewilligen zu lassen.

Eine umfassende Aufarbeitung von Zensur oder zensurartigen Maßnahmen in der DDR ist noch Desiderat; jedenfalls wurde bereits am 1. September 1951 das Amt für Literatur und Verlagswesen gegründet. Dieses konnte Verlagslizenzen genehmigen oder verweigern. Es bewertete alle eingereichten Manuskripte und teilte die Papierkontingente zu. „Die Zulassung zum Druck, die auch widerrufen werden konnte, wurde von der ‚zur Verfügung gestellten Papiermenge' und einer ‚Prüfung der Qualität' durch Lektoren, auswärtige Gutachter und die Hauptverwaltung (HV) Verlage und Buchhandel beim Kulturministerium erteilt. Kritische Autoren wie Günter de Bruyn oder Christoph Hein charakterisierten die Prozedur der Druckgenehmigung allerdings bereits vor der Wende als simplen Akt der Zensur. In seinem Diskussionsbeitrag auf dem X. Schriftstellerkongreß der DDR bezeichnete de Bruyn die Frage, ob man das Veröffentlichungsverfahren ‚Zensur' oder ‚Druckgenehmigungspraxis' nenne, in aller Deutlichkeit als völlig ‚fruchtlosen Streit um Begriffe'".[6]

Eines der bekanntesten Mittel, die Verbreitung und Rezeption literarischer Texte zu verhindern oder wenigstens einzudämmen, ist die *Indizierung*, also die Erstellung von Listen verbotener Bücher. Der berühmteste Index ist der der römisch-katholischen Kirche, der 1559 zum ersten Mal erschien und dessen Wirkung erst 1967 außer Kraft gesetzt wurde. Angedroht wurde bei Lektüre der darin aufgeführten Titel die Exkommunikation, der Leser aber sollte beim Lesen eines dieser Bücher eine Todsünde begangen haben. Listen verbotener Bücher gibt es aber auch in Ländern, in denen Zensur – wie es bei uns im Grundgesetz heißt – nicht stattfindet. Diese Listen dienen vor allem dem Zwecke des Jugendschutzes. Die Bundesprüfstelle für jugendgefährdende Schriften, 1954 in der Bundesrepublik gegründet, indizierte vor allem Schriften obszönen oder pornographischen Inhaltes – oder

---

5 Heinrich Heine: Reisebilder. Zweyter Teil. – 2. Aufl. – Hamburg 1831, S. 180.
6 York-Gotthart Mix: Vom großen Wir zum eigenen Ich. Schriftstellerisches Selbstverständnis, Kulturpolitik und Zensur im real-existierenden Sozialismus der DDR. – In: Zensur und Kultur. S. Anm. 2, S. 179-192, hier S. 188.

was man in den ersten Jahrzehnten der Bundesrepublik dafür hielt. Infolge des Wertewandels seit der Mitte der 60er Jahre gilt das Hauptaugenmerk der Prüfstelle heute weniger Texten und Bildern mit sexuellem Bezug. Die Medien werden in den letzten Jahrzehnten vor allem im Hinblick auf Gewaltverherrlichung und der Verbreitung verfassungsfeindlicher Inhalte überwacht.

In unserer Zeit sind alle diese Zensurmaßnahmen allerdings leicht zu unterlaufen, man denke an Videofilme oder vor allem das Internet. Letzteres wird sogar zur bewußten Außerkraftsetzung von Zensur genutzt. So gibt es eine Vereinigung, die versucht, in einigen Ländern verbotene Texte in das Internet zu stellen, so daß sie jedem, der Zugang zu einem Internet-Anschluß besitzt, weltweit zur Verfügung stehen.

Eine weitere Maßnahme gegen bereits erschienene Texte sind die schon erwähnten *Bücherverbrennungen*, die seit der Antike bzw. auch schon im alten China bis in unser Jahrhundert stattgefunden haben.

Auch die *Herausgabe gereinigter Fassungen* kann zu diesen Maßnahmen gegen Texte gezählt werden. Es sei z. B. an Jugendbücher mit dem Eindruck „ad usum delphini" erinnert, was ursprünglich nichts anderes bedeutete, als daß diese Ausgaben für den französischen Thronfolger, den Dauphin, gedacht waren. Ludwig XIV. ließ von dem Theologen Bossuet und dem Philosophen und Lehrer des Dauphin, Huet, eine Ausgabe der antiken Klassiker unter Weglassung der anstößigen Stellen besorgen. In diesen Zusammenhang gehört auch das *Einschwärzen von Textpassagen* – ein Verfahren, das auch in der zweiten Hälfte des 20. Jahrhunderts durchaus noch üblich ist, etwa wenn in einem Straf- oder Zivilprozeß das Gericht auf Unterlassung bestimmter Aussagen in einem Buch entscheidet, der Text aber bereits gedruckt worden ist.

Seit dem Aufkommen kommerzieller Leihbibliotheken im 18. Jahrhundert haben sich öffentlich zugängliche Bibliotheken der besonderen Aufmerksamkeit der staatlichen Macht erfreut. So kam es bei politischen Umbrüchen immer wieder zu umfassenden „Säuberungen" *von Bibliotheken* mit Hilfe von Index- und Aussonderungslisten. Dies betraf etwa. im nationalsozialistischen Deutschland vor allem die Öffentlichen Bibliotheken, weniger die wissenschaftlichen. In letzteren wurde mißliebige oder als gefährlich geltende Literatur meist in sogenannte Giftkammern oder Giftschränke gestellt, die nur mit offizieller Erlaubnis und nachgewiesenem wissenschaftlichen Interesse dem Benutzer zugänglich waren.[7]

2. Zensur aus religiösen Motiven

Im Rahmen der großen Christenverfolgungen unter Kaiser Diocletian (um 300) wurden nicht nur christliche Kirchen und Versammlungsorte zerstört, sondern auch gottesdienstliche Bücher konfisziert und verbrannt. Freilich wurden wie zu allen Zeiten auch damals Bücher versteckt und abgeschrieben. Offenbar hat man in jener Zeit für diese Zwecke die leichter handhabbare Codexform für Bücher gewählt, also die Form, die wir heute gemeinhin als Buch bezeichnen. Die in der Antike und im östlichen Teil der Welt noch viele Jahrhunderte übliche Form der Papyrusrollen eignete sich dazu anscheinend weniger. Die berühmten Bibliotheken von Alexandria, das Museion und das Serapeion, besaßen wohl 740.000 dieser Buchrollen.

Nach der Eroberung von Alexandria im Jahre 640 n. Chr. soll Kalif Omar die Verbrennung der Reste der Serapeionsbibliothek von Alexandria, wahrscheinlich die Nachfolgerin der im

---

7   Vgl. Bibliotheken während des Nationalsozialismus. Hrsg. von Peter Vodosek und Manfred Komorowski. Teil 1.2. – Wiesbaden 1989 – 1992. (Wolfenbütteler Schriften zur Geschichte des Buchwesens ; 16.)

Altertum berühmten „großen Bibliothek", veranlaßt haben. Er soll dies mit der Begründung getan haben, daß der Inhalt dieser Bücher entweder mit dem Koran übereinstimme oder ihm entgegengesetzt sei; wenn er aber mit ihm übereinstimme, so soll er geäußert haben, seien sie wertlos, da der Koran selbst genüge, und wenn sie ihm entgegengesetzt seien, so seien sie verderblich und müßten vernichtet werden.[8]

Das Christentum übernahm die früher gegen es selbst verwandten Mittel nunmehr gegen heidnische Literatur, gegen Häretiker und im Laufe der Jahrhunderte auch immer wieder gegen den Talmud. Aber auch das heilige Buch der Christenheit selbst, die Bibel, fiel gelegentlich unter das Verdikt.

In Deutschland existieren heute noch zwei Handschriften der Bibelübersetzung von John Wycliff aus dem 14. Jahrhundert. Es handelt sich dabei um die erste vollständige Übersetzung der Bibel aus der Vulgata ins Mittelenglische. Das Werk erhielt kirchenpolitische Bedeutung durch die Forderung Wycliffs und seiner Anhänger, die Autorität der Bibel höher zu setzen als die Autorität des Lehramts der Kirche. Jeder sollte nach ihnen das Recht haben, ob Kleriker oder Laie, die Bibel zu lesen. Dies war neu und ist erst gut 100 Jahre später von den Reformatoren wieder aufgegriffen worden. Die Antwort der Kirche auf die Wycliff-Bibel und ihre Propagandisten war eindeutig: 1409 wird vom Erzbischof von Canterbury der Besitz der übersetzten Bibel oder ihrer Teile, ja aller theologischen Schriften in englischer Sprache, verboten. Unterdessen war aber eine stattliche Zahl von Bibeln im Umlauf.[9] Ein weitaus schlimmeres Schicksal ereilte William Tyndale 1536. Er hatte Teile des neuen Testamentes in englischer Sprache drucken lassen, mußte auf den Kontinent fliehen, wurde gefaßt und in Belgien auf dem Scheiterhaufen verbrannt.

Daß Martin Luther und die Reformatoren im 16. Jahrhundert von Zensurmaßnahmen der römisch-katholischen Kirche reichlich bedacht wurden, ist bekannt.[10] In einem Passus des Wormser Ediktes von 1521 heißt es, daß Luthers Schriften niemand kaufe, verkaufe, lese, abschreibe, drucke oder abschreiben oder drucken lasse. Jeder wurde ermahnt, „alle Schriften und Bücher Luthers mit dem Feuer zu verbrennen und auf diese Weise gänzlich abzutun, zu vernichten, zu vertilgen". Aber auch die Werke des friedlichen, jedem Extremismus abholden und allseits geschätzten Erasmus von Rotterdam fielen den Zensurmaßnahmen zum Opfer. Die Zahl der Erasmus-Verbote ist groß, in der Erstauflage des Index wurden sämtliche Werke des Erasmus mit schärferen Worten verdammt als die Werke Luthers oder Calvins.

Doch auch auf der Gegenseite gibt es dunkle Kapitel in dieser Hinsicht. 1553 erschien anonym ein Buch mit dem Titel „Wiederherstellung des Christentums". Verfasser war der spanische Arzt, Jurist und Theologe Michel Servet.[11] Die französischen Behörden erhielten aus Genf einen Brief, worin Servet der Ketzerei beschuldigt wurde. Der Verfasser des Briefes, Calvin, legte ein Stück aus einem Manuskript des Servet als Beweis für dessen Autorenschaft bei. Servet wurde der Prozeß gemacht. Er wurde eingekerkert, konnte aber fliehen. In Genf wurde er in einer Kirche erkannt und erneut verhaftet. In einem Prozeß wurde er vor allem aufgrund der Aussagen Calvins zum Tode verurteilt und mit seinem Buch auf dem Scheiterhaufen verbrannt. Beifall zu dieser Vorgehensweise spendete übrigens auch der große Humanist und Reformator Melanchthon aus Wittenberg.

---

8   Uwe Jochum: Kleine Bibliotheksgeschichte. Stuttgart 1993, S. 37.
9   Vgl. Wolfenbütteler Cimelien. Das Evangeliar Heinrichs des Löwen in der Herzog August Bibliothek. Weinheim 1989. (Ausstellungskatalog der Herzog August Bibliothek ; 58.), S. 205-206
10   Vgl. zum folgenden Schütz. S. Anm. 2, S. 37f.
11   Ebd. S. 42ff.

Dies mag an Beispielen für Zensur aus religiösen Motiven genügen, von deren Ausmaß ganze Bibliotheken an Schrifttum zeugen. Auf eine merkwürdige Mischung für ein Bücherverbot aus moralischen und religiösen Gründen sei aber noch hingewiesen.

Über die Jahrhunderte gehörte Giovanni Boccaccios „Decamerone" zu den Zielen von Zensur- und Vernichtungsmaßnahmen. Die Liste der Maßnahmen gegen dieses großartige Stück Weltliteratur ist lang. Hier nur einige wenige Beispiele aus unterschiedlichen Jahrhunderten:

– 1497: Savonarola verbrennt in Florenz handschriftliche und gedruckte Teile des Buches auf seinem „Scheiterhaufen der Eitelkeiten".
– 1559: Das Buch erscheint im Index prohibitorum. Papst Paul IV. verlangt bestimmte Abänderungen. Die Bearbeiter behalten einzelne Erzählungen bei, machen aber aus den sündigen Nonnen adelige Damen, aus den lasterhaften Mönchen politische Verschwörer, aus der Äbtissin eine Gräfin, aus dem Erzengel Gabriel einen König der Elfen. In dieser Form wird die Ausgabe genehmigt.
– In den 20er und 30er Jahren unseres Jahrhunderts wurde das „Decamerone" in vielen europäischen Ländern und in den USA beschlagnahmt. Noch 1954 verfügte das Swindoner Stadtgericht, daß sämtliche Exemplare des Buches zu vernichten seien, allerdings hob die Berufungsinstanz das Urteil später wieder auf.[12]

Offenbar religiöse wie politische Gründe waren für Zensurmaßnahmen gegen eines der erfolgreichsten Bücher des 18. Jahrhunderts verantwortlich. Louis-Sébastien Mercier's Buch „Das Jahr 2440", zuerst 1770/71 in Amsterdam anonym erschienen, wurde in Frankreich und vom spanischen Inquisitor sofort verurteilt. Die Lektüre wurde von der katholischen Kirche unter Androhung des Kirchenbanns untersagt, auch jenen Personen, „welche die Erlaubnis besitzen, verbotene Bücher zu lesen". Verleger und Buchhändler, die es verbreiteten, wurden mit Geldstrafen und Kerkerhaft bedroht.

Mercier's Werk ist ein typisches Beispiel dafür, daß durch Verbote ein Buch erst recht weite Verbreitung finden kann. Besonders bemerkenswert ist allerdings die Tatsache, daß in diesem der Aufklärung verpflichteten Roman der Bibliothekar der Königlichen Bibliothek erklärt, daß eine Bibliothek ein Sammelplatz „der größten Ausschweifungen wie der dümmsten Illusionen sei". Der hochgestellte Bibliothekar berichtet im Jahr 2440:

„Mit dem Einverständnis aller haben wir alle Bücher, die wir als seicht, nutzlos oder gefährlich erachteten, auf einem weiträumigen, ebenen Platz zusammengetragen; wir haben daraus eine Pyramide aufgeschichtet, die an Höhe und Masse einem gewaltigen Turme glich: ganz gewiß war das ein neuer Turm von Babel. Die Journale bildeten die Spitze dieses absonderlichen Gebäudes, das seitlich von bischöflichen Verordnungen, parlamentarischen Eingaben, von Gerichtsplädoyers und Leichenreden gestützt wurde. Es bestand aus fünf- oder sechshunderttausend Wörterbüchern, hunderttausend juristischen Bänden, aus hunderttausend Gedichten, einer Million sechshunderttausend Reisebeschreibungen und einer Milliarde Romanen. Diesen ungeheuren Haufen haben wir angezündet als ein Sühneopfer, das wir der Wahrheit, dem guten Geschmack und dem gesunden Verstande brachten. Die Flammen haben Sturzbächen gleich die Dummheiten der Menschen, alte und moderne, verschlungen. Die Verbrennung dauerte lang. Einige Schriftsteller haben sich noch zu Lebzeiten brennen gesehen, aber ihr Geschrei hat uns nicht zurückgehalten. Auf diese Weise

---

12 Vgl. Haight. S. Anm. 2, S. 77-79.

haben wir mit aufgeklärtem Eifer wieder erneuert, was früher der blinde Eifer der Barbaren vollbrachte. Da wir aber weder ungerecht noch den Sarazenen ähnlich sind, die ihre Bäder mit den Meisterwerken der Literatur heizten, haben wir immerhin eine Auswahl getroffen. Kluge Köpfe haben das Wesentliche aus tausend Foliobänden herausgeholt, das sie dann in einem kleinen Duodezbändchen zusammengefaßt haben."[13]

Bleiben wir bei der utopischen Literatur und machen einen kurzen Ausflug ins 20. Jahrhundert. Der wohl immer noch bekannteste Science Fiction-Roman zum Thema Buch und Medien dürfte Ray Bradburys „Fahrenheit 451" sein; François Truffaut verfilmte ihn 1966. Schon der Titel des Romans zeigt an, daß darin Bücher eine Hauptrolle spielen. Fahrenheit 451, das sind 232 Grad Celsius; bei dieser Hitze entzündet sich Papier.

In Bradburys Roman aus dem Jahre 1953 steht das Buch für Individualität, Geistigkeit, ja Menschlichkeit überhaupt, in einer Welt der unbegrenzten Einflußnahme elektronischer Medien. Bücher gelten in dieser Welt als so gefährlich, daß die Feuerwehr, die durch die Erfindung des unbrennbaren Hauses praktisch arbeitslos geworden ist, sich nun damit beschäftigt, Bücher aufzuspüren und zu verbrennen. Wer Bücher besitzt oder liest, wird als Staatsfeind verfolgt. Die Angst des Staates vor dem Buch wird besonders deutlich, wenn der Feuerwehrhauptmann Beatty das Buch mit einem scharf geladenen Gewehr vergleicht: „Man vernichte es. Man entlade die Waffe. Man reiße den Geist ab."[14]

3. Zensur aus politischen Motiven

Sich auch in einem demokratischen Rechtsstaat für die Freiheit des Wortes und gegen Zensur auszusprechen ist, wie sich bei bestimmten Vorkommnissen hin und wieder zeigt, durchaus nicht überflüssig. Wachsamkeit bleibt notwendig, denn das Verhältnis zwischen Macht und Geist, zwischen Zensur und Kultur war und ist spannungsreich.[15] Welch tiefe Angst geistig und zeitlich voneinander weit entfernt liegende Machthaber vor der Wirkung des gedruckten Wortes offenbaren, belegen die im folgenden vorgestellten Fälle aus dem 18. und 20. Jahrhundert.

Ein weit über die Grenzen Deutschlands hinaus bekannt gewordener Zensurfall mit bösen Folgen für den Autor betraf die „Deutsche Chronik", eine literarisch-politische Zeitschrift Christian Friedrich Daniel Schubarts. Dieser Fall von Zugriff auf einen Autor im Jahre 1777 ist als einer der ungeheuerlichsten im Deutschland des 18. Jahrhunderts bezeichnet worden. Weil Herzog Karl Eugen von Württemberg den außer Landes weilenden Schubart nicht belangen konnte, ließ er ihn unter einem Vorwand auf herzoglich-württembergischen Boden locken und verhaften. Schubart wurde ohne Gerichtsverfahren auf den Hohenasperg verbracht, wo er zehn Jahre lang die Tortur der Einzelhaft zu erleiden hatte. Schubart widersetzte sich insgeheim; er schrieb in der Haft u. a. „Die Fürstengruft" und zahlreiche Gedichte gegen die Fürstenherrschaft. In seiner ebenfalls in der Haft entstandenen Autobiographie berichtet er: „Ich hatte kein Buch, kein Papier, keine Schreibtafel, keine Feder, keinen Bleistift, keinen polirten Nagel – und habe doch diese meine Lebensbeschreibung

---

[13] Louis-Sebastien Mercier: Das Jahr 2440. Ein Traum aller Träume. Dt. von Christian Felix Weiße (1772). Hrsg. von Herbert Jaumann. Frankfurt/M. 1982, S.113-114 (Originaltitel: L'an deux mille quatre cent quarante. – Londres 1771.)

[14] Ray Bradbury: Fahrenheit 451. Dt. Übers. von Fritz Güttinger. München 1984, S. 64. (Originaltitel: Fahrenheit 451. – New York 1953.)

[15] Zu den vielfältigen Erscheinungsformen von Zensur vgl. zusammenfassend John A. McCarthy: Einleitung. – In: Zensur und Kultur. S. Anm 2, S. 1-13.

verfertigt. Denn mir zu Seite lag ein Mitgefangener, der mehr Freiheiten hatte, als ich: ihm diktirte ich dies mein Leben durch eine dicke Wand in die Feder. Da mir das Schreiben aufs strengste verboten war; so verbarg ich dies mein Leben mehrere Jahre unter dem Boden, wo es beinahe vermoderte."[16]

Schiller ist dem Schicksal seines Landsmannes wohl nur knapp entgangen. Zu seinen Lebzeiten, aber auch im 19. und 20. Jahrhundert wurden nahezu alle Stücke Schillers durch Zensureingriffe regelmäßig verhunzt. Angeblich Revolutionäres wurde vor allem in den „Räubern" beseitigt. Aber auch dergleichen kam vor: Während der Regierungszeit des Kaisers Franz (1792 – 1835) mußte die Frage des Räubers Schweizer an seinen Kollegen Roller „Franz heißt die Canaille?" gestrichen werden. In keiner Wiener Aufführung war die Frage zu hören. Der Zensor meinte, dies könne als Anspielung auf seine Majestät, den Kaiser, genommen werden.[17]

Bleiben wir bei Schiller und wenden wir uns dem 20. Jahrhundert zu, und zwar der Zeit des sogenannten Dritten Reiches. In den ersten Jahren nach 1933 wurde Schillers „Wilhelm Tell" als National- und Führerdrama in Deutschland hoch geschätzt.[18] Auf den Bühnen des Deutschen Reiches war der „Tell" in einigen Spielzeiten das meist gespielte Stück Schillers. Kaum ein Lesebuch verzichtete auf Lieder und „Kernsprüche" aus dem seit dem 19. Jahrhundert populärsten Drama des Dichters. In zahllosen Aufsätzen und Reden wurde die politische Aktualität des Schauspiels betont. Fest- und Lobredner zitierten immer und immer wieder: „Unser ist durch tausendjährigen Besitz der Boden"; „Wir wollen sein ein einzig Volk von Brüdern, in keiner Not uns trennen und Gefahr"; „Ans Vaterland, ans teure, schließ dich an. Das halte fest mit deinem ganzen Herzen. Hier sind die starken Wurzeln deiner Kraft."

Hitler hatte für das achte Kapitel von „Mein Kampf" die Überschrift „Der Starke ist am mächtigsten allein" aus dem „Tell" gewählt. Im Dezember 1934 wurde der Film „Wilhelm Tell" („frei nach Schiller") uraufgeführt. Die Darstellerliste wies bekannte Namen wie Emmy Sonnemann, Eugen Klöpfer, Käthe Haack oder Paul Bildt auf. Der Film selber war künstlerisch und technisch wenig bedeutsam, sehr frei nach Schiller, auch als politisches Propagandainstrument unbedeutend. Am 20. April 1938 wurde der „Tell" im Wiener Burgtheater als „Festvorstellung zum Geburtstag des Führers" mit großem Pomp und Aufgebot gegeben.

Damit war es gegen Ende des Jahres 1941 vorbei. Am 3. Juni 1941 verließ eine streng vertrauliche und von Reichsleiter Martin Bormann unterzeichnete Anweisung das Führerhauptquartier. Sie war an den Chef der Reichskanzlei, Reichsminister Lammers, gerichtet und hatte folgenden Inhalt:

---

[16] Vgl. Schütz. S. Anm. 2, S. 87.

[17] Vgl. Houben. S. Anm. 2, Bd. 1, S. 535.

[18] Vgl. zum folgenden Georg Ruppelt: Die „Ausschaltung" des „Wilhelm Tell". Dokumente zum Verbot des Schauspiels in Deutschland 1941. – In: Jahrbuch der Deutschen Schillergesellschaft 20(1976), S. 402-419; ders.: Schiller im nationalsozialistischen Deutschland. Der Versuch einer Gleichschaltung. Stuttgart 1979, alle Zitatnachweise ebd; ders.: Hitler gegen Tell. Vor fünfzig Jahren: Der Kampf des Führers gegen Schiller. In: „Die Zeit" vom 3.10.1991. – Rolf Hochhuth: Tell 38. Dankrede für den Basler Kunstpreis 1976 am 2. Dezember in der Aula des Alten Museums. Anmerkungen und Dokumente. Reinbek bei Hamburg 1979; ders.: Tell gegen Hitler. Historische Studien. Frankfurt a. M., Leipzig 1992; Klaus Urner: Der Schweizer Hitler-Attentäter. Drei Studien zum Widerstand und seinen Grenzbereichen: Systemgebundener Widerstand, Einzeltäter und ihr Umfeld, Maurice Bavaud und Marcel Gerbohay. Frauenfeld, Stuttgart 1980, Paul-Otto-Schmidt-Zitat S. 298.

> „Der Führer wünscht, dass Schillers Schauspiel ‚Wilhelm Tell' nicht mehr aufgeführt
> wird und in der Schule nicht mehr behandelt wird. Ich bitte Sie, hiervon vertraulich
> Herrn Reichsminister Rust und Herrn Reichsminister Dr. Goebbels zu verständigen."

Dieses Schreiben löste einen regen Briefwechsel zwischen verschiedenen Reichsministern und einflußreichen Parteifunktionären aus. Goebbels ließ durch den „Reichsdramaturgen" Schlösser sofort erkunden, wo der „Tell" auf dem Spielplan stünde; anschließend wurden die Theaterleiter streng vertraulich über das Verbot informiert. Die Spielzeit 1941/42 erlebte nicht eine einzige „Tell"-Aufführung im Deutschen Reich oder in den besetzten Gebieten.

Mehr Schwierigkeiten bereitete die Ausführung des Verbotes im Schulbereich. Ein reger Briefwechsel entspann sich zwischen verschiedenen staatlichen und parteiamtlichen Stellen, die ohnehin um Macht und Kompetenz miteinander rangelten. Es ging um die Frage, ob denn auch „Kernsprüche" aus den Lesebüchern entfernt werden sollten. Man konnte sich nicht einigen und trug die Sache wieder Hitler vor. Die „Führer-Entscheidung" lief schließlich darauf hinaus, daß bei Neuauflagen oder bei der Herausgabe neuer Schulbücher keine Texte aus dem „Tell" mehr aufgenommen werden sollten. Die Schulleiter wurden über das Verbot des „Tell" vertraulich informiert, diese vergatterten daraufhin wiederum die Deutschlehrer, meist in Einzelgesprächen.

Was aber waren die Gründe, die den Diktator veranlaßten, gegen ein fast 140 Jahre altes Schauspiel so rigoros einzuschreiten? Der Briefwechsel deutet zwar einiges an, wird aber an keiner Stelle konkret. Einige Indizien sprechen dafür, daß es wohl zwei Beweggründe für das Verbot gab:

„Wilhelm Tell" als moralisch gerechtfertigter Tyrannenmörder

Die Frage des Tyrannenmordes ist in Schillers Schauspiel zugunsten der moralisch berechtigten Tötung des Tyrannen entschieden worden, so daß Hitler, der zu Recht um seine persönliche Sicherheit sehr besorgt war, sich durch „Tell"-Nachahmer bedroht fühlen konnte. Außer „Wilhelm Tell" war im übrigen Anfang der vierziger Jahre auch Schillers „Fiesco" politisch mißliebig geworden, auch wenn es hier nicht zu einem regelrechten Verbot kam.

Schwerwiegend ist in diesem Zusammenhang der Hinweis auf den Hitler-Attentäter Maurice Bavaud, auf dessen Schicksal Rolf Hochhuth und Klaus Urner aufmerksam gemacht haben. Der Schweizer Theologiestudent Bavaud hatte 1938 mehrfach versucht, Hitler zu töten. Er wurde entdeckt, verhaftet und 1939 zum Tode verurteilt. Das Urteil wurde am 18. Mai 1941, also 16 Tage vor der Bormann-Anweisung, vollstreckt.

„Wilhelm Tell" als Drama des Separatismus

Trotz der starken Präsenz des letzten vollendeten Schiller-Dramas im öffentlichen Leben des nationalsozialistisch regierten Deutschland meldeten schon in den dreißiger Jahren außer den radikalen Schiller-Gegnern auch Schiller-Verehrer ihre Bedenken gegen das Schauspiel an. Neben Einwänden gegen den individualistisch handelnden und im Grunde unpolitischen Titelhelden begegnet man Kritik an der im Schauspiel positiv dargestellten Loslösung eines Reichsgebietes vom Reich. Es sei Schiller als Versagen anzurechnen, daß er ein Stück geschaffen habe, welches „den Verlust eines wertvollen Gebietes für das Deutsche Reich" zum Gegenstand habe. Der „Abfall eines deutschen Stammes vom Reich" dürfe nicht mit Freude, sondern müsse mit Schmerz betrachtet werden. Es wurde darauf verwiesen, daß schon Bismarck dieses „Drama des Separatismus" wenig gemocht habe.

1941 feierte die Schweiz ihr 650jähriges Jubiläum. „Wilhelm Tell" spielte dabei naturgemäß keine geringe Rolle. Deutschland nahm offiziell keine Notiz von dem Jahrestag der

Gründung der Eidgenossenschaft, und die Schweiz zeigte – bis auf nationalsozialistisch orientierte Kreise – kein Interesse an einem Anschluß an das Deutsche Reich. Dies entsprach natürlich nicht der deutschen „Heim ins Reich"-Ideologie. Klaus Urner hat darauf hingewiesen, daß der Diktator sich einen Tag vor der Weitergabe des „Tell"-Verbotes gegenüber Mussolini in Anwesenheit Ribbentrops und Cianos nach Aufzeichnungen des Chefdolmetschers Paul Otto Schmidt in maßloser Weise über das Nachbarland geäußert hatte:

> „Die Schweiz bezeichnete der Führer als das widerwärtigste und erbärmlichste Volk und Staatengebilde. Die Schweizer seien Todfeinde des neuen Deutschland und erklärten bezeichnenderweise, daß, wenn keine Wunder geschähen, die ‚Schwaben' am Ende den Krieg doch noch gewinnen würden. Sie seien offen gegen das Reich eingestellt, weil sie durch die Trennung von der Schicksalsgemeinschaft des deutschen Volkes gehofft hatten, besser zu fahren – was ja auch über weite Zeiträume der Fall gewesen wäre –, nunmehr jedoch im Lichte der neuesten Entwicklung einsähen, daß ihre Rechnung falsch gewesen sei. Ihre Einstellung sei gewissermaßen durch den Haß der Renegaten bestimmt."

Aufschlußreich ist auch noch die Eintragung in Goebbels' Tagebuch vom 8. Mai 1943:

> „Der Führer verteidigt [...] die Politik Karls des Großen. Auch seine Methoden sind richtig gewesen. Es ist gänzlich falsch, ihn als Sachsenschlächter anzugreifen. Wer gibt dem Führer die Garantie, daß er später nicht einmal als Schweizerschlächter angeprangert wird! Auch Österreich mußte ja zum Reich gebracht werden."

Die Liste der Zensurmaßnahmen im 19. und 20. Jahrhundert gegen den „Tell" ist lang. Eine größere Ehrung als im Jahre 1941 wurde Friedrich Schillers Drama aber wohl nie zuteil.

Autoritäre Staaten sind allergisch gegen manche Texte aus dem „Club der toten Dichter und Denker", und sie sind sich darin sehr ähnlich, seien sie politisch auch noch so weit voneinander entfernt. So ließ etwa die Sowjetunion 1928 sämtliche Werke Kants verbieten.[19] Im Spanien Francos wurden 1939 die Werke „entarteter" Schriftsteller entfernt, so auch die des deutschen Philosophen Kant. Doch es gibt auch Zensurmaßnahmen gegen weniger Schwergewichtiges, wie etwa Walt Disneys Micky Maus; hier zwei Beispiele, die Anne Lyon Haight mitteilt:

– Belgrad 1937: Eine der Micky-Maus-Geschichten schildert, wie Verschwörer einen jungen König stürzen und einen Schwindler auf den Thron setzen wollen. Zufällig führte in dieser Zeit gerade ein Regentschaftsrat unter dem Prinzen Paul die Regierungsgeschicke in Serbien für den noch minderjährigen König Peter. Micky Maus wurde verboten.
– Rom 1938: Das Amt für Jugendliteratur teilt dem Verleger mit, daß die Micky Maus „unvereinbar mit der italienischen Einstellung zum Rassenproblem und mit dem imperialen und faschistischen Pathos der Ära Mussolini" sei.

Auch Volkslieder können unter gewissen Aspekten der Staatsmacht als gefährlich erscheinen. Das 19. Jahrhundert kennt eine Reihe von Beispielen. Aber auch, wenn sie von den falschen Leuten gesungen werden, ansonsten aber harmlos sind, kann es zu Verboten führen, wie ein Beispiel aus der DDR zeigt. Wolfgang Kienast berichtete 1991:

---

[19] Vgl. zum Folgenden Haight. S. Anm. 2, S.117, S.184.

> „Es gab auf dem einschlägigen Sektor ausgesprochene Kuriosa. Herr Dutombé, Abteilungsleiter der TV-Reihen ‚Polizeiruf 110/Der Staatsanwalt hat das Wort' strich ein bereits angenommenes Drehbuch aus dem Produktionsplan, weil ich mich weigerte, das Lied ‚Hoch auf dem gelben Wagen' auszuwechseln. Begründung: Dieses Lied hat ein Bundespräsident in anderen Kanälen populär gemacht!"[20]

4. Zensur aus moralischen Gründen

In der heutigen Zeit ist es kaum vorstellbar, in welchem Ausmaße bis vor wenigen Jahrzehnten Literatur erotischen Inhaltes als unzüchtig galt und „zum Schutze der Jugend" verboten wurde. Es sei hier nur an zwei berühmte Fälle erinnert.[21]

John Clelands Roman „Die Memoiren der Fanny Hill" wurde 1964 in der Bundesrepublik beschlagnahmt und erst 1969 nach langem Prozessieren freigegeben. Der Roman ist zwar hoch erotisch, enthält aber nicht ein obszönes Wort und scheint von der Botschaft her gesehen durchaus moralisch: Ein harmloses Mädchen vom Lande gerät in ein Bordell und erlebt einiges, wird aber schließlich vor der Laufbahn als Dirne gerettet, weil ihr Geliebter wieder auftaucht und sie heiratet. Zur Freigabe des Werkes in New York 1963 bemerkte der Richter:

> „Während die Geschichte von Fanny Hill zweifellos nie Rotkäppchen als beliebte Gute-Nacht-Geschichte ersetzen wird, ist es durchaus möglich, daß Fanny wahrscheinlich viele Dinge sehen würde, die sie erröten lassen würde, würde sie aus ihrer georgianischen Umgebung in der Mitte des 18. Jahrhunderts in unsere heutige Gesellschaft versetzt."[22]

Erst vor neun Jahren wurde der Prozeß um die Herausgabe des Buches „Josefine Mutzenbacher. Die Lebensgeschichte einer wienerischen Dirne, von ihr selbst erzählt" beendet. Das Buch, das dem vor allem durch „Bambi" bekannt gewordenen Schriftsteller Felix Salten zugeschrieben wird, war 1969 weit verbreitet und frei verkäuflich. Das bei Rowohlt als Taschenbuch erschienene Werk wurde 1982 von der Bundesprüfstelle indiziert. Die Einsprüche des Rowohlt-Verlages wurden abgewiesen. In seinem Plädoyer vor dem Bundesverfassungsgericht erklärte der damalige Rowohlt-Verleger Dr. Michael Naumann:

> „Eine empirische Untersuchung, eine Fallstudie auch nur eines ‚sozial-ethisch desorientierten Jugendlichen', der sich aufgrund der Lektüre von Josefine Mutzenbacher deviant verhalten hat, existiert nicht, obwohl das Buch schon seit 80 Jahren gedruckt vorliegt und gewiß eine Auflage von über 3 Millionen erreicht hat."[23]

Erst 1990 wurde das Buch wieder freigegeben.

5. Der Zensur zum Trotz

Es wurde eingangs bemerkt, daß die Geschichte von Zensur auch die Geschichte der Überwindung von Zensur sei. Schon im Zeitalter der Handschriften war es schwierig, alle Abschriften eines verbotenen Textes aufzuspüren, um ihn zu vernichten. Fast aussichtslos

---

[20] Wolfgang Kienast: Beim Krimi greift der Generalstaatsanwalt ein. – In: Ausstellungsbuch. Zensur in der DDR. Geschichte, Praxis und ‚Ästhetik' der Behinderung von Literatur. Erarbeitet und hrsg. von Ernst Wiehner und Herbert Wiesner. Berlin: Literaturhaus Berlin, 1991. S. 23-25, hier S. 23-24.

[21] Vgl. Hartmut Walravens: Zensur seit 1945. – In: Der Zensur zum Trotz. S. Anm. 2, S. 297-305.

[22] Ebd. S. 299.

[23] Zitiert nach Schütz. S. Anm. 2, S. 202.

waren diese Maßnahmen dann nach der Erfindung der Buchdrucker-Kunst durch Johannes Gutenberg Mitte des 15. Jahrhunderts. Denn nun war es im Prinzip möglich, unbegrenzt Texte zu vervielfältigen, und wenn auch die Zensurmaßnahmen bestimmte Texte für eine Weile unterdrücken konnten, so überlebten sie meist in einzelnen Exemplaren und kamen nach Jahren oder Jahrzehnten wieder zum Vorschein. In unserer Zeit erleben wir ein ähnliches Phänomen, allerdings in einem unvergleichlich größeren Ausmaß. Das Internet macht eine effektive, geschweige denn absolut erfolgreiche Zensur unmöglich.

Das über Jahrhunderte hinweg probateste Mittel, Autoren, Verleger und Drucker verbotener Literatur zu schützen, war es, eine Schrift anonym oder unter einem Pseudonym erscheinen zu lassen. Beliebt waren auch fingierte Druckorte oder Verlagsnamen. Auch der Druck im Ausland und das Einschmuggeln verbotener Literatur in die Verbotsländer hat eine lange Tradition. Der Aufschwung des Druckwesens in Holland im 17. Jahrhundert beispielsweise gründete zum großen Teil auf der Zensurpraxis in anderen Staaten. Der Ideenreichtum, wie im Laufe der Jahrhunderte geschmuggelt worden ist, würde Bände füllen. Hier sei auf einige Beispiele aus dem 20. Jahrhundert hingewiesen.

In „Der Deutschen Bibliothek" in Frankfurt und Leipzig, in der Staatsbibliothek zu Berlin, in der Friedrich-Ebert Stiftung in Bonn und in verschiedenen Instituten in England und Frankreich werden u. a. sogenannte Tarnschriften gesammelt, die während der nationalsozialistischen Zeit in das Deutsche Reich geschleust wurden.[24]

„Das Geheime Staatspolizeiamt an der Arbeit. 23.000 Zentner Drucksachen beschlagnahmt und eingezogen." – Unter dieser Überschrift berichtete der *Völkische Beobachter* vom 25. November 1933 über eine Ausstellung im Gebäude des „Geheimen Staatspolizeiamtes" Berlin. Zunächst eiferte das Blatt gegen die dort wohl zur Warnung, vor allem aber als Erfolgsnachweis gezeigten Exponate der Ausstellung „Emigrantenpresse im Ausland". Dann aber wendet es sich unter der Zwischenüberschrift „Getarnte Hetzschriften in Deutschland" einer die Machthaber offenbar wesentlich beunruhigenderen Schriften-Spezies zu:

> „Erheblich gefährlicher und wichtiger sind die Druckschriften, die immer noch in Deutschland hergestellt wurden, und zwar vielfach in einem getarnten Gewande. Da bekommt man zum Beispiel eine kleine grüne Broschüre in die Hand mit dem harmlosen Titel „Reise nach Ostpreußen".

Die beiden Umschlagseiten preisen das schöne Ostpreußen, im Innern jedoch finden wir eine rein kommunistische Hetzbroschüre gegen das neue Deutschland. ‚Luftschutz ist Selbstschutz – ein ernsthaftes Wort an alle Berliner', darunter: ‚Herausgeber Hauptmann a. D. von Blomberg', so lautet der Titel einer anderen Schrift, die in Berlin verteilt worden ist. Im Innern befindet sich abermals ein ganz gemeines kommunistisches Pamphlet, das ebenso viele Lügen wie Zeilen enthält. Ein Flugblatt der K.P.D. wurde als Aufruf des Führes an das Volk getarnt und einem tatsächlich erschienenen Aufruf äußerlich angepaßt. Der Text jedoch war wiederum eine kommunistische Propaganda, eine Hetze gegen den Nationalsozialismus."

Bereits am 3. November 1933 hatte Karl Friedrich Frentzel ebenfalls im *Völkischen Beobachter* über die „Wühler in Paris" auf im Ausland hergestellte Tarnschriften hingewiesen:

> „Da arbeiten die Hetzer mit solchen Mitteln: ein Reclam-Heftchen aus der Klassiker-
> Reihe, Goethes ‚Hermann und Dorothea', wird nachgedruckt, sieht ganz unverfänglich

---

[24] Vgl. Georg Ruppelt: „Die Kunst des Selbstrasierens". Getarnte Schriften gegen die nationalsozialistische Literatur. – In: Der Zensur zum Trotz. S. Anm. 2, S.181-203.

aus, aber auf der dritten Seite fängt das Braunbuch an. Man kann diese kleinen Büchlein bequem in einen Briefumschlag stecken und verschicken. Sie haben fast alle deshalb das kleine Oktavformat, so betreiben diese Lumpen ihre Propaganda."

Trotz des hohen Anteils an Haß und Polemik in den beiden Artikeln des *Völkischen Beobachters* haben die Verfasser recht genau wichtige Wesensmerkmale einer Gattung von Druckschriften festgehalten, für die sich der Begriff „Tarnschriften" eingebürgert hat:

- sie sind kleinformatig, so daß man sie in einen Briefumschlag stecken und verschicken kann,
- sie sehen „unverfänglich" aus und
- haben einen harmlosen Titel,
- sie sind tatsächlich erschienenen Schriften oft äußerlich angepaßt und
- sie enthalten etwas anderes als der Umschlag, später auch Titel und erste und letzte Seiten zunächst erwarten lassen.

Da etwa 80 Prozent dieser Tarnschriften auf die Urheberschaft der KPD zurückgingen, haben sich besonders Bibliographen in der ehemaligen DDR dieser Thematik angenommen, wobei sie aber auch sozialdemokratische, katholische und andere Tarnschriften erfaßten. In der Bibliographie von Heinz Gittig, Illegale antifaschistische Tarnschriften 1933 – 1945, wird der Begriff Tarnschrift definiert:

> „Man bezeichnet als Tarnschriften jene Druckerzeugnisse, die unter einem harmlosen, unverfänglichen Umschlagtitel, zum Teil mit fingiertem Impressum (Verlag, Drucker, Druckort und -jahr) als Absicherung gegen polizeilichen Zugriff und zum Schutze der Verbreiter und Leser, antifaschistische Schriften enthalten. Tarnschriften sind eine moderne Sonderentwicklung der ‚Verkleideten Literatur', unter diesen Begriff faßt man Schriften zusammen, in denen falsche Angaben über ihre Herkunft gemacht werden, sei es durch Verschweigen von näheren Provenienzangaben, sei es durch fingierte oder wissentlich falsche, in die Irre führende Titel bzw. Autoren- und Verlagsangaben."[25]

Die nationalsozialistischen Machthaber kamen dem Wunsch der Bibliothekare nach Erfassung dieses illegalen Schrifttums, von dem der gute Bibliothekar natürlich wußte, nur zögerlich nach. Bedauernd stellte des Coudres auf dem Bibliothekartag 1935 in Tübingen fest:

> „Ebenso entgehen den Bibliotheken die gar nicht bekanntgemachten illegalen Hetz-schriften, weil nach Auffassung der Polizeibehörden diese Schriften eines besonderen Verbotes gar nicht erst bedürfen. Da diese Schriften, die von großem politischen Wert sein können, auch im Buchhandel des Auslandes nicht zu haben sind, werden hier die Bibliotheken nur auf Abgabe durch die Beschlagnahmebehörden angewiesen sein. [...] Schließlich wird man auch vergeblich die beiden großen deutschen Biblio-graphien zu Rate ziehen."[26]

Eine besonders pfiffige Art des Schmuggels von illegalem Schrifttum war die Ausnutzung der Grenzflüsse zum Transport von wasserdicht verpackten Druckschriften. Nach verein-bartem Termin wurde jenseits der deutschen Grenze die illegale „Flaschenpost" aufgegeben und diesseits wieder heraus gefischt; gelegentlich wurde sie allerdings bei den falschen Leuten angeschwemmt. Aus einem Polizeibericht:

---

[25] Heinz Gittig: Illegale antifaschistische Tarnschriften 1933 bis 1945. – Leipzig 1972. (ZfB: Beih. ; 87), S. 11-12.

[26] Hans Peter des Coudres: Das verbotene Schrifttum und die wissenschaftlichen Bibliotheken. – In: ZfB 52 (1935), S. 459-471, hier S. 465.

> „Beiliegend überreiche ich elf verschiedene kommunistische Hetzschriften, die am
> 29.08.1939 bei Neuenweiler von einem Arbeitsdienstmann in einer Blechbüchse aus
> dem Rhein gefischt wurden. Es handelt sich hierbei fast durchweg um bereits be-
> kannte Hetzschriften und Broschüren, die vermutlich in der Schweiz in Blechbüchsen
> und Flaschen verpackt, dem Rheinstrom übergeben werden, um sie auf diese Weise
> den deutschen Volksgenossen zugänglich zu machen."[28]

Von einer sehr erfolgreichen Aktion der Verteilung illegalen Schrifttums auf dem Postwege
berichtete Otto Paust – mit negativer Wertung, versteht sich. Die Bändchen der Universal-
Bibliothek waren eine besonders beliebte Mimikry für das illegale Schrifttum gegen den
Nationalsozialismus. Als angeblicher Reclam-Band Nr. 71 wurden unter dem Titel *Friedrich
von Schiller: Wilhelm Tell. Volksausgabe* Auszüge aus dem Schauspiel abgedruckt.

> „In diesem schmalen Bändchen, das freilich nicht an den Umfang eines echten Reclam-
> Bändchens heranreicht, findet der Leser Auszüge aus Schillers Schauspiel ‚Wilhelm
> Tell', die samt und sonders Aussprüche darstellen, welche von der Tyrannei der Unter-
> drücker und vom Leid der Unterdrückten der damaligen Schweiz handeln." Massen-
> lieferungen dieses Titels aus Belgien gingen an viele deutsche Buchhandlungen:
> „Und so ist es interessant, zu wissen, daß viele Buchhandlungen, die von Belgien mit
> diesem Material überschwemmt worden sind, überhaupt nicht wußten, daß es sich
> um eine Feindpropaganda handelte [...]."[28]

Geradezu ein Klassiker des Tarnschriftentums gegen das Dritte Reich ist die nur 5,3 x 7 cm
große Dünndruck-Broschüre *Die Kunst des Selbstrasierens. Neue Wege männlicher Kos-
metik.* Sie beginnt und endet tatsächlich mit Ausführungen über die genannte Kunst. Von
Seite 4 bis Seite 30 jedoch enthält sie eine programmatische Darlegung über „Kampf und
Ziel des revolutionären Sozialismus. Die Politik der Sozialdemokratischen Partei Deutschlands". Dem oberflächlichen Blick erschließt sich der brisante Inhalt dieser auch in kleinsten
Packungen zu transportierenden Tarnschrift nicht; Typographie und Layout des politischen
Textes unterscheiden sich in keiner Weise von dem Text über das Rasieren. Zudem beginnt
und endet das Programm der SPD mitten auf einer Seite und nicht, wie bei anderen Tarnschriften, auf einer neuen, in die Tarnschrift eingehängten Seitenfolge.

Texte von hoher literarischer Qualität enthielt eine auf Dünndruckpapier hergestellte
31 Seiten dünne Tarnschrift, die als Beigabe in Teebeuteln der Marke „Lyons' Tee" ver-
sandt wurde. Alle Artikel, darunter Aufsätze von Heinrich und Thomas Mann, wurden nach
Angabe des Impressums dieser Tarnschrift dem Jahrgang 1939 der *Neuen Weltbühne* entnommen. Es ist wohl einzigartig, daß deutsche Prosa von hohem Rang auf Dünndruckpapier in Broschüren von 6 cm Breite, knapp 10 cm Höhe und auf 51 Zeilen je Seite verbreitet wurde – als Beilage in Teebeuteln.

Auch der Einfallsreichtum der Verbreiter von sogenannter Samisdat-Literatur in den
Ländern des ehemaligen sogenannten Ostblocks ist bewundernswert. In dem Ausstellungsbuch „Der Zensur zum Trotz" der Herzog August Bibliothek von 1991 findet sich eine
Fülle von Beispielen aus Rußland, Polen, der Tschechoslowakei und der DDR. Einen vor-
züglichen, reich ausgestatteten Ausstellungskatalog über Moskauer Bücher aus dem Samisdat
haben 1998 Günter Hirt und Sascha Wonders vorgelegt.[29]

---

[28] Otto Paust: Vergebliche ausländische Hetze gegen ein einiges Deutschland. Die mißbrauchten Reclam-Bändchen.
Im Weltkrieg wurde mit gleichen Mitteln gearbeitet. – In: Das neue Deutschland 7 (1937), S. 3-4, hier S. 4.

[29] Heddy Pross-Weerth: Samisdat in Rußland. – In: Der Zensur zum Trotz. S. Anm. 20, S. 231-240; Vilém Precan:
Unabhängige Literatur und Samizdat in der Tschechoslowakei der 70er und 80er Jahre, ebd. S. 241-264; Bozena

Über eine verbale Technik, die Zensur zu überlisten und vom Staat unerwünschte Inhalte an die Leser zu bringen, berichtet Joachim Seyppel in einem Buch über Literaturzensur in der DDR. Er nennt diese Technik den Porzellanhund:

> „Der Porzellanhund war so beschaffen, daß man eine Sache derart in der Darstellung übertrieb, daß sie beim Zensor keine Chance hatte. Aber um diese Sache ging es einem gar nicht. Die Sache, um die es einem ging, war anderswo dargestellt, doch nicht derart übertrieben. Kam nun Lektor, Verlagsleiter oder Frau Borst vom Ministerium für Kultur, eine liebenswerte, hübsche Zensorin, und sagte, diese Sache sei ja derart übertrieben, daß sie im Manuskript gestrichen werden müsse, raufte man sich das Haar, tobte, erklärte, dann könne das ganze Buch nicht erscheinen, und drohte mit Mitteilung an die Westpresse. Das brachte die hübsche, liebenswerte, blonde Frau Borst in Rage, nun war sie es, die drohte, und am Ende einigten sich die beiden Seiten, daß diese maßlos übertriebene Darstellung gestrichen werden würde – und sonst nichts! Der eingebaute ‚Porzellanhund‘ war zerschmissen worden, dazu war er ja auch da, und die Stelle um die es einem eigentlich ging, war gerettet. [...]“[30]

1991 ging ein Vorfall durch die Weltpresse, der der chinesischen Regierung außerordentlich peinlich war. Die Frankfurter Allgemeine Zeitung vom 3. April 1991 berichtete:

> „PEKING, 2. April. Die Tagung des Nationalen Volkskongresses, die den Pekingern normalerweise nicht mehr als ein Gähnen abnötigt, hat in diesem Jahr eine komische Note. Auf den Gesichtern, in denen sonst nur Resignation gegenüber Politik und Propaganda zu erkennen ist, zuckt ein Lachen, wenn der Name des Ministers Li Peng erwähnt wird, und es folgt die Frage ‚Haben Sie es auch schon gelesen?‘
> ‚Es‘ ist ein Gedicht, das die Überseeausgabe der ‚Volkszeitung‘ am ersten Tag des Volkskongresses druckte. In dem mit ‚Frühling‘ betitelten Gedicht hat der Autor eine politische Botschaft versteckt. Liest man das Gedicht entlang der Diagonale von rechts oben nach links unten, so steht da ‚Li Peng soll zurücktreten, um den Zorn des Volkes zu beschwichtigen‘. Nach uralter chinesischer Literatenmanier wird hier dem Ministerpräsidenten, der das Massaker im Juni 1989 zu verantworten hat, eine Ohrfeige versetzt, die in ihrer Publikumswirksamkeit kaum zu unterschätzen ist. Nicht nur hat sich in China die Botschaft in Windeseile verbreitet, die Volkszeitung wird auch in allen chinesischen Gemeinden außerhalb Chinas verbreitet. Auf der ganzen Welt kann man das lesen, freut sich ein Pekinger Student.“

Verbote reizen dazu, diese zu übertreten. Dies gilt auch für die Literatur. Zensurmaßnahmen können geeignet sein, ein Werk zu adeln oder seine Verbreitung gar zu fördern. Wie lautet doch der schöne Goethe-Vers:

> „Eines wird mich verdrießen für meine lieben Gedichtchen:
> Wenn sie die W[iener]-Zensur durch ihr Verbot nicht bekränzt.“[31]

Ein Katalog verbotener Bücher kann ein gesuchter Führer für Literatur werden, die aus politischen, religiösen oder moralischen Gründen verfemt ist. So wurde der österreichische „Catalogus librorum prohibitorum“ in der zweiten Hälfte des 18. Jahrhunderts zu einem der

---

Wyrozumska: Die Macht des freien Wortes, ebd. S. 265-283; Helgard Sauer: Unerwünschte Drucke in der DDR, ebd. S. 285-296. – Präprintium. Moskauer Bücher aus dem Samisdat. Hrsg. von Günter Hirt und Sascha Wonders. Mit Multimedia CD. Bremen 1998. (Staatsbibliothek zu Berlin – Preußischer Kulturbesitz. Ausstellungskataloge ; N.F. 28; Dokumentationen zur Kultur und Gesellschaft im östlichen Europa. Forschungsstelle Osteuropa an der Universität Bremen ; 5).

[30] Joachim Seyppel: Der Porzellanhund. – In: Ausstellungsbuch Zensur in der DDR. S. Anm. 15, S.25-26.

[31] Goethe: Gedenkausgabe der Werke, Briefe und Gespräche zum 28. August 1949. Hrsg. von Ernst Beutler. 24 Bde u. 3 Erg.-Bde. Zürich ; Stuttgart 1948-1971. Bd. 2, S. 511.

von Sammlern und Liebhabern am meisten geschätzten Bücher. Die Anzeige eines Buches in diesem Werk war ein Qualitätsmerkmal und für viele Händler und Käufer eine Empfehlung; mit den indizierten Büchern, aber auch mit dem Katalog selbst ließ sich viel Geld verdienen. Die Behörden, welche die Katalogverbreitung sehr begünstigt hatten, mußten schließlich einsehen, daß er den Absichten der Zensur-Hofkommission entgegenwirkte. So kam es zu dem kuriosen Fall, daß der Katalog der verbotenen Bücher 1777 selbst auf den Index gesetzt wurde. Lichtenbergs Wunsch, daß „das Buch, das in der Welt am ersten verboten zu werden verdiente, [...] ein Katalogus von verbotenen Büchern [wäre]"[32], war damit Wirklichkeit geworden.

---

[32] Georg Christoph Lichtenberg: Die Bibliographie oder die Entstehung der Bücherwelt. Eingeleitet und bearbeitet von Ernst Volkmann. Weimar: Gesellschaft der Bibliophilen, 1942, S. 42.

Barbara Schneider-Eßlinger

Multimedia in den Hochschulen – Kooperation und Koordination der zentralen Infrastruktureinrichtungen

Einführung

Die neuen Anforderungen an die Informationsinfrastrukturen für Forschung und Lehre und die damit einhergehenden Veränderungen der Rahmenbedingungen organisatorischer, struktureller und institutioneller Art sind in den Hochschulen ein zentrales, ständig an Bedeutung gewinnendes Thema. Dies gilt sowohl in der hochschulpolitischen Diskussion als auch in der täglichen praktischen Tätigkeit in den Infrastruktureinrichtungen, d. h. in Bibliotheken, Rechenzentren und Medienzentren. Ziel ist es mittels der neuen Kommunikations- und Publikationstechniken die wissenschaftlichen Arbeitsbedingungen beim Zugriff und bei der Verarbeitung von Literatur, wissenschaftlichen Daten und Informationen zu optimieren und so zur Steigerung der Leistungsfähigkeit der Hochschulen beizutragen. Deutsche Forschungsgemeinschaft (DFG), Wissenschaftsrat und Kultusministerkonferenz (KMK) haben die Thematik aufgegriffen und die Hochschulen zur Konzipierung, Umsetzung und Fortentwicklung von Multimediakonzepten aufgefordert.

Multimedia im Sinne einer Integration verschiedener Informations- und Kommunikationstechnologien eröffnen Möglichkeiten der Erkenntnis in der Forschung und in der Wissensvermittlung der Lehre, die ein enormes Potential darstellen können, wenn die darin enthaltenen Herausforderungen angenommen werden und eine systematische Verbesserung von Forschung und Lehre erreicht wird. In jedem Fall ist festzustellen, daß wissenschaftliche Kommunikation und Publikation zunehmend auf netzwerkgestützter Kooperation im Forschungsprozeß unter Einbeziehung einer Vielzahl von Multimediainstrumenten basieren. Damit beginnen die klassischen Konzepte der wissenschaftlichen Arbeit, der Publikationstätigkeit und des Austauschs zu transformieren. Publikation und informelle Kommunikation sind dabei zu verschmelzen, neben traditionellen Verlagen entwickeln sich alternative Verlagsformen und neben die Veröffentlichung allgemein- und langfristig gültiger Ergebnisse tritt die Präsentation des laufenden wissenschaftlichen Arbeitsprozesses als neuartiger Dokumenttypus.

Diese sich abzeichnende Änderung der Arbeitsformen muß durch den Aufbau leistungsfähiger Infrastrukturen unterstützt werden, die die umfassende Partizipation von Wissenschaftlern und Studierenden sicherstellen und damit für Forschung und Lehre gleichermaßen nutzbar sind. Eine Grundvoraussetzung für das Gelingen und für das Nutzbarmachen der vielfältigen Ressourcen ist die enge Kooperation von Bibliotheken, Rechenzentren und Medienzentren. Sie sind bei bestehender institutioneller Differenzierung, d. h. Eigenständigkeit, aufgefordert, ihre Organisationsformen auf das Zusammenwirken in diesem Prozeß hin zu untersuchen und weiter zu entwickeln.

Mahnend und abschreckend zugleich sollte ein Szenario wirken, wie im Positions- und Thesenpapier der Arbeitsgruppe von Hochschulbibliotheken, Rechen- und Medienzentren beschrieben: Ein Wissenschaftler wendet sich mit dem Ziel der Erstellung einer multimedialen Lehreinheit an die zentralen Einrichtungen seiner Universität. Er lernt auf diese Weise ein knappes Dutzend hilfsbereiter Mitarbeiter verschiedener Einrichtungen kennen, erhält eine große Zahl von Hinweisen auf nationale und internationale Förderprogramme, über die Fördermittel einzuwerben wären und scheitert schließlich mit seinem Vorhaben, da eine auf seine Bedürfnisse zugeschnittene Dienstleistung (noch) an kaum einer deutschen Hochschule angeboten wird.

Es stellt sich nun die Frage wie der Weg hin zu einem abgestimmten kunden- und nachfrageorientierten Dienstleistungsangebot auf diesem Sektor verlaufen soll und kann und welche Schritte dahin schon gegangen wurden.

Aufgaben- und Anforderungsprofile

Wenn als Grundvoraussetzung für ein integriertes Informationsversorgungskonzept an den Hochschulen die Forderung nach der Zusammenführung von Ressourcen der Bibliotheken und Rechenzentren erhoben wird, so ist zunächst der Blick auf die gewachsenen ‚klassischen‘ Aufgabengebiete und deren Veränderungspotentiale zu lenken. Dabei wird rasch deutlich, daß für alle beteiligten Einrichtungen bereits eine modifizierte Standortbestimmung stattgefunden hat.

Das Aufgabenspektrum der Rechenzentren hat sich in den letzten Jahren nicht nur ausgeweitet – aufgrund der Einführung neuer Technologien ausgeweitet – bestehende Aufgaben haben auch einen Bedeutungswandel erfahren. Im Vordergrund steht heute die Beratung bei Einsatz und Anwendung von DV-Ressourcen, die Bereitstellung von Rechenkapazität. Die Verwaltung von Betriebssystemen ist demgegenüber in den Hintergrund getreten. Rechenzentren sind verantwortlich für Planung, Betrieb und Verwaltung der Netzinfrastruktur und damit für das Hochschulnetz als Transportmittel für sämtliche Informationssysteme und -dienstleistungen.

Gerade die Ausstattung mit und die Bereitstellung von sehr leistungsfähigen, technisch homogenen Netzen fordert enge Verbindung zu den Bibliotheken. Sie ist von zentraler Bedeutung um die Integration der Bibliothekssysteme so zu präsentieren, daß Wissenschaftlern und Studierenden von ihrem Arbeitsplatz aus der Zugriff auf Bibliotheksdienstleistungen, wie Online-Katalog, CD-ROM-Datenbanken und das Web-Angebot der Bibliothek ermöglicht wird. Dieser Unterstützung bedarf die Bibliothek um ihrer Rolle als Informationsanbieter mit Zuständigkeit für die elektronischen Inhalte gerecht werden zu können. Die neuen Aufgaben stellen eine Erweiterung der traditionellen Funktion wissenschaftlicher Bibliotheken dar, die sich auf Beschaffung, Erschließung, Bereitstellung und Archivierung von Literatur in gedruckter Form erstreckte. Wenngleich auch in Zukunft gedruckte Veröffentlichungen einen erheblichen Anteil an der Informationsproduktion und -nachfrage ausmachen werden, ist doch eine Ausrichtung auf ein bedarfsgerechtes fächerspezifisches Angebot zur Nutzung elektronischer Medien mit Nachdruck zu betreiben. Die Erweiterung der Serviceanforderungen ist von den Bibliotheken bereits aufgegriffen worden und hat an vielen Stellen zu einer Neuorientierung in organisatorischer Hinsicht und in Bezug auf das Dienstleistungsangebot geführt.

Greift man aus der großen Zahl und Vielfalt elektronischer und multimedialer Publikationen den stetig und rasch wachsenden Bereich der elektronischen Zeitschriften heraus, so wird die Notwendigkeit verstärkter Kooperation mit einem Partner, wie dem Rechenzentrum besonders deutlich. Die Gewährleistung der Zugriffsmöglichkeiten in qualitativer und quantitativer Hinsicht erfordert ein enges Zusammenwirken der Einrichtungen um das Ziel der Nutzung von allen Arbeitsplätzen der Hochschule zu erreichen. Eine bedarfsgerechte und zeitgemäße Informationsversorgung sollte auch definiert sein aus der Erfahrung und Erwartung veränderter Konkurrenz- und Wettbewerbsstrukturen. Der Benutzer einer Bibliothek wird zunehmend weniger auf die lokale Bereitstellung angewiesen sein und immer mehr über die Netze von einer breiten Palette von Informationsangeboten profitieren können. Um ihren Informationsbedarf zu decken, können Wissenschaftler und Studierende eine Entscheidung zugunsten des qualifiziertesten, leistungsfähigsten und effizientesten Anbieters treffen und das muß nicht mehr unbedingt die Bibliothek vor Ort sein.

Innerhalb des oben genannten Aufgabenkatalogs der wissenschaftlichen Bibliotheken ist mit Blick auf die Neuen Medien ganz besonders der Aspekt der langfristigen Verfügbarkeit, also der Archivierung, hervorzuheben. Die langfristige Vorhaltung elektronischer Publikationen auf lokaler Ebene ist in Beziehung zu setzen zu dem Modell einer verteilten überregionalen Langzeitsicherung. Den Bibliotheken als Garant des ‚kulturellen und wissenschaftlichen Gedächtnisses‘ der Gesellschaft ist dabei eine Aufgabe zugewiesen, die so von keiner anderen Infrastruktureinrichtung wahrgenommen werden kann und soll. Da die Nutzungsformen elektronischer Medien jedoch unabhängig von bestimmten Trägermedien sind, in zeit- und ortsunabhängigem Zugriff benutzt werden könne, stellen entsprechende Netzanbindungen und -kapazitäten wiederum die Basis dar.

Konzepte und Modelle

Es ist davon auszugehen, daß keine allgemein gültigen Regeln oder Verfahrensmodelle zur Kooperation und Koordination der zentralen Infrastruktureinrichtungen einer Hochschule aufzustellen und umzusetzen sind. Ebenso klar und an vielen Stellen zu beobachten ist, daß sich wissenschaftliche Bibliotheken und Rechenzentren gemeinsam mit den Medienzentren zusammen gefunden haben, um in ihrer jeweiligen Verantwortung Möglichkeiten und Formen der Zusammenarbeit zu definieren und umzusetzen. Ein Konsens hinsichtlich verteilter Zuständigkeiten ist erkennbar.

Die Bibliotheken sind verantwortlich für die Auswahl und Bereitstellung der elektronischen Inhalte, die Rechenzentren für die technischen Kommunikationsnetze und die Medienzentren für Beratung und Unterstützung bei der Entwicklung multimedialer Produkte. Alle Einrichtungen zusammen müssen Kompetenzen zur Orientierung, Bewertung und Auswahl elektronisch vermittelter wissenschaftlicher Informationen entwickeln und bereitstellen.

Die so entstandenen Dienstleistungen der drei Einrichtungen werden jedoch nur wirksam, wenn sie zu einem gemeinsamen abgestimmten am Bedarf der jeweiligen Hochschule ausgerichteten Katalog verknüpft werden. Ein hochschulöffentlich bekanntes Servicekonzept zum Einsatz und zur Entwicklung von Multimediaaktivitäten versetzt nicht nur in die Lage Kompetenz und Orientierung zu erlangen und zu finden, es stellt auch einen wesentlichen Faktor im Multimedia-Konzept einer Hochschule dar.

Das Multimediakonzept soll die Hochschule bei Berücksichtigung des jeweiligen Profils befähigen, neue Techniken und Dienste gewinnbringend in Forschung und Lehre einzubinden. Im Sinne eines einheitlichen, integrierten Systems kann es zur multimedialen Unterstützung universitärer Prozesse beitragen, in das sich die wissenschaftlichen Bereiche, die zentralen Einrichtungen und die Verwaltung einordnen lassen. Es formuliert Vorgaben, die von den beteiligten Teilsystemen ausgefüllt werden. Die so realisierte Integration multimedialer Elemente in die rechentechnische Unterstützung universitärer Prozesse kann und soll zur Effizienz der Abläufe, zu ihrer Beschleunigung, zur Vereinfachung und zu mehr Transparenz führen.

Ein Servicekonzept kann sich darstellen über das Konzept zur Integration sämtlicher digitaler Lehr- und Lernmedien einer Hochschule unter einer einheitlichen Oberfläche. Denkbar sind auch spezifische Dienstmodelle, die als Datenbank präsentiert werden und Dienstangebote der Serviceeinrichtungen in standardisierter Form beschreiben. Inwieweit und ob darüber hinaus Dienstevermittler als gemeinsam verantwortete Benutzerberatungs- und Kompetenzzentren notwendig werden, ist sicher nicht allgemeingültig zu beantworten und von lokalen Gegebenheiten oder spezifischer Zielsetzung abhängig.

In der Universität Potsdam ist im Rahmen des Projekts ‚Multimediale Universiät (MUP)' folgender Weg eingeschlagen worden:

1997 ist ein Multimedia-Server installiert und jeder Standort mit multimediafähigen Arbeitsplätzen ausgestattet worden. Die Zuständigkeiten für multimediale Dienste sind definiert und nach den Kriterien ‚Anbieter – Vermittler – Nutzer' verteilt worden. Zum Aufbau einer entsprechenden Datenbank werden die Dienste zunächst standardisiert beschrieben, dann soll die Recherche über das Web sowie die Abrechnung von Leistungen ermöglicht werden. Zu den zu bewältigenden Aufgaben gehört die Herstellung der Netzwerktätigkeit und Web-Integration, die Modezeitung von Dienstnachfragen, die routinemäßige Nutzung durch Hochschulangehörige sowie die Erweiterung der Diensteanbieter. Die Datenbank ist voraussichtlich in drei Monaten im Intranet recherchierbar.

Wichtig ist, daß unabhängig von der einzelnen Ausgestaltung die notwendige Beratungsfunktion strukturiert und mit verteilter, zentral-dezentraler Kompetenz wahrgenommen wird. Sie muß vorhanden sein für die Konzipierung und den Betrieb der lokalen Netze, die Planung und Pflege der spezifischen informationstechnischen Systeme auf dem Gebiet des elektronischen Publizierens und bei der Konzeption und Produktion multimedialer Lehr- und Lerneinheiten. Damit seien nur die wichtigsten betroffenen Gebiete genannt, die durch Absprachen und Arbeitsteilung innerhalb der Hochschule und zwischen ihren Infrastruktureinrichtungen berührt werden und nach ihren inhaltlichen Schwerpunkten zuzuordnen sind.

Schlußfolgerungen

Wenn auch Multimedia-Konzepte von Hochschulen derzeit meist noch vorwiegend auf den Bereich der Lehre fokussiert sind, so ist der Dienstleistungsbereich im Hinblick auf seine Funktion in der Lehre Träger relevanter Prozesse. Nur durch die Installation und ständige Fortentwicklung einer für multimediale Anwendungen notwendigen Infrastruktur können Lehrmaterialien und Forschungsergebnisse weltweit in internationalen Netzen schnell präsentiert werden, kann die multimediale Unterstützung der Lehre garantiert werden, können direkte Lieferdienste und der komfortable Zugang zu elektronischen Publikationen bereitgestellt werden und kann so den Studierenden und Mitarbeitern der Hochschule der Zugang zur virtuellen Welt eröffnet werden.

Es bleibt eine entscheidende Rahmenbedingung zu nennen:
Durch das Erfordernis einer angemessenen Vernetzung und PC-Ausstattung, hoher Neu- und Ersatzbeschaffungen sowie der Entwicklung und Produktion neuer Lehr- und Lernmaterialien steigt (zunächst) der Mittelbedarf der Hochschulen. Effizienzsteigerungen und Mittelrückfluß durch (auch nach außen zu vermarktende) Selbst-Lernmodule und Teleteaching werden sich erst mittel- bis langfristig auswirken – zunächst muß in die technischen Entwicklungen investiert werden. So ist als Voraussetzung für mehr Effizienz, Qualität und Attraktivität der Hochschulen an den Unterhaltsträger die Forderung an eine funktions- und aufgabengerechte Ausstattungsstrategie zugunsten Multimedia zu erheben.

Literaturhinweise:

1. Neue Medien und Telekommunikation im Bildungswesen: Beschluß der Kultusministerkonferenz vom 28. Juli 1997. – Bonn 1997.
2. Moderne Informations- und Kommunikationstechnologie (Neue Medien): Empfehlung des 179. Plenums der Hochschulrektorenkonferenz, Berlin 9. Juli 1996. - Berlin 1996.
3. Neue Informations-Infrastrukturen für Forschung und Lehre: Empfehlungen des Bibliotheksausschusses und der Kommission für Rechenanlagen der Deutschen Forschungsgemeinschaft. - Bonn 1995.
4. Multimedia im Hochschulbereich: Erster Bericht der BLK-Staatsskretärs-Arbeitsgruppe / Bund-Länder-Kommission für Bildungsplanung und Forschungsförderung. - Bonn 1998.
5. Empfehlungen zur Hochschulentwicklung durch Multimedia in Studium und Lehre / Wissenschaftsrat. - Köln 1998.
6. Informationsstruktur im Wandel: Herausforderungen für die Hochschulen und ihre Informations- und Kommunikationseinrichtungen / Zentren für Kommunikation und Informationsverarbeitung in Lehre und Forschung .e.V. – Oldenburg: BIS, 1998.

Rosemarie Werner und Engelbert Plassmann

Studium und Ausbildung des Bibliothekars: Rückblick und Ausblick[1]

Das Anliegen der Autoren, aus eigener zeitgeschichtlicher Erfahrung und Mitgestaltung einen Beitrag zur bibliothekarischen Berufsgeschichte in Ost und West bis 1989 und zur Berufs- und Ausbildungsentwicklung im wiedervereinigten Deutschland zu leisten, verbindet sich mit einer Würdigung der Verdienste des Jubilars um den Nachwuchs. Konrad Marwinski ist nicht nur in jahrzehntelanger Tätigkeit als Stellvertretender Direktor und als Direktor der Universitätsbibliothek Jena, die seit jeher den Status einer Ausbildungsbibliothek für alle Berufsebenen hatte, mit dem Nachwuchs verbunden. Hervorzuheben ist darüber hinaus speziell sein Engagement für die Ausbildung des „Bibliotheksfacharbeiters" in der DDR („Bibliotheksassistent" in der Bundesrepublik). Über einen längeren Zeitraum wirkte Marwinski als Mitglied und Vorsitzender der Bezirks-Prüfungskommission für Bibliotheks- facharbeiter im damaligen Gera. Als Mitglied der Fachkommisssion für Berufsfragen des Bibliotheksverbandes der DDR seit Mitte der achtziger Jahre setzte er sich in verdienstvoller Weise für die Ausgestaltung des bibliothekarischen Berufsbildes und für die Erhaltung der tradierten bibliothekarischen Ausbildung in Zeiten einer äußerst diffusen Hoch- und Fach- schulpolitik der DDR, die für die bibliothekarischen Fachschulen in Leipzig und Berlin ge- radezu bedrohliche Ausmaße angenommen hatte, ein.

Ein Rückblick auf Studium und Ausbildung der Bibliothekare soll zunächst die Ent- wicklung im geteilten Deutschland mit grundsätzlich verschiedenen politischen und gesell- schaftlichen Rahmenbedingungen in beiden Teilen des Landes verdeutlichen. Für beide wird der Zeitraum von 1971 bis 1990 als die dem jetzigen Entwicklungsstand unmittelbar vorangegangene Periode dargestellt. Danach werden die besonderen Probleme der „Wende- zeit" reflektiert und abschließend die in den östlichen Bundesländern entstandenen Neuorien- tierungen und ihre Rückwirkungen auf die westlichen Bundesländer verfolgt. Die Ent- wicklungstrends der bibliothekarischen Ausbildung im heutigen vereinigten Deutschland werden hieraus erkennbar und verständlich.

1. Die Entwicklung in der Bundesrepublik 1971 – 1990

Die siebziger und achtziger Jahre waren von einer außerordentlich schnellen Entwicklung im gesamten Informationswesen geprägt, die – wie könnte, ja wie dürfte es anders sein – ihre tiefen Spuren in der bibliothekarischen Ausbildung hinterlassen hat. Darum zunächst ein kurzer Blick auf wichtige Stationen dieser Entwicklung.

In den sechziger Jahren gab es dank der beginnenden Datentechnik und ihrer entschlos- senen Nutzung an einigen neu gegründeten Hochschulen (Bochum, Bielefeld, Konstanz, Regensburg) die ersten auf Endlospapier ausgedruckten UB-Kataloge, die in ein großes Format geschnitten und den Benutzern in Klemmappen zur Verfügung gestellt wurden.

---

[1] Einschränkend ist zu bemerken, dass sich die Ausführungen vorwiegend auf die Berufsgruppe der Bibliothe- kare mit Fachhochschulqualifikation (in der Bundesrepublik) bzw. Fachschulqualifikation (in der DDR) kon- zentrieren. Die Entwicklung der übrigen Qualifikationsebenen kann im Rahmen dieses Beitrags nur am Rande berücksichtigt werden.

Anfang der siebziger Jahre wurden derartige Kataloge zur allgemeinen Verwunderung bereits mit Groß- und Kleinschreibung präsentiert.

Die neuartigen Verzeichnisse erschienen zunächst noch durchaus wie PI-Kataloge; allerdings wandte man die gegebene Wortfolge für die Einordnung der Sachtitel schon an, desgleichen die Einordnung unter Körperschaftlichen Urhebern, die Titelbeschreibung selbst aber geschah noch nach den alten Regeln – ohne Deskriptionszeichen und mit den für die Rekonstruierbrkeit des Titelblatts nach den PI detailliert vorgeschriebenen Klammern. Die vollständige Textausgabe des neuen Regelwerks kam ja erst im Jahre 1976 heraus, nach der gemeinsamen Erarbeitung übrigens fast gleichzeitig in der Bundesrepublik und der DDR (wie auch in Österreich und der Schweiz).

Die Deutsche Bibliothek, die ihre laufende Bibliographie seit 1966 mit Hilfe der automatisierten Datenverarbeitung erstellte, gab Kopien der hierbei entstehenden Magnetbänder an interessierte Bibliotheken ab. Die von diesen Bändern abgerufenen Titelaufnahmen waren seit 1970 an einigen Bibliotheken die Basis für den Ausdruck der Bestellzettel und im weiteren Bearbeitungsgang auch für die Katalogisierung. Die Automatisierung begann, sich als Grundlage für die Arbeitsgänge in den Bereichen Erwerbung und Katalogisierung durchzusetzen.

In den siebziger Jahren wurden die regionalen Bibliotheksverbünde (Verarbeitungsverbünde) geschaffen; schon bald überspannte ihr Netz die (alte) Bundesrepublik. Die regionale und die überregionale bibliothekarische Kooperation erhielten eine neue Qualität, und der Zwang zu zahlreichen und tiefgreifenden Strukturreformen innerhalb der Bibliotheken war die Folge.

Die große Zahl der Hochschulneugründungen und die wachsende Studentenzahl veränderten auch die Bibliothekslandschaft: Die Bibliotheken der alten Hochschulen mußten sich auf einen bisher unbekannten Massenbetrieb einstellen; die vorher bescheidenen Lehrbuchsammlungen gewannen rasch an Bedeutung. So empfand man vor allem die Automatisierung der Ausleihe allgemein als besonders dringlich und tat viel für ihre Einführung und laufende Verbesserung.

An den neu gegründeten Hochschulen erwuchsen aus der Etablierung neuartiger Hochschulstrukturen, neuer Wissenschaftsfächer und Fächerkombinationen auch den Bibliotheken ungewohnte Aufgaben. Hohe Anforderungen an die Flexibilität der bibliothekarischen Mitarbeiter ergaben sich vor allem aus der Einführung des einheitlichen Bibliothekssystems an den neuen Hochschulen.

Wegen des Fehlens älterer Literaturbestände an den meisten neuen Bibliotheken nahm der Leihverkehr immer größere Dimensionen an und zwang zu neuen organisatorischen und rechtlichen Regelungen (Leihverkehrsverordnung von 1979!). Auch die Literaturinformation, in den siebziger Jahren noch ein ungewohnter Begriff, stellte die Bibliotheken vor neuartige Aufgaben und Herausforderungen.

Es lag in der Zeit, daß die öffentliche Hand ihre Dienstleistungen für den Bürger erheblich ausweitete. Dies tat nicht nur der Staat, die Gemeinden standen ihm darin kaum nach. So dehnten auch die kommunalen Öffentlichen Bibliotheken ihre Dienste quantitativ und qualitativ kräftig aus. Stichworte wie „Bibliotheksarbeit für fremdsprachige Einwohner", „Soziale Bibliotheksarbeit", „Flächendeckende Literaturversorgung" erinnern an neue Aufgabenfelder und an die Intensivierung traditioneller Aufgaben Öffentlicher Bibliotheken.

Vor dem Hintergrund dieser Entwicklung war eine Reform der herkömmlichen bibliothekarischen Ausbildung unerläßlich, zunächst hinsichtlich der Lehrinhalte, dann aber auch hinsichtlich des institutionellen Rahmens.

Für die anstehenden Reformen erschien der früher bewährte „Schulbetrieb" weniger geeignet. Die Überführung der bisherigen bibliothekarischen „Schulbildung" in ein Hochschulstudium versprach hingegen einen Rahmen, in welchem die erstrebten Ziele besser zu erreichen waren. Allgemeine bildungspolitische Überlegungen hatten in den späten sechziger Jahren dazu geführt, die bisherige schulisch geprägte Ausbildung für gehobene Positionen in einer ganzen Reihe praktisch geprägter Berufe hochschulmäßig neuzugestalten.

Dies betraf zunächst den Beruf des Ingenieurs (Ingenieurschulen, Polytechnika), des Kaufmanns (Höhere Wirtschaftsschulen) und des Sozialarbeiters und Sozialpädagogen (Höhere Fachschulen für Sozialarbeit und für Sozialpädagogik). Für diese und einige weitere berufsorientierte Ausbildungsgänge wurden Fachhochschulstudiengänge konzipiert und der Abschluß mit einem Hochschulgrad (Diplom) vorgesehen. Das organisatorisch-institutionelle Gerüst hierfür sollte der neu zu schaffende Hochschultyp der *Fachhochschule* werden.

Am Ende der sechziger und zu Beginn der siebziger Jahre hatten die Länder Fachhochschulgesetze bzw. Fachhochschulerrichtungsgesetze erlassen und damit die rechtlichen Voraussetzungen für eine Reform geschaffen, die sich in den seither vergangenen drei Jahrzehnten als überaus erfolgreich erweisen sollte.

Ein Charakteristikum des alten Systems wurde in die neuen Studiengänge übernommen: der starke Praxisbezug; alle damals konzipierten Studiengänge enthalten umfangreiche in das Studium eingefügte Praktika. Dies ist bis heute so geblieben und stellt eine Besonderheit der FH-Studiengänge gegenüber den entsprechenden universitären Studiengängen dar.

Im übrigen brachte die Überführung in den Hochschulstatus mehr Beweglichkeit, mehr Innovations-Chancen und nicht zuletzt eine Verbesserung der materiellen Ausstattung. Erstmals konnten die Möglichkeiten des Hochschulbauförderungsgesetzes (HBFG) genutzt werden, die den *Schulen* verschlossen sind. Ein enormer Erneuerungsschub bei Gebäuden und Ausstattung war die Folge.

Dies betraf natürlich auch die Bibliotheken der bisherigen Fachschulen. Aus früheren „Lehrerbüchereien" (eine andere Bezeichnung für die nur zum Gebrauch durch die Angehörigen des Lehrkörpers, nicht aber für die Studierenden bzw. Schüler bestimmten Büchersammlungen ist kaum möglich) wurden veritable Hochschulbibliotheken – eine Entwicklung, die unternehmungslustigen und innovationsfreudigen Bibliothekaren persönlich-fachliche Chancen bot; in der personellen Ausstattung gab es nämlich einen kräftigen Schub. – Vor allem aber wurden die Stellen für hauptamtlich tätige Lehrende vermehrt, neue Lehrende nach universitärem Vorbild nur noch in förmlichen Berufungsverfahren und unter strenger Anlegung formell festgelegter wissenschaftlicher und pädagogischer Qualifikationsmaßstäbe an die Fachhochschulen berufen. (Die Einführung der Besoldung nach der Gruppe C statt der bisherigen nach der Gruppe A machte die Dozentenstellen zudem auch finanziell attraktiver.)

Die Mitarbeit zahlreicher nebenamtlich tätiger Lehrbeauftragter, die schon an den Vorgängereinrichtungen üblich war, wurde an den Fachhochschulen durchweg beibehalten. Sie trägt zur Sicherung des Praxisbezugs bis heute nicht unerheblich bei.

Auch die Bibliotheksschulen (teils *Bibliothekar-Lehrinstitute* oder – so in Berlin [West] – *Bibliothekar-Akademie* genannt) gehörten zu denjenigen auf gehobene Positionen in praktischen Berufen vorbereitenden Ausbildungsstätten, die in der bildungspolitischen Diskussion zur Übernahme in den FH-Bereich vorgesehen waren. So fanden sich die Bibliothekare in einer Reihe mit Ingenieuren, Kaufleuten, Sozialarbeitern und Sozialpädagogen, Dolmetschern und Übersetzern, Designern und anderen Berufsgruppen, die sie bisher mehr als Benutzer der Bibliotheken denn als Kommilitonen und Kollegen kennengelernt hatten.

Während zur Qualifizierung für die genannten nicht-bibliothekarischen Berufe seit 1971 durchweg die neuen FH-Studiengänge zur Verfügung standen, sollte es freilich noch Jahre dauern, bis die bibliothekarischen Ausbildungsstätten den Fachhochschulstatus erreichten und die Umstellung in formeller Hinsicht abgeschlossen war.

So sind die siebziger Jahre von den Bemühungen geprägt, den tiefgreifenden Wandel von der bibliothekarischen Schulbildung zum bibliothekarischen Hochschulstudium innerlich und äußerlich zu vollziehen. Dies ist ein zum Teil schwieriger und in den verschiedenen Bundesländern uneinheitlich verlaufender Prozeß gewesen.

Man mag den föderalen Staatsaufbau, insbesondere die Kultur- und Bildungshoheit der Länder, als Ursache für die Uneinheitlichkeit der bibliothekarischen Ausbildung ansehen; der entscheidende Grund dürfte jedoch darin liegen, daß die traditionelle Trennung der Sparten *Öffentliches Bibliothekswesen (ÖB)* und *Wissenschaftliches Bibliothekswesen (WB)* in Deutschland seit eh und je auf Ausbildung und Studium durchgeschlagen hat.

In beiden Sparten hatte man von den jeweiligen beruflichen Aufgaben und folgerichtig auch von der Vorbereitung darauf unterschiedliche Auffassungen. Dies läßt sich vom Beginn geregelter bibliothekarischer Ausbildung am Anfang unseres Jahrhunderts an verfolgen. Jede der beiden Sparten hatte ihre eigenen Schulen, mitunter an ein und dem selben Ort (Leipzig!). In der ersten Hälfte des Jahrhunderts gab es nirgends eine Einrichtung, an der für beide Sparten unter einem Dach unterrichtet worden wäre, von verbundenen oder gar verzahnten Ausbildungsgängen ganz zu schweigen. Erst nach dem Zweiten Weltkrieg waren Schulen geschaffen oder neu gegründet worden, an denen für beide Sparten unterrichtet wurde (freilich in getrennten Lehrgängen); hier ist vor allem das 1949 gegründete Bibliothekar-Lehrinstiut des Landes Nordrhein-Westfalen zu nennen, das die ÖB-Tradition der 1928 in Köln gegründeten Westdeutschen Volksbüchereischule fortsetzte, wo aber seit 1949 auch auf den Dienst an Wissenschaftlichen Bibliotheken vorbereitet wurde. (Darüber hinaus war hier noch die Referendarausbildung für den Höheren Bibliotheksdienst angesiedelt worden.)

Die Voraussetzungen für eine zügige Anpassung der bibliothekarischen Ausbildung an die seit dem Beginn der siebziger Jahre bestehenden neuen Bedingungen waren jedenfalls von der bibliothekarischen Mentalität her nicht gut. Die unterschiedlichen Auffassungen von den inhaltlichen Schwerpunkten und der formalen Gliederung bibliothekarischer Ausbildung, von Dauer und Gewichtung theoretischer und praktischer Ausbildungsabschnitte, von Kern- und Wahlfächern und ihrer Anordnung im Laufe des Curriculums behinderten die Erneuerung der bibliothekarischen Ausbildung nachhaltig. Sie erschwerten die eigentlich damals schon gebotene spartenübergreifende Planung ungemein.

Einzig in Hamburg ist es sofort mit Gründung der Fachhochschule gelungen, ÖB und WB in der Ausbildung miteinander zu vereinen: Die Abteilungen *Öffentliche Büchereien* und *Wissenschaftliche Bibliotheken* der früheren Bibliothekarschule der Freien und Hansestadt Hamburg wurden als *Fachbereich Bibliothekswesen* in die neue Fachhochschule Hamburg überführt. So kamen die ersten Bibliothekare mit Hochschuldiplom und ohne Trennung nach Sparten aus der Hansestadt.

An den anderen Orten mit ÖB- und WB-Ausbildung, nämlich in Köln, Stuttgart und Berlin, verhinderten die unterschiedlichen Traditionen der beiden Sparten, die sich längst auch rechtlich niedergeschlagen hatten, Lösungen wie die in Hamburg realisierte: Die kommunalen Öffentlichen Bibliotheken hatten (und haben) normalerweise Angestelltenstellen, die Wissenschaftlichen Bibliotheken Beamtenstellen; dementsprechend studierten nach der Überführung der jeweiligen Einrichtung in den FH-Bereich nur die „ÖB-Studenten" in einem hochschul-rechtlichen Status wie alle anderen FH-Studenten auch, die „WB-Studenten" jedoch als *Anwärter* im Rahmen einer staatlich geregelten Beamtenlaufbahn.

Ein „freier" Studiengang ÖB und ein beamteter Studiengang WB paßten und passen in der Tat in vieler Hinsicht schlecht unter ein gemeinsames Fachhochschuldach. Dieser Tatbestand, der letztlich auf die unterschiedlichen Entwicklungen in den Bereichen ÖB und WB zurückgeht, hat sich dann auch als sehr hinderlich für den weiteren Gang der Dinge erwiesen:

So blieb es nach der Gründung der Fachhochschulen in Nordrhein-Westfalen im Jahre 1971 in Köln noch zehn Jahre lang beim Bibliothekar-Lehrinstitut; erst im Jahre 1981 faßte der Landtag den Beschluß, die Fachhochschule für Bibliotheks- und Dokumentationswesen in Köln (FHBD) zu gründen und so die beiden unterschiedlichen Studiengänge an einer Fachhochschule durchzuführen.

In Stuttgart war das für ÖB ausbildende frühere Süddeutsche Bibliothekar-Lehrinstitut zwar schon 1971 zur Fachhochschule für Bibliothekswesen geworden, die für WB ausbil-dende frühere Bibliotheksschule an der Württembergischen Landesbibliothek aber ist erst 1984 als Fachbereich in sie eingegliedert worden (nach einem Zwischenspiel als Teil der [verwaltungsinternen] Fachhochschule für öffentliche Verwaltung Stuttgart).

In Berlin [West] ist man zur Überführung der ehemaligen Bibliothekarschule, der späteren Bibliothekar-Akademie, in den Hochschulbereich einen Sonderweg gegangen, indem man diese für ÖB und WB ausbildende Einrichtung nicht an eine der neu gegründeten Berliner Fachhochschulen angliederte, sondern an die Freie Universität. Diese ungewöhnliche Regelung hatte keine Vorbilder und hat auch keine Nachahmung gefunden. Es ist festzu-halten, daß die dort studierenden angehenden Bibliothekare in Studiengängen *sui generis* studiert haben, weder in echten universitären Studiengängen (nur sechs Semester!), noch in FH-Studiengängen.

In Hannover, wo an der Niedersächsischen Bibliotheksschule immer nur für WB ausge-bildet worden war, ist es erst acht Jahre nach dem allgemeinen Start der Fachhochschulen gelungen, einen regulären FH-Studiengang Bibliothekswesen zu installieren, freilich unter Abschaffung des Beamtenstatus während der Ausbildung.

In Frankfurt am Main und München werden seit Jahrzehnten Bibliothekare nur im Beamtenverhältnis ausgebildet: die hessischen Bibliotheksinspektoranwärter früher an der Bibliotheksschule Frankfurt am Main, seit 1980 an der dortigen verwaltungsinternen Fach-hochschule; die bayerischen Bibliotheksinspektoranwärter früher an der Bayerischen Bibliotheksschule, seit 1975 an der Bayerischen Beamtenfachhochschule.

Den Nachwuchs für die Katholischen Öffentlichen Bibliotheken hatte seit 1921 die „Staatlich anerkannte Bibliotheksschule des Borromäusvereins", seit 1978 „Staatlich aner-kanntes Bibliothekar-Lehrinstitut Bonn", ausgebildet. Dieses Institut wurde 1984 in die „Fachhochschule für das öffentliche Bibliothekswesen Bonn" umgewandelt. – (Das frühere Evangelische Bibliothekar-Lehrinstitut in Göttingen ist im Jahre 1978 aufgelöst worden.)

So konnte die Eingliederung der bibliothekarischen Ausbildung in den Fachhochschul-bereich erst in der Mitte der achtziger Jahre insgesamt als abgeschlossen gelten, als die Ingenieure, Betriebswirte, Sozialarbeiter bereits fünfzehn Jahre lang an Fachhochschulen studierten.

Unbefriedigend war und ist immer noch – wegen des daraus folgenden Mangels an gegenseitiger Paßfähigkeit – die Differenzierung in „freie Studiengänge" ÖB und beamtete Ausbildung WB. In der Regel sind die Studiengänge ÖB wie die übrigen FH-Studiengänge auf sieben oder acht Semester angelegt oder werden demnächst so organisiert, während die beamteten WB-Studiengänge aus dienstrechtlichen – nicht aus fachlichen – Gründen bei drei Jahren verbleiben. Normalerweise hatten (und haben!) die Studierenden ÖB einen deutlich geringeren Praxisanteil und höheren Theorieanteil als die beamtet ausgebildeten WB-Studenten, denen vom Dienstrecht ein hoher Praxisanteil vorgeschrieben ist. Es ist kaum zu begründen, daß die Arbeit in einer Öffentlichen Bibliothek mehr theoretische Kenntnisse und weniger praktische Erfahrung, die in einer Wissenschaftlichen Bibliothek mehr praktische Erfahrung und weniger theoretische Kenntnisse erfordern soll.

Zum Zeitpunkt der Vereinigung Deutschlands, gab es in der alten Bundesrepublik acht bibliothekarische Ausbildungsstätten, sieben in staatlicher, eine in kirchlicher Trägerschaft; von den sieben staatlichen vier mit Studium ÖB *und* WB (Berlin, Hamburg, Köln, Stuttgart), drei nur mit WB (Frankfurt/M. und München mit beamtetem, Hannover mit „freiem" Studium).

Der verwirrende Eindruck vom langwierigen Übergang der alten bibliothekarischen Schulbildung in den Fach*hoch*schulbereich sollte jedoch nicht den Blick dafür verstellen, daß es in den zurückliegenden Jahrzehnten große Fortschritte in der Ausbildung des bibliothekarischen Nachwuchses gegeben hat.

Der Ertrag der Entwicklung in den zwei Jahrzehnten von 1971 bis 1990 liegt sicherlich in einer nachhaltigen qualitativen Verbesserung der bibliothekarischen Ausbildung bzw. des bibliothekarischen Studiums. Hierbei ist die hochschulmäßige Organisation weit mehr gewesen als ein neues Etikett für eine im Grunde genommen unverändert gebliebene Sache. Nicht nur, daß die Überführung der früheren Bibliotheksschulen in den Hochschulbereich die materiellen Ressourcen nachhaltig verbessert hat. Vor allem die Freiwilligkeit der Teilnahme an den Lehrveranstaltungen und die neu geschaffenen Wahlmöglichkeiten haben die Eigenverantwortung der Studierenden und damit selbständiges, von der Sache her motiviertes Lernen und Aneignen gefördert; durch akademische Freiheit ist ein neues, unabhängiges Verhältnis des einzelnen Studierenden zum Fach ermöglicht worden, das im Rahmen der alten schulischen Berufsausbildung nicht möglich war. Die von den Studierenden zu erbringenden eigenständigen Studienleistungen, insbesondere die von allen zu erarbeitende Diplomarbeit geben dem Nachwuchs die Chance zu individueller fachlicher Qualifizierung, die er im früheren Schulbetrieb so nicht hatte. Gerade in dieser Hinsicht bestehen in den verwaltungsinternen Studiengängen (beamtete Ausbildung!) Defizite. Es gibt aber auch deutliche Anzeichen dafür, daß der nächste Erneuerungsschub bevorsteht.

Ungeachtet der schwierigen Umstellungsprozesse in hochschulpolitischer und hochschulrechtlicher Hinsicht haben alle Ausbildungsstätten die eingangs skizzierten fundamentalen Veränderungen in den Bibliotheken mitvollzogen und nachvollzogen. Sie haben eine Neuorientierung vorgenommen, wie es sie vielleicht noch nie in der Bibliotheksgeschichte gegeben hat, jedenfalls nicht in der Geschichte der bibliothekarischen Berufsausbildung. Sie haben durchweg unter Beweis gestellt, daß es ihnen mehr auf die Aufgaben ankommt als auf den formalen Rahmen zu deren Erfüllung.

Vergleicht man die Vorlesungsverzeichnisse der neunziger Jahre mit denen der siebziger oder gar sechziger Jahre, so wird deutlich, daß die Ausbildungsstätten die Entwicklungssprünge der Bibliotheken nachvollzogen, mitvollzogen und begleitet haben. Das gilt in hohem Maße von der Einbeziehung der gesamten Informationstechnik in den Pflichtkanon der Studienordnungen. Obwohl es zunächst äußerst schwierig war, geeignete, d.h. bibliothekarisch wie informationstechnisch gleichermaßen qualifizierte Dozenten für eine hauptamtliche Tätigkeit an Fachhochschulen zu gewinnen, sind gerade auf diesem Gebiet die Absolventen der Fachhochschulen gut auf die Anforderungen der Praxis vorbereitet worden. Gelegentlich ist der Vorwurf erhoben worden, die bibliothekarischen Fachhochschulen bzw. Fachbereiche hätten zwar ordentliche Ausbildung geboten, nicht aber von sich aus die bibliothekarische Entwicklung vorangetrieben; der Vorwurf ist, soweit es die Informationstechnik betrifft, aus den angedeuteten Gründen unberechtigt. Die Fachhochschulen, deren primäre Aufgabe in der wissenschaftlich fundierten, praxisbezogenen *Lehre* liegt, die also den jeweils aktuellen Entwicklungsstand vermitteln, haben auch zukunftsweisende Entwicklungsarbeit geleistet.

Dank der Vereinigung Deutschlands im Jahre 1990, die gänzlich neue Ansätze auch im Hochschulwesen der östlichen Bundesländer, und zwar unbelastet von den Problemen der alten Bundesrepublik ermöglicht hat, sind positive Rückwirkungen auf Studiengänge der alten Bundesrepublik festzustellen.

2. Die Entwicklung in der DDR 1971 – 1990

Im Bibliothekswesen der DDR waren die 70er Jahre geprägt durch die Ausarbeitung konzeptioneller Grundlagen für wissenschaftliche und öffentliche Bibliotheken. Basis dafür war das im Jahre 1968 erlassene Bibliotheksgesetz, welches im darauffolgenden Jahrzehnt weitere rechtliche Ausgestaltung erfuhr. So wurden die Aufgaben zentraler Einrichtungen des Bibliothekswesens – wie des Zentralinstituts für Bibliothekswesen für den Bereich der öffentlichen Bibliotheken – und zentraler wissenschaftlicher Bibliotheken – wie der Deutschen Bücherei in Leipzig als bibliographisches Zentrum und der Deutschen Staatsbibliothek in Berlin als koordinierendes und anleitendes Zentrum für Leihverkehr und Zentralkataloge – präzisiert. Trotz schwacher materieller Voraussetzungen wurden in dieser Zeit auch erste Versuche für den Einsatz der EDV-Technik im Bibliothekswesen der Hochschulen wie z.B. der Bibliothek der Technischen Universität in Dresden gestartet. Das Bibliothekswesen der Hochschulen wurde durch strukturelle Reformen gestärkt, indem per Erlaß die Einheit aller Bibliothekseinrichtungen einer Hochschule unter Leitung der zentralen Hochschulbibliothek durchgesetzt werden konnte und auch die Einrichtungen der Information und Dokumentation an den Hochschulen größtenteils in die Bibotheksnetze integriert wurden.

Daneben bildete die Entwicklung von Spezialbibliotheken in enger Verbindung mit der parallelen Entwicklung der Information und Dokumentation in Forschung und Industrie einen Schwerpunkt. Einige von ihnen wurden zu Zentralen Fachbibliotheken bestimmt und als Bestandszentrum und bibliographisches Informationszentrum bei enger Zusammenarbeit mit den Leitzentralen der Information und Dokumentation im jeweiligen Fachbereich konzipiert. So entstanden die Pädagogische Zentralbibliothek bei der Akademie der Pädagogischen Wissenschaften, die Landwirtschaftliche Zentralbibliothek bei der Akademie der Landwirtschaftswissenschaften, die Zentralbibliothek für Bauwesen bei der Bauakademie. Die Funktion einer Zentralen Fachbibliothek für Technik übernahm die Bibliothek der Technischen Universität in Dresden. Mangels finanzieller und materieller Absicherung ging der Ausbau dieser Zentralen Fachbibliotheken nur schleppend voran. Einen gewissen Ausgleich schuf jedoch die Zusammenarbeit der Spezialbibliotheken dieser Fachbereiche auf kooperativer Grundlage in sog. Fachnetzen unter Leitung der Zentralen Fachbibliothek, was zweifellos zur Bündelung aller vorhandenen Reserven beitrug, z.B. für die gegenseitige Bereitstellung der nur begrenzt verfügbaren Literatur des Auslands auf der Grundlage gemeinschaftlich erstellter Standortnachweise in einem netzinternen Leihverkehr.

Einen besonderen Aufschwung erfuhr das öffentliche Bibliothekswesen der DDR in den 70er Jahren durch den Ausbau eines flächendeckenden Netzes „Staatlicher Allgemeinbibliotheken" in den gegebenen administrativen Strukturen der Städte und Gemeinden. In den Kreis- und Bezirksstädten übernahmen diese Bibliotheken zentrale Aufgaben und methodisch-anleitende Funktionen für die Bibliotheken ihres Einzugsbereiches. Netzstrukturen bildeten sich in der Stadt und auch auf dem Lande heraus. „Ländliche Zentralbibliotheken" betreuten mehrere z.T. nebenamtlich geführte Gemeindebibliotheken und sicherten die Literaturversorgung ländlicher Gebiete. Insgesamt besaßen die Öffentlichen Bibliotheken der DDR eine gute finanzielle und personelle Ausstattung. Allerdings beschränkte sich ihr Bestand fast ausschließlich auf die Literatur- und Medienproduktion in der DDR. Ihre besondere Förderung lag zweifellos auch im politischen Interesse des Staates.

Die 80er Jahre waren im Bibliothekswesen der DDR von zunehmender Stagnation geprägt, indem die durch Verordnungen und Erlasse gesetzten hohen Ansprüche immer weniger der Realität entsprachen. Besonders im wissenschaftlichen Bibliothekswesen machte sich die anhaltende Mangelwirtschaft der DDR durch eine immer restriktivere Devisenzuteilung für den Erwerb ausländischer Literatur bemerkbar, wovon die Bibliotheken an den Hochschulen noch stärker betroffen waren als die Spezialbibliotheken in Forschung und Industrie. Die nur begrenzt mögliche Anschaffung von Literatur des westlichen Auslands führte zu immer größeren Bestandslücken. So kam zur politischen Abschottung auch die mangelhafte wissenschaftliche Informationsbasis in den Bibliotheken hinzu, welche die wissenschaftliche Abkopplung von internationalen Entwicklungen begünstigte. Auch auf dem Gebiet der technischen Ausstattung blieb das Bibliothekswesen der DDR hinter dem Entwicklungsstand der früheren Bundesrepublik und anderer westlicher Länder zurück. Die eigene Produktion von apparativen Ausstattungen der Information und Kommunikation war unvollkommen und mangelhaft und die Einfuhrmöglichkeiten z. B. für Kopier- und EDV-Technik waren aufgrund Devisenmangels und des langjährigen Handelsembargos durch die westlichen Staaten äußerst begrenzt.

Angesichts dieser Situation kam der Kooperation zwischen den Bibliotheken zur Nutzbarmachung vorhandener Bibliotheksressourcen besondere Bedeutung zu, die der Bibliotheksverband der DDR als gemeinsame institutionelle Organisation Wissenschaftlicher und Öffentlicher Bibliotheken zu einem Hauptziel seiner Arbeit erklärte. Im Rahmen dieser Organisation wurden mit der Kompetenz und dem Engagement der Bibliothekare in den Mitgliedsbibliotheken nicht wenige Aufgaben gelöst, denen staatliche Unterstützung versagt war.

Der Bibliotheksverband setzte sich außerdem nachdrücklich für bibliothekarische Berufsfragen, Ausbildung und Fortbildung ein. Mit seiner Fachkommission für Berufsfragen begleitete ein Expertengremium, gebildet aus Vertretern von Bibliotheken aller Typen sowie zentraler Einrichtungen, die Diskussion um ein modernes bibliothekarisches Berufsbild und ein Reformkonzept für eine praxisverbundene bibliothekarische Ausbildung zu Beginn der 70er Jahre. Die bibliothekarische Ausbildung vollzog sich an drei Bibliotheksschulen in Leipzig und Berlin, die im Bildungssystem der DDR den Typus von Fachschulen, einer mittleren Bildungsstufe zwischen praktischer Berufsausbildung und Hochschulstudium, verkörperten. Die Ausbildungsprogramme für Bibliothekare an wissenschaftlichen und öffentlichen Bibliotheken waren bis Mitte der 70er Jahre inhaltlich und strukturell unterschiedlich gestaltet und widerspiegelten nur unzureichend die gemeinsamen Belange des Bibliothekswesens. Begünstigt durch eine Reform des Fachschulwesens der DDR mit einheitlichen Vorgaben für die Struktur dieser Bildungsstufe hinsichtlich Gliederung des Studienablaufs, Praktika und Studiendauer war auch im Bibliothekswesen die Chance einer einheitlichen Ausbildungskonzeption für Bibliothekare an Wissenschaftlichen und Öffentlichen Bibliotheken gegeben.

Im Jahre 1975 wurde ein Studienplan für die Grundstudienrichtung Bibliothekswesen verbindliche Grundlage der Ausbildung an allen drei Ausbildungsstätten, basierend auf einem insgesamt dreijährigen Fachschulstudium, in welches mehrere Kurzpraktika und ein ganzjähriges Berufspraktikum in Wissenschaftlichen bzw. Öffentlichen Bibliotheken zur unmittelbaren Vorbereitung auf den beruflichen Einsatz der Absolventen eingeschlossen waren. Aufbauend auf gemeinsamen fachlichen und allgemeinen Ausbildungsinhalten erfolgte zugleich eine fachrichtungsspezifische Spezialisierung für den späteren Einsatz in Wissenschaftlichen Bibliotheken (an den Fachschulen für Wissenschaftliches Bibliothekswesen in Berlin und Leipzig) bzw. in Öffentlichen Bibliotheken (an der Fachschule für Bibliothekare und Buchhändler in Leipzig). Zu den Kernfächern der bibliothekarischen Ausbildung gehörten an allen drei Fachschulen: Aufgaben und Organisation des Bibliothekswesens einschl. Bibliothekswesen des Auslands, Bibliotheksgeschichte, Bestandsaufbau/Erwerbung, Katalogisierung/Formal- und Sacherschließung, Bibliographie, Bestandsvermittlung/Bibliotheksbenutzung, Auskunfts- und Informationstätigkeit, Bibliotheksbetriebslehre, Wissenschaftskunde, Buchhandel und Verlagswesen, Information und Dokumentation, Archivwesen, historische Buchkunde, Grundlagen der Datenverarbeitung und Anwendung im Bibliothekswesen, mathematisch-statistische Grundlagen, Technik in Bibliotheken, Fremdsprachen (Russisch, Englisch, Französisch/Latein). In einigen Lehrfächern waren die proportionalen Anteile in den beiden Fachrichtungen differenziert.

Die bibliothekarische Ausbildung in der DDR war ebenso wie die Ausbildung in anderen Fachbereichen in das sozialistische Gesellschaftssystem integriert und politisch indoktriniert, was sich in vorgegebenen fachfremden Ausbildungsinhalten niederschlug. Das Studium des „Marxismus-Leninismus" als herrschende Ideologie wurde allen Studenten in der ehemaligen DDR zur Pflicht gemacht. Dies führte zu einer zusätzlichen zeitlichen Belastung der Studenten außerhalb ihres eigentlichen Studienfaches. In den gesellschaftswissenschaftlichen Fachrichtungen, damit auch in den bibliothekarischen Studiengängen, wirkten außerdem die Prämissen sozialistischer Kultur- und Wissenschaftspolitik. Dennoch konnte das unmittelbar bibliothekarische Fachwissen auf einem den Ausbildungsstätten der früheren Bundesrepublik vergleichbaren Niveau gehalten werden.

In den 80er Jahren wurden die Ausbildungsinhalte zunehmend auf den Einsatz der elektronischen Datenverarbeitung im Bibliothekswesen eingestellt und schrittweise auch eine bescheidene Laborausstattung mit Personalcomputern an den Fachschulen erreicht, welche nun auch praktische Übungen ermöglichte. Da die Praktikumsbibliotheken noch nicht in jedem Fall eine vergleichbare Technik aufzuweisen hatten, wurde durch die Ausbildung an den Fachschulen ein gewisser Vorlauf geschaffen, der eine zeitliche Ausdehnung des Studiums ab Mitte der 80er Jahre um ein Semester auf insgesamt 5 Semester bei einer zeitlichen Reduzierung des berufsvorbereitenden Praktikums auf 1 Semester mit sich brachte.

Als eine Besonderheit im Bildungssystem der DDR galten die umfangreichen Fernstudienmöglichkeiten an Hoch- und Fachschulen. Auch in der Grundstudienrichtung Bibliothekswesen konnte der gleiche Studienabschluß als Bibliothekar auf dem Wege eines insgesamt 4-jährigen Fernstudiums erreicht werden. Diese Ausbildungsform ermöglichte den bereits in Bibliotheken tätigen Mitarbeitern, die in den meisten Fällen schon eine bibliothekarische Ausbildung auf der untersten Ebene als sogenannte „Bibliotheksfacharbeiter" durchlaufen hatten, die Qualifizierung zum Bibliothekar. Andererseits bestand auch für Bibliothekare mit einem Fachschulabschluß eine weitere Qualifizierungsmöglichkeit zum „Wissenschaftlichen Bibliothekar" mit Universitätsdiplom auf dem Wege eines Hochschulfernstudiums der Bibliothekswissenschaft an der Humboldt-Universität in Berlin. Auf diese Weise war in der DDR die Durchlässigkeit der verschiedenen Berufsebenen gesichert.

Über allen Bemühungen zur Weiterentwicklung des Ausbildungsprofils hing seit Mitte der achtziger Jahre die Hoch- und Fachschulpolitik der DDR wie ein Damoklesschwert! Mit der Absicht zur Korrektur einer seit Jahren verfehlten Hochschulpolitik, die sich lange Zeit von der Entwicklung der Fachhochschulen in der BRD seit Anfang der siebziger Jahre distanziert hatte, wurde nun versucht, mit der Einrichtung praxisorientierter Studiengänge an den Universitäten gleichzuziehen. Da diese Konzeption bei den Universitäten aus Furcht vor dem Massenbetrieb wenig Resonanz fand, ging diese Entwicklung nur sehr zögerlich voran. Dagegen bewegte sich die Umwandlung der Fachschulen in höhere Berufsschulen zur Ausbildung sog. „Techniker" bzw. „Wirtschaftler" für flexible Einsatzbereiche im unmittelbaren Anschluß an den Abschluß der Polytechnischen Oberschule (10. Klasse) mit großem Tempo auf das neue abgesenkte Profil. Obgleich die Fachschulstudiengänge des ingenieurtechnischen, ökonomischen und kulturellen Bereiches noch in keiner Weise im universitären Rahmen auf höherer Stufe „ersetzt" werden konnten, war die Zerschlagung der bisherigen bewährten Fachschulstufe voll in Gang.

In diesem Strudel befanden sich auch die bibliothekarischen Fachschulen in Berlin und Leipzig. Es drohte die Gefahr des gänzlichen Verschwindens der Ausbildung von Bibliothekaren; denn die aufgezeigte Entwicklung hätte kaum Abgrenzungen zur Ebene der Berufsausbildung von Bibliotheksfacharbeitern erlaubt. In gemeinsamen Aktionen der Fachschulen gegenüber ihren Trägerorganen und vor allem mit Unterstützung des Bibliotheksverbandes und seiner Fachkommission für Berufs- und Ausbildungsfragen, in der – wie eingangs erwähnt – Konrad Marwinski in besonders engagierter Weise mitwirkte, gelang es schließlich, diese Entwicklung zu stoppen mit der Option auf eventuelle Sonderregelungen durch Nachweis der speziellen beruflichen Anforderungen.

So befanden sich die bibliothekarischen Fachschulen zum gleichen Zeitpunkt, wie die innenpolitische Zuspitzung in der DDR immer mehr zunahm und auch das Klima an den Fachschulen belastete, in einem Rechtfertigungsdruck, der eine hektisch betriebene Anforderungsanalyse und Berufsbildarbeit auslöste. Daran beteiligten sich Vertreter beinahe aller Institutionen des Bibliothekswesens, allen voran der Bibliotheksverband, der die Interessen aller Bibliotheken zum Erhalt der Ausbildung bündelte. Durch die sich überschlagenden politischen Ereignisse seit dem Herbst 1989 wurde diese Arbeit nicht zu Ende geführt. Das Niveau der bibliothekarischen Ausbildung konnte jedoch – im Unterschied zu zahlreichen anderen Studiengängen an Fachschulen – gehalten werden; dadurch wurde die spätere Anerkennung und Eingliederung in die Berufsstruktur der Bundesrepublik Deutschland (BRD) nach der Wiedervereinigung sehr erleichtert.

3. Herausforderungen für Beruf und Ausbildung in der Zeit der politischen Wende

Nach der politischen Wende in den Jahren 1989/90 in der DDR und der danach möglich gewordenen Wiedervereinigung Deutschlands erwies sich auch im Bibliothekswesen eine Bestandsaufnahme als notwendig. Nach dem Beitritt der DDR zur BRD war zu klären, was einem kritischen Vergleich standhielt, was zu bewahren und was zu verändern war. Aus den grundlegend gewandelten politischen, rechtlichen und administrativen Verhältnissen erwuchsen umfangreiche Aufgaben für die Neuordnung des Bibliotheks- und Informationswesens in den fünf neuen Bundesländern auf dem Territorium der ehemaligen DDR einschließlich Berlin [Ost]. In kürzester Zeit mußte die Angleichung des Niveaus der Literatur- und Informationsversorgung für die neustrukturierte Forschung und Lehre sowie für die Umgestaltung der Wirtschaft bewältigt werden. Hinzu kamen enorme Anforderungen an die Bibliotheken durch die vielschichtigen Bildungs- und Umschulungsprozesse für breite Bevölkerungskreise beim Hineinwachsen in eine neue Gesellschaftsstruktur. Unter großem Zeit- und Anforderungsdruck mußten Bestände ausgetauscht und erneuert werden. Besonders den Wissenschaftlichen Bibliotheken kamen umfangreiche Förderprogramme der Bundesregierung zugute, die Mittelzuführung in Millionenhöhe für Literaturerwerbung und technische Ausstattungen sicherten.

Neben der notwendigen Klärung umfangreicher Sachfragen im Bibliothekswesen, für welche Bibliothekare in Ost und West schnell eine gemeinsame Sprache fanden, rückte die Kompatibilität der Berufs- und Ausbildungsstrukturen und die Äquivalenz der Berufsabschlüsse in den Mittelpunkt des Interesses. Davon hing nicht nur die rechtliche Stellung der Bibliothekare in den Bibliotheken der neuen Länder, sondern vor allen Dingen auch ihre Entlohnung nach dem in der BRD geltenden Tarifsystem ab. Auch die Wertigkeit und Einordnung der noch nach DDR-Recht auslaufenden Studiengänge an den Bibliotheksschulen mußte im Interesse der beruflichen Chancen der Absolventen geklärt werden. Zahlreiche einflussreiche Fachgremien, wie die Ständige Konferenz der Kultusminister der Länder, der Wissenschaftsrat und auch ad hoc gebildete Expertengremien auf Bund-Länder-Ebene haben diese komplizierten Prozesse, die noch dazu unter einem großen Zeitdruck standen, begleitet und bedeutende Empfehlungen als Grundlage des politischen Handelns erarbeitet.

Auf den Gebieten Beruf und Ausbildung konnte im Ergebnis umfangreicher Analysen und Vergleiche trotz notwendiger kritischer Distanz zur institutionellen Einbindung und funktionellen Zweckbestimmung der Bibliotheken im sozialistischen Gesellschaftssystem das Fazit gezogen werden, daß sich in der DDR ein in der deutschen Ausbildungstradition stehendes Berufs- und Ausbildungsgefüge im wesentlichen erhalten hatte. Dies erleichterte die Integration im Prozeß der sofort eingeleiteten inhaltlichen Erneuerung der Ausbildung sowie die Anpassung an die Berufsstrukturen der alten Bundesländer durch Gleichstellung und Anerkennung der in der DDR erworbenen bibliothekarischen Berufsabschlüsse.

Die laufende bibliothekarische Ausbildung an den Fachschulen in Leipzig und Berlin wurde schrittweise in den Fachhochschulstatus überführt und für die im Studium befindlichen Studenten Prüfungsabschlüsse als „Diplom-Bibliothekare (FH)" gewährleistet. – Den in den Bibliotheken tätigen Bibliothekaren mit mindestens dreijähriger Berufserfahrung wurde im individuellen Antragsverfahren die Gleichwertigkeit ihres Studienabschlusses bescheinigt und das Fachhochschuldiplom nachträglich zuerkannt. Für Bibliothekare mit noch geringerer Berufspraxis wurde die Möglichkeit eines einjährigen Zusatzstudiums auf Fernstudienbasis eröffnet, dessen erfolgreicher Abschluß zum „Diplom-Bibliothekar (FH)" qualifizierte. Außerdem wurden für alle in Bibliotheken tätigen Mitarbeiter mit Unterstützung der Berufskollegen in den alten Bundesländern umfangreiche Fortbildungsveranstaltungen durchgeführt. Das ermöglichte den Bibliothekaren in den neuen Ländern, sich relativ schnell auf neue rechtliche Verhältnisse und veränderte Verwaltungsstrukturen einzustellen und sich im

Bibliotheks- und Informationswesen der BRD zurechtzufinden. Durch zahlreiche Kontakte zwischen den Bibliothekaren in Ost und West, nicht zuletzt durch die gemeinsame Arbeit in fachlichen Gremien, gelang es, den Prozeß der Wiedervereinigung im Bibliothekswesen auf der personellen und fachlichen Ebene in kurzer Zeit zu vollziehen.

Die mit der Ausbildung betrauten Lehrkräfte an den bibliothekarischen Ausbildungs- stätten in Berlin und Leipzig haben sich den Herausforderungen der gesellschaftlichen Ver- änderungen in kritischer Auseinandersetzung gestellt. Neben der inhaltlichen Revidierung von Studieninhalten und der Befreiung von ideologischem Ballast wurde für eine konsequente inhaltliche Erneuerung der laufenden Ausbildung Sorge getragen. Parallel zur kritischen Bestandsaufnahme und Entideologisierung wurde an den Ausbildungseinrichtungen eine umfangreiche konzeptionelle Arbeit zur Neustrukturierung der Ausbildung, orientiert an der Ausbildungspraxis führender Fachhochschulen der Bundesrepublik, aber auch unter Berücksichtigung eigener Erfahrungen, geleistet.

Sehr viel schwieriger und langwieriger als die konzeptionelle Vorbereitung der Reform der bibliothekarischen Ausbildung im Fachhochschulstatus erwies sich die Etablierung ent- sprechender Studiengänge an den im Neuaufbau befindlichen Fachhochschulen der neuen Länder, handelte es sich doch um einen Hochschultyp, den es in dieser Form in der DDR nicht gegeben hatte.

Dies ist zuerst gelungen im Freistaat Sachsen. An der neugegründeten Hochschule für Technik, Wirtschaft und Kultur Leipzig (FH) konnten in einem Fachbereich „Buch und Museum" Diplomstudiengänge für Bibliothekare an Wissenschaftlichen und Öffentlichen Bibliotheken in unmittelbarer Nähe zur Ausbildung von „Buchhandelswirten" und „Museo- logen" angesiedelt werden. Damit wurde die Ausbildungstradition der Buchstadt Leipzig auf neue Weise belebt und weiterentwickelt.

Im Land Brandenburg wurden an der neugegründeten Fachhochschule in Potsdam Studien- gänge für Archivwesen, Bibliotheks- und Dokumentationswesen in einem gemeinsamen Fachbereich eingerichtet. Durch eine enge Verflechtung dieser drei Fachrichtungen in einem gemeinsamen Grundstudium und nachfolgendem Hauptstudium in einer gewählten Fachrichtung, welches wiederum mit einer der beiden anderen Disziplinen im Nebenfach gekoppelt wird, soll ein Höchstmaß an Flexibilität und Mobilität der Absolventen in den verwandten Praxisbereichen, die sich in bestimmten Arbeitsbereichen, z.B. der freien Wirt- schaft, teilweise überlagern, erreicht werden.

Die Ostberliner Ausbildungstradition für Bibliothekare an Wissenschaftlichen Biblio- theken sowie für Dokumentare konnte in der wiedervereinigten Stadt Berlin, welche zugleich ein selbständiges Bundesland bildet, leider nicht bewahrt werden. Unter den Bedingungen einer 40 Jahre lang geteilten Stadt hatten sich parallele Einrichtungen in beiden Teilen her- ausgebildet, so auch für die bibliothekarische Ausbildung. Studiengänge für Diplom- bibliothekare bestanden im Westteil der Stadt, wie bereits erwähnt, an der Freien Universität. Zum Zeitpunkt der Wiedervereinigung lag es nicht in der politischen Willensbildung, Res- sourcen der Ostberliner Ausbildungsstätte zu integrieren. Die fachliche Akzeptanz dieser Ausbildung wurde zwar durch die Berliner Bibliotheken und Fachgremien mehrfach bekundet. Sie konnte den bereits im Dezember 1990 gefaßten Auflösungsbeschluß jedoch nicht stoppen, bewirkte aber immerhin die Zuerkennung des Fachhochschulstatus für die bis 1993 auslaufenden Studiengänge, wodurch den Studierenden die Möglichkeit des Erwerbs des Fachhochschuldiploms auf der Grundlage der geltenden (West-)Berliner Prü- fungsordnung eingeräumt wurde. Mit der Verabschiedung der letzten Matrikel im August 1993 wurde ein Kapitel Berliner Ausbildungsgeschichte der im Jahre 1954 gegründeten

Fachschule für Bibliothekare, seit 1971 Fachschule für wissenschaftliche Information und wissenschaftliches Bibliothekswesen, beendet.

In einer späteren Phase wurde ein Beschluß der Berliner Landesregierung wirksam, der eine Fusion der Institute an der Humboldt-Universität und der Freien Universität vorsah. Vom Studienjahr 1994/95 an wurden die Fachhochschulstudiengänge für Bibliothekare aus dem Fachbereich des Instituts für Kommunikationswissenschaft der Freien Universität herausgelöst und in das Institut für Bibliothekswissenschaft der Humboldt-Universität integriert, welches – einzig in Deutschland – universitäre Studiengänge der Bibliothekswissenschaft im Haupt- und Nebenfach mit Magisterabschluß anbietet. Mit der vollzogenen Fusion wurde im Land Berlin zunächst eine Konzentration unterschiedlicher Studiengänge im Fachhochschul- und universitären Status unter einem Dach in enger Verbindung mit der bibliothekswissenschaftlichen Forschung verwirklicht – wie sich schon bald zeigen sollte – eine problematische Entscheidung: Bereits 1996 beschloß die Humboldt-Universität, die ihr fremden FH-ähnlichen Studiengänge auslaufen zu lassen und sie sodann zu schließen; 1999 werden die letzten Absolventen dieser Studiengänge die Universität verlassen. Diese Entscheidung mag für Berlin bedauerlich sein, kann jedoch angesichts der Lage des Arbeitsmarkts für Bibliothekare gerechtfertigt erscheinen. Im übrigen hat die in Berlin geschlossene Ausbildung zum Diplom-Bibliothekar [ÖB und WB] an der neuen Fachhochschule im nahe gelegenen Potsdam gewissermaßen eine modernisierte Fortsetzung gefunden; davon war weiter oben schon die Rede.

4. Entwicklungstrends der bibliothekarischen Ausbildung im wiedervereinigten Deutschland

Die nach der Wiedervereinigung in den neuen Bundesländern eingeleitete Bildungsreform führte nicht nur zu tiefgreifenden Einschnitten im Schulsystem, sondern auch zu einer Neustrukturierung des Hochschulwesens nach dem Muster der alten Bundesrepublik. Damit verbunden war der Neuaufbau von Fachhochschulen, teils aus ehemaligen Fachschulen, aber auch durch Umwandlung von Technischen und Ökonomischen Hochschulen. In dieser Gründungsphase von mehr als 20 Fachhochschulen in den neuen Bundesländern hat der Wissenschaftsrat in Auswertung internationaler Erfahrungen und unter Berücksichtigung von Entwicklungstrends in der Europäischen Gemeinschaft, aber auch bisheriger erfolgreicher Entwicklung dieses Hochschultyps in der BRD, mehrere Empfehlungen verabschiedet, welche die Grundlinien der Entwicklung der Fachhochschulen bis zum Jahr 2000 vorzeichnen und den Typus einer praxisorientierten Hochschule in enger Verbindung mit praxisnaher Forschung favorisieren. Auf diesen Grundlagen werden Fachhochschulen als zweite Säule des Hochschulwesens der BRD weiterentwickelt. Die Empfehlungen des Wissenschaftsrates sind nicht nur als Orientierung für deren Aufbau in den neuen Bundesländern, sondern zugleich als Reformansatz für das Studium an den Fachhochschulen der alten Länder zu werten.

Daraus ergeben sich im einzelnen folgende Vorgaben:

– Dauer des Fachhochschulstudiums:
Regelstudienzeit von maximal 8 Semestern unter Wahrung von 6 theoretischen Studiensemestern und in das Studium integrierten Praktikumszeiten im Umfang von 1 bis 2 Semestern (danach verlängert sich die Regelstudienzeit von bisher 3 auf künftig 3½ bzw. 4 Jahre – je nach geforderten Praktika),

- Struktur des Studiums an den Fachhochschulen:
  in Anlehnung an universitäre Studiengänge Gliederung in Grund- und Hauptstudium mit
  Pflicht- und Wahlpflichtfächern in beiden Teilen sowie fakultativen Studienangeboten
  zur selbstbestimmten Vertiefung bis Spezialisierung,
- gestaffelte Prüfungsabschnitte nach dem Grundstudium (Vordiplomprüfung) und nach
  dem Hauptstudium (Diplomprüfung inkl. Diplomarbeit),
- breite berufszielorientierte Grundlagenausbildung zur Sicherung von Flexibilität und
  Mobilität der Absolventen,
- gemeinsame Grundstudieninhalte für verwandte Studienrichtungen und Einsatzgebiete,
- neben fachlichen Spezialgebieten auch Einbeziehung relevanter allgemeinwissenschaft-
  licher Fächer, einschließlich Fremdsprachen,
- Orientierung der Lehrinhalte auf gemeinsame Belange im europäischen Rahmen, Ermög-
  lichung und Anrechnung von Auslandspraktika auf die Studienzeit,
- besondere Akzentuierung des Praxisbezugs in allen Lehrfächern, Orientierung der Stu-
  dieninhalte nicht primär am wissenschaftlichen Selbstverständnis der Disziplin, sondern
  an den Erfordernissen des Einsatzbereiches und den daraus erwachsenden Berufs- und
  Ausbildungszielen,
- Bevorzugung einer von beamtenrechtlichen Regeln freien Ausbildung in Studiengängen
  mit Berufszielgruppen des öffentlichen Dienstes.

Letzteres hat besondere Relevanz für die Ausbildung von Bibliothekaren für Wissenschaftliche Bibliotheken, die sich bisher fast ausschließlich im internen Status von Beamten-
anwärtern vollzog, eng gebunden an beamtenrechtliche Regelungen, die nicht immer mit
dem aktuellen Ausbildungserfordernis Schritt halten können und notwendige Reformen
eher verzögern. Die Bundesländer Niedersachsen, Baden-Württemberg und Nordrhein-
Westfalen haben im Rahmen erfolgreicher Studienreformen an der FH Hannover, der
Hochschule für Bibliotheks- und Informationswesen in Stuttgart bzw. der FH Köln die
Umwandlung in freie Studiengänge zugunsten größerer Flexibilität und Innovationsfähigkeit
der Absolventen vollzogen. Gleichzeitig wurde jedoch beim jeweiligen Land die Anerkennung des Studienabschlusses für eine Beamtenlaufbahn in Wissenschaftlichen Bibliotheken
erreicht. Die Aufgabe der Beamtenanwartschaft während der Ausbildung ermöglichte
zugleich die stärkere Verflechtung von Studiengängen für Wissenschaftliche und Öffentliche
Bibliotheken sowie Dokumentationseinrichtungen bis zu gemeinsamen Grundstudienabschnitten entsprechend den Empfehlungen des Wissenschaftsrates. Die Ausdehnung des
Zeitrahmens der Regelstudienzeit auf sieben bis acht Semester bietet umfangreichere Möglichkeiten für die Durchführung und Bearbeitung praxisorientierter Projekte durch die
Studierenden sowie einen höheren Qualitätsanspruch für die Diplomarbeit.

Mit einem Wandel des bibliothekarischen Berufsbildes hin zum Informationsspezialisten
im Zusammenwirken mit allen an der Kommunikation und Information beteiligten Berufen
geht auch die Entwicklung neuer Studiengänge für verwandte Einsatzbereiche an den
bibliothekarischen Fachhochschulen einher. Die neuen Studiengänge bereichern die klassische bibliothekarische Ausbildung, mindestens im wahlobligatorischen Teil und eröffnen
auch alternative Einsatzfelder für die Absolventen.

So wurde an der FH Hamburg ein neuer Studiengang „Mediendokumentation", an der
FH Hannover „Technische Redaktion" und an der FH Köln „Informationswirtschaft" eingeführt. Wie bereits erwähnt, wurden in den neuen Bundesländern bibliothekarische Studiengänge in Verbindung mit Studiengängen für Dokumentation und Archivwesen (Potsdam)
bzw. Buchhandel und Museumswesen (Leipzig) in gleichen Fachbereichen angesiedelt und

damit der wechselseitige Austausch von Lehrinhalten erleichtert. Auch die Zusammenführung bisher getrennter Studiengänge für Bibliothekare an Öffentlichen und an Wissenschaftlichen Bibliotheken, mindestens in gemeinsamen Grundstudienabschnitten, liegt im Trend (FH Stuttgart, HTWK Leipzig, FH Hamburg).

An der Fachhochschule Köln wurde als Ergebnis der jüngsten Studienreform zugunsten eines einheitlichen Studiengangs auf die Spartentrennung ÖB und WB gänzlich verzichtet. Dagegen wird eine wahlweise Vertiefung für bestimmte Tätigkeitsfelder ermöglicht; hierfür stehen im Hauptstudium fünf Schwerpunktfächer zur Auswahl: Auskunftsdienst und Informationsvermittlung, Informationstechnik in Bibliotheken, Bibliotheksmanagement, Erschließung und Information Retrieval, Medien und Kommunikation.

Ein sich wandelndes Berufsverständnis des Bibliothekars im Zusammenhang mit „Information Service" und „Information Management" unter den technischen Voraussetzungen einer digitalen Welt erfordert eine grundlegende Revision der „klassischen" Ausbildungsinhalte. Ein Anforderungskatalog mit gesichertem Detailwissen wird angesichts der rasanten Entwicklungen der Informations- und Kommunikationstechnik sowie der damit verbundenen Veränderung ihrer Wirkungsmöglichkeiten immer weniger prognostizierbar. Hinzu kommt, daß sich die Tätigkeitsfelder im gesamten Medien- und Informationsbereich einander stärker annähern.

Die gegenwärtige Berufs- und Ausbildungsdiskussion zielt daher auf die Notwendigkeit des Erwerbs von Schlüsselqualifikationen für die hauptsächlichen Handlungsfelder, gepaart mit dafür jeweils erforderlichen Kompetenzen in methodisch-fachlicher, sozialer, kultureller, betriebswirtschaftlicher und technologischer Ausrichtung bis hin zu wissenschaftlicher Kompetenz für einzelne Fachdisziplinen. Diese gemeinsamen, berufsübergreifenden Qualifikationen bestimmen zunehmend das Anforderungsbild an Bibliothekare in den verschiedenen Bibliothekstypen, aber auch in beruflichen Einsatzfeldern verwandter Einrichtungen des Informations- und Medienbereichs.

Von diesen Prämissen geht das von einer Arbeitsgruppe der BDB im Jahre 1998 erarbeitete Berufsbild mit dem in die Zukunft weisenden Titel „Berufsbild 2000: Bibliotheken und Bibliothekare im Wandel" aus. Dort wird für alle Qualifikationsebenen erstmals eine gemeinsame Basis geschaffen, die nicht institutionell differenziert wird, sondern funktionell auf Handlungsfelder und Arbeitsinhalte orientiert, die in allen Bibliothekstypen und auch in anderen Einrichtungen der Informationsbranche notwendig erscheinen. Ein solches Berufsverständnis bietet eine gute Grundlage für strukturelle und inhaltliche Reformen der Ausbildung auf allen Berufsebenen; an den Fachhochschulen werden sie seit einigen Jahren intensiv umgesetzt, haben aber auch auf den anderen Qualifikationsebenen bereits zu neuen Entwicklungen geführt.

In der Tendenz berufsübergreifender gemeinsamer Qualifikationen liegt auch die jüngst zum Abschluß gebrachte Neuordnung der bisherigen Assistenten-Ausbildung. Seit dem Ausbildungsjahr 1998/99 gibt es auf dieser Ebene eine gemeinsame Berufsausbildung für den Gesamtbereich von Archiven, Dokumentationsstellen, Bildagenturen und Bibliotheken, die Ausbildung zum „Fachangestellten für Medien- und Informationsdienste".

Auch für den „Höheren Dienst" werden Entwicklungen außerhalb der traditionellen Referendarausbildung sichtbar. In einem Projekt an der Humboldt-Universität zu Berlin werden mit dem Angebot eines postgradualen bibliothekswissenschaftlichen Zusatzstudiums auf Fernstudienbasis gänzlich neue Wege beschritten. Auch an der Fachhochschule Köln befindet sich ein postgraduales Zusatzstudium für wissenschaftliche Mitarbeiter im Bibliotheks- und Informationsbereich in der Diskussion.

Es bleibt festzustellen, daß es kaum je einen Auf- und Umbruch in den bibliothekarischen Aufgaben und Qualifikationsanforderungen in solchen Dimensionen gegeben hat wie im letzten Jahrzehnt – u. a. auch als Folge der Vereinigung Deutschlands. Umfangreiche Reformen der Ausbildung auf allen Ebenen sind eingeleitet; ihre Effizienz wird sich allerdings noch erweisen müssen.

Literaturhinweise:

Berufsbild 2000 : Bibliotheken u. Bibliothekare im Wandel / Bundesvereinigung Deutscher Bibliotheksverbände. – Berlin : BDB, 1998. – 62 S.

Bibliothekarische Aus- und Fortbildung. – In: Bibliotheken 93: Strukturen, Aufgaben, Positionen / Bundesvereinigung Deutscher Bibliotheksverbände. – Berlin: DBI, 1994. – S. 154-158

Gaus, Wilhelm: Berufe im Archiv-, Bibliotheks-, Informations- und Dokumentationswesen: e. Wegweiser zur Ausbildung. – Berlin [u. a.], 1998. – 329 S.

Gödert, Winfried: Ausbildung im Wandel : Zusatzstudium für wiss. Mitarbeiterinnen u. Mitarbeiter im Bibliotheks- u. Informationsbereich. – In: Pro Libris (1998) 3, S. 184-186

Holste-Flinspach, Karin: Fachangestellte für Medien- und Informationsdienste : e. neuer Beruf für d. gesamten Informationssektor u. seine Vorgeschichte aus bibliothekar. Sicht. – In: Bibliothek : Forschung u. Praxis, 22 (1998)3, S. 313-324

Plassmann, Engelbert: Entwicklungen in der bibliothekarischen Ausbildung : Gedanken in e. Zeit d. Wandels. – In: Bibliothek als Lebenselixier : Festschrift für Gottfried Rost ; zum 65. Geburtstag / hrsg. von Johannes Jacobi u. Erika Tröger. – Leipzig ; Frankfurt a.M. ; Berlin : Dt. Bibliothek, 1996, S. 155-166

Werner, Rosemarie: Aus der Arbeit der Bund-Länder-Arbeitsgruppe Bibliothekswesen : Arbeitsgruppe 2 Personalfragen: Bibliotheksfachliche Stellungnahme zur Gleichstellung von bibliothekarischen und dokumentarischen Berufsabschlüssen aus der ehemaligen DDR und zur Äquivalenz von Berufsbezeichnungen. – In: Bibliotheksdienst 25 (1991)5, S. 698-701

Werner, Rosemarie: Ausbildung: bibliothekar. u. dokumentar. Ausbildung in d. neuen Bundesländern. – In: Wissenschaftliche Bibliotheken im vereinten Deutschland / 81. Deutscher Bibliothekartag in Kassel 1991 / hrsg. von Engelbert Plassmann, Hildegard Müller, Werner Tussing. – Frankfurt a.M. : Klostermann, 1992. (ZfBB: Sh. ; 54), S. 279-292 ; Werner, Rosemarie: Berufs- und Ausbildungssituation in den neuen Bundesländern. – In: Bibliotheksdienst 26(1992)10, S. 1525-1534

Zur Entwicklung einzelner Ausbildungsstätten:
Bibliothekarische Ausbildung in Bayern [Themenheft]. – In: Bibliotheksforum Bayern 23 (1995), S. 119-298

Bibliothekarisches Studium in Vergangenheit und Gegenwart : Festschrift aus Anl. d. 80jähr. Bestehens d. bibliothekar. Ausbildung in Leipzig im Okt. 1994 / hrsg. von Engelbert Plassmann u. Dietmar Kummer. – Frankfurt a.M. : Klostermann, 1995. – VI, 292 S. – (ZfBB : Sh. ; 62)

Bischoff-Kümmel, Gudrun: Bibliothekarische Ausbildung in Hamburg 1945 – 1995 : e. Überblick / Gudrun Bischoff-Kümmel u. Ingeborg Fiebig. – In: Biblionota : 50 Jahre bibliothekarische Ausbildung in Hamburg – 25 Jahre Fachbereich Bibliothek u. Information / hrsg. vom Fachbereich Bibliothek und Information der Fachhochschule Hamburg. – Münster ; New York, 1995, S. 10-32

Klompen, Wilma: Das Bibliothekar-Lehrinstitut des Landes Nordrhein-Westfalen in Köln von 1974 bis 1981. – In: Buch und Bibliothekswissenschaft im Informationszeitalter : internat. Festschrift für Paul Kaegbein zum 65. Geb. / hrsg. von Engelbert Plassmann, Wolfgang Schmitz, Peter Vodosek, München [u. a.] : Saur, 1990. – S. 45-58

Schmidt, Siegfried: 75 Jahre bibliothekarische Ausbildung in Bonn : Teil 1: Mindestalter achtzehn und Primanerzeugnis. – Teil 2: Eine der kleinsten Fachhochschulen der Welt. – In: KÖB : Die kath. Öffentl. Bücherei (1996)2, S. 1-13 und (1996)3, S. 1-14

Universitäre Ausbildung gesichert : Studium am Institut für Bibliothekswissenschaft der Humboldt-Universität zu Berlin / Wolfgang Jänsch, Engelbert Plassmann, Konrad Umlauf, Walther Umstätter. – In: Buch und Bibliothek 50 (1998), S. 512-515

Vodosek, Peter: Chronik der Fachhochschule für Bibliothekswesen Stuttgart. – In: Bibliothek, Kultur, Information : Beiträge e. internat. Kongresses anläßl. d. 50jähr. Bestehens d. Fachhochschule für Bibliothekswesen Stuttgart vom 20. bis 22. Okt. 1992 / hrsg. von Peter Vodosek in Zus.-Arb. mit Askan Blum, Wolfram Henning u. Hellmut Vogler. – München [u. a.] : Saur, 1993, S. 309-360

Weitere detaillierte Belege für die Entwicklung der bibliothekarischen Ausbildungsstätten in dem Zeitraum von 1971 bis 1990 (sowie vorher und nachher) finden sich in den von den Einrichtungen selbst veröffentlichten Vorlesungsverzeichnissen und Jahresberichten, zusammenfassende Angaben im jeweiligen Abschnitt „Bibliothekarische Ausbildungsstätten" im Jahrbuch der Deutschen Bibliotheken und im Jahrbuch der Öffentlichen Bibliotheken einschließlich seines Vorläufers, des Handbuches der Öffentlichen Bibliotheken. Präzise Einzelangaben enthalten ferner die von Herbert Buck jeweils im Abstand einiger Jahre in der Zeitschrift „Nachrichten für Dokumentation" veröffentlichten Übersichten Ausbildungs- und Studiengänge im Bereich Bibliothek – Information und Dokumentation – Archiv, zuletzt 10. Aufl., in NfD 49(1998), S. 101-110.

BIBLIOTHEKEN UND IHRE ENTWICKLUNG

Ekkehard Henschke

Bibliotheksbau und Bestandserhaltung: Das Beispiel der Universitätsbibliothek Leipzig[1]

1. Das Problem

Große alte Bibliotheken haben meist auch eine aufregende Geschichte. Dies gilt sowohl für ihre Bestände – wie sie in die Bibliotheken gekommen sind und wie sie z.T. wieder verloren gegangen sind – als auch für die Gebäude, in denen die Bücher, die Zeitschriften, die Sondersammlungen untergebracht wurden. Über die Geschichte der großen alten Universitätsbibliotheken, zu denen neben denen in Heidelberg und Leipzig als den ältesten auch die in Jena gehört, ist in der Vergangenheit viel geschrieben worden. Dagegen gibt es relativ wenig Schrifttum, das sich mit dem Thema „Bibliotheksbau und Bestandserhaltung" befaßt. Nach der deutschen Vereinigung von 1990, als die Situation der Bibliotheken der neuen Bundesländer begutachtet wurde, rückte dieses Thema etwas in den Vordergrund. Der schlechte Erhaltungszustand der Bibliotheksgebäude, die mehr oder weniger vollständig den Zweiten Weltkrieg überstanden hatten, veranlaßte sowohl die Planung von Baumaßnahmen als auch die Planung von Maßnahmen für die Bestandserhaltung. Mehrere Veranstaltungen,[2] darunter eine kleine Fachtagung, die im Frühjahr 1994 mit internationaler Beteiligung an der Universitätsbibliothek Leipzig stattfand, dienten der Ermittlung von Fakten. Dabei zeigte es sich, daß insbesondere in den alten wissenschaftlichen Bibliotheken der neuen Bundesländer starke Bestandsschäden u. a. durch Schimmelbefall nachgewiesen wurden, die auf kriegsbedingte Auslagerungen bzw. jahrzehntelange Unterbringung in schlecht oder gar nicht klimatisierten Räumen zurückzuführen waren. Das Problem des Papierzerfalls von Materialien, das die Bibliothekare der alten Bundesländer seit längerem zunehmend beschäftigt hatte, trat hinter das Problem der Schimmelschäden in den neuen Ländern zunächst zurück.

Zu den Bibliotheken, die in den vergangenen Jahrzehnten besonders gelitten hatten, gehörte die Universitätsbibliothek Leipzig. Einige Aspekte dieser Leidensgeschichte sollen im Folgenden dargestellt werden. Es ist leider Tatsache, daß das Leipziger Beispiel keineswegs der einzige Fall von Gebäudeverfall und gleichzeitiger Schädigung der Bestände war.[3] Das Gebäude aus dem Jahre 1891 hatte bis zu Beginn der 1940er Jahre die Bestände aufgenommen, die dann in Folge der Kriegshandlungen in die nähere Umgebung Leipzigs ausgelagert worden waren. 1943 und 1945 war das Hauptgebäude der Universitätsbibliothek, die Bibliotheca Albertina, zu zwei Dritteln zerstört worden. Die Bestandsverluste infolge Kriegseinwirkungen und Abtransport in die UdSSR sind mit rund 3 % als relativ gering einzustufen gewesen. Die ausgelagerten Bestände waren z.T. unter sehr schlechten Bedingungen ausgelagert worden, z.B. in den „Katakomben" des Völkerschlachtsdenkmals zu

---

[1] Der Verfasser dankt seiner Kollegin Claudia-Leonore Täschner für ihre Hinweise als Baureferentin.
[2] Vgl. zuletzt „Wettlauf mit der Zeit". Bestandserhaltung in wissenschaftlichen Bibliotheken. Berlin 1998, S. 51 ff. mit Beiträgen über die Situation in den alten und neuen Bundesländern.
[3] Ekkehard Henschke: Die kulturelle Zeitbombe tickt. Sorgen um ostdeutsche Bibliotheksbestände. – In: Forschung und Lehre 7(1994), S. 287-288.

Leipzig und im Kalibergwerk Plömnitz bei Bernburg. Die hohe Luftfeuchtigkeit sowie die Stapelung der Bände auf dem Boden, die die notwendige natürliche Luftzirkulation verhinderte, begünstigten den Schimmelbefall. Aber auch nach der Aufbringung von Notdächern und einem bescheidenen Teilwiederaufbau von einigen Gebäudeteilen bis 1955, in die ein Großteil der Bestände zurückgeführt wurde und in denen „normaler" Bibliotheksbetrieb gefahren werden konnte, blieben die Probleme der Feuchtigkeit und der Temperaturschwankungen. Daneben machten den Bibliothekaren und ihren Beständen die Verunreinigung und die gesundheitliche Gefährdung, die von der weitverbreiteten Taubenzeckenplage ausging, zu schaffen. Ein Teil der Bestände hatte es besser, da er von 1983 bis 1995 in den Magazintürmen der Deutschen Bücherei Leipzig untergebracht und danach in ein angemietetes Außenmagazin der Universitätsbibliothek verlagert werden konnte. Der Wiederaufbau der Bibliotheca Albertina wurde in der DDR-Zeit mehrfach geplant, fiel dann aber dem Rotstift zum Opfer.[4]

Er wurde erst durch die politische Wende von 1989/90 möglich: Noch in der Endphase der DDR wurden durch private Spenden und vor allem durch die Zuweisung des DDR-Ministerrates vom 15.3.1990 in Höhe von 45 Millionen Mark (aus dem Vermögen der SED) die Planungsmittel für den Wiederaufbau zur Verfügung gestellt. Nach den umfangreichen Planungsarbeiten eines in Hannover und Leipzig tätigen Architektenbüros konnten zunächst seit 1992 die Bausubstanzsicherungsarbeiten und anschließend die Arbeiten für den Wiederaufbau begonnen werden.

In drei Bauabschnitten wird das Bibliotheksgebäude bis 2002 sowohl wieder aufgebaut als auch – dort wo es erhalten geblieben ist – saniert und modernisiert sowie durch die Bebauung der beiden überdachten Innenhöfe erweitert. Dies geschieht, während die bibliothekarische Arbeit weiterläuft. Ziel ist ein funktionales Bibliotheksgebäude unter weitgehender Berücksichtigung der Auflagen des Denkmalschutzes. Als Gebrauchsbibliothek soll die Bibliotheca Albertina im Endausbau eine Kapazität für rund 3,6 Millionen Bände, davon 440.000 Bände in systematischer Freihandaufstellung, und 700 Benutzerplätze aufweisen.

Die baulichen Aktivitäten führten zunächst zur Wiedererrichtung der fehlenden Obergeschosse in den Bauteilen Ost-Innen und West-Innen sowie der Trennwand zwischen Treppenhalle und altem zerstörten Lesesaal. Damit waren die Voraussetzungen geschaffen für die Überdachung der Treppenhalle im März 1993. Diese hatte seit 1945 im Freien gelegen. Im Februar 1996 wurden das zusätzliche Untergeschoß und das Kellergeschoß des Ostflügels zur Vorab-Inbetriebnahme für Magazinbestände übergeben, damit in dem angrenzenden Nordostteil Baufreiheit geschaffen werden konnte. Bis zur Fertigstellung des Rohbaus im Sommer 1997 konnten im Magazin des Kellergeschosses die vorgegebenen Klimate, insbesondere bei den Temperaturen, nicht erreicht werden, da die Baustelle ab dem Erdgeschoß noch offen war.

Der ganze Ostflügel wurde im Oktober 1998 in die allgemeine Benutzung genommen. Mit seiner Inbetriebnahme wurde bereits rund ein Drittel der Kapazität in Anspruch genommen. Zu den Dienststellen, die bereits jetzt am endgültigen Standort sind, gehören neben den Sondersammlungen die Orts- und Fernleihe sowie die Restaurierungswerkstatt und die Buchbinderwerkstatt.

In den noch bis Ende August 1998 genutzten Magazinen, im Mitteltrakt und in dem erhalten gebliebenen, jedoch sanierungsbedürftigen Westflügel gab bzw. gibt es problema-

---

4 Claudia Täschner, Ekkehard Henschke: Der äußere und innere Wiederaufbau der Universitätsbibliothek Leipzig. – In: ABI-Technik 13(1993) 2, S. 87-89.

tische klimatische Bedingungen. So ist beispielsweise das Dachgeschoß ohne Heizung, und die sogenannten Rundgangsmagazine (Bestandteil des 2. Bauabschnittes) wurden nur durch eine Basisheizung versorgt. Die Heizkörper in den erhalten gebliebenen Gebäudeteilen waren bis 1990 von einem eigenen Braunkohleheizwerk in dem Gebäude versorgt worden – mit all den Problemen wie Schmutz , Ruß und Rauch, die bei schlechtem Wetter weit in das Gebäude mit den Dienstzimmern gelangten. Erst 1991 gelang der Anschluß an die Fernwärme, der bereits 1967 beantragt worden war.

2. Einige Fakten

Die Zahl der durch säurehaltiges Papier, Schimmel- oder Schädlingsbefall geschädigten Bestände der Universitätsbibliothek wurde Anfang der 1990er Jahre auf rund 700.000 Bände geschätzt, eine riesige und nicht zu bewältigende Menge für eine Restaurierung ohne zusätzliches Personal. Stichproben ergaben, daß etwa 70.000 Bände so stark kontaminiert, in der Regel derart von Schimmelpilzen befallen waren, daß sie unbedingt behandelt werden mußten.

Seit 1994 wird an mindestens drei wichtigen Magazinpunkten wöchentlich die Temperatur und Luftfeuchtigkeit gemessen. Damit konnten gesicherte Aussagen über die Klimaschwankungen in den Magazintrakten gemacht werden, die im Wesentlichen die Messungen der 1980er Jahre bestätigten, allerdings ohne daß darauf sofort im Interesse der Bestände reagiert werden konnte. So wurden im Wintermonat Dezember 1994[5] im heizungslosen Dachgeschoß (Bibelboden) mindestens +8° C bei 57 % Luftfeuchtigkeit (LF) und höchstens 11° C bei 66 % LF gemessen; in dem Rundgang mit Basisheizung waren es mindestens 17° C bei 40 % LF und maximal 18° C bei 42 % LF. Bis Dezember 1998,[6] als im Dachgeschoß mindestens 3° C bei 65 % LF und maximal 7° C bei 68 % LF und im Rundgang mindestens 15° C bei 40 % und maximal 16° C bei 39 % LF gemessen wurden, haben sich die winterlichen Klimaschwankungen in den beiden Magazintrakten nicht wesentlich verändert. Im Sommer-Monat Juli 1995[7] wiesen der Dachboden mindestens 20° C bei 45 % LF und maximal 29° C bei 44 % LF und der Rundgang mindestens 21° C bei 50 % LF und maximal 26° C bei 50 % LF auf. Im Juli 1998 lagen die Werte in ihren Schwankungen ganz ähnlich: Bei einem Außenklima von mindestens 15° C bei 78 % LF und höchstens 21° C bei 70 % LF wiesen der Dachboden zwischen 18° C bei 67 % LF und 24° C bei 50 % LF auf, während der Rundgang zwischen 20° C bei 52 % LF und 25° C bei 48 % LF lag.

Ein Luftaustausch fand nur dann in geringem Umfang statt, wenn Magazinmitarbeiter „mal" – sofern möglich – die Fenster aufmachten. Ansonsten gab es nur Luftbewegungen bei Benutzung der Bücher seit 1983 und bei Bestandsumlagerungen seit Februar 1996. Die Bestände auf dem Dachboden waren also großen Temperatur- und Feuchtigkeitsschwankungen unterworfen. Hier fanden sich viele schon äußerlich sichtbare Schimmelbände. Die Situation im Rundgang war nach Wiederinbetriebnahme der Basisheizung 1991 dagegen längst nicht so prekär. Dennoch gab es hier wie in anderen Magazintrakten äußerlich sichtbare Schimmelbände.

Die Messungen, die seit dem Bezug (1996) im neuen klimatisierten Kellergeschoß vorgenommen wurden, spiegelten bis 1997 exakt das Problem mit der fehlenden Isolation nach

---

[5]   Außentemperaturen zwischen -2° C und +9° C; alle Messungen zwischen 7 und 8 Uhr morgens.

[6]   Außentemperaturen zwischen 0°C bei 38% LF und 4° bei 86% LF; alle Messungen zwischen 7 und 9 Uhr.

[7]   Außentemperaturen zwischen 14° C und 20° C; alle Messungen zwischen 7 und 9 Uhr.

„oben" wider; sie haben sich im Dezember 1998 auf mindestens 17° C bei 52 % LF und maximal 19° C bei 52 % LF eingependelt. Das entspricht den Vorgaben und dürfte auch vor den strengen Augen eines jeden Restaurierungsexperten bestehen.

Bei diesen Werten muß man sich immer wieder die berechtigten Forderungen der Restauratoren vor Augen halten, die als Grenzwerte für die Temperatur in Magazinräumen 13 bis 18 ° C (maximal 25 ° C) und für die relative Luftfeuchtigkeit 40 bis 65 % angeben und lediglich Schwankungen von 1° C und 5 % Luftfeuchtigkeit tolerieren sowie einen sechsfachen Luftaustausch pro Stunde fordern.[8] Infolge der im alten Gebäudeteil herrschenden Temperatur- und Feuchtigkeitsverhältnisse konnten sich Schimmelpilze z.T. gut entwickeln und lebensfähige Sporen gut erhalten. Die Folgen wurden im Rahmen der Untersuchungen in den Jahren 1991 und 1992[9] dokumentiert und 1996/97 von einem Gutachten des Leipziger Instituts für Hygiene leider erneut bestätigt.

In diesem Gutachten wurden die z. T. erheblichen Schimmelpilz-Konzentrationen in der Luft von Räumen gemessen, die sich in den alten Teilen der Bibliotheca Albertina befanden. Die Konsequenzen davon waren nicht nur die Verstärkung des Arbeitsschutzes bei den Magazin-Mitarbeitern sowie denjenigen, die direkt mit Schimmel-Büchern in Kontakt kamen (insbesondere Restauratoren) sondern auch schnelle Räumung von besonders stark kontaminierten Räumen. Im Zuge der laufenden Baumaßnahmen wurden und werden die stark kontaminierten Räume neu errichtet bzw. verputzt, so daß auch in den erhaltenen Bauteilen neue Schädigungen am Buchbestand ausgeschlossen werden.

3. Die Lösung

Eine einfache Lösung für die vielfältigen Probleme bei der Bestandserhaltung konnte und kann es für die Universitätsbibliothek Leipzig angesichts der Bauaktivitäten nicht geben. Die wichtigsten Probleme lagen und liegen

- in der Behandlung der sogenannten Schimmel-Bände,
- in der Konservierung und Restaurierung wertvoller Einzelstücke,
- in der Sicherung und gleichzeitigen Nutzbarmachung von stark benutzten und geschädigten Beständen (Zeitungen und Zeitschriften) in Form von Mikroverfilmung und – last but not least
- in der Erhaltung der Werke auf säurehaltigem Papier.

Hilfreich waren und sind zum einen, daß es schon seit der DDR-Zeit eine Restaurierungswerkstatt mit zwar wenigen, aber gut ausgebildeten Restauratorinnen gibt. Die technische Ausstattung und die Qualifikation konnte seit den 1980er Jahren weiter verbessert werden. So wurden u. a. nicht nur frühzeitig eine Wasseraufbereitungsanlage und eine Anfaserungsanlage, sondern im Jahre 1998 auch eine Tauchbeckenanlage erworben, die eine Behandlung (Reinigung, Desinfektion, Bleichung, Pufferung) von bis zu 2.000 Blatt pro Tag erlaubt.

---

8   Anna Haberditzl: Kleine Mühen – grosse Wirkung. Maßnahmen der passiven Konservierung bei der Lagerung, Verpackung und Nutzung von Archiv- und Bibliotheksgut. – In: Bestandserhaltung in Archiven und Bibliotheken. Hrsg. von Hartmut Weber. Stuttgart 1992, S. 73ff.

9   Vgl. die Dissertation von Jörg Mann: Untersuchungen zur Anwendung von Ethylenoxid und Gamma-Strahlung bei der Bekämpfung papierschädigender Pilze – ein wichtiger Schritt zur Rettung wertvoller Altbestände an Büchern der Universitätsbibliothek zu Leipzig. Med. Dissertation Leipzig 1991 (nur handschriftlich). Vgl. den (zugänglichen) Aufsatz von Jörg Mann, Wolfgang Wildführ, Helmut Langguth, Eleonore Teichert: Gammastrahlen zur Schimmelbekämpfung bei Büchern. – In: Restauro 2(1992), S. 114-119.

Reine Werkbänke wurden für die Nachbehandlung von bestrahlten Bänden beschafft und vor Ort sowie in der Restaurierungswerkstatt aufgestellt.

Im Rahmen von Fort- und Weiterbildungsmaßnahmen wurde auch ein bisheriger Buchbinder zum Restaurator mit besonderer Spezialisierung auf die Behandlung von Papyri weitergebildet. Die Mitarbeiterinnen der Restaurierungswerkstatt beteiligen sich selbst aktiv an den Werkstattagen, die seit 1998 vom sächsischen Landesbeauftragten für Bestandserhaltung für Bibliothekare und Restauratoren veranstaltet werden.

Der Direktor der Universitätsbibliothek engagierte sich mit anderen sächsischen Kollegen für die Planung eines landesweiten Verfilmungsprogramms von gefährdeten Werken ebenso wie für die Zusammenfassung der Restaurierungs- und Konservierungsaktivitäten im Rahmen eines sächsischen Bestandserhaltungsprogramms. All diese Aktivitäten allein halfen wenig bei der Lösung des Massenrestaurierungsproblems der sogenannten Schimmelbücher.

Auf der Grundlage der Dissertation des Leipziger Mediziners Jörg Mann[10] wurde bereits 1992 die Grundsatzentscheidung gefaßt, schimmelgeschädigte Werke zu bestrahlen und nicht zu begasen. Noch heute wird von Fachleuten das Für und Wider der Behandlungsart diskutiert. Die Behandlung mit Gamma-Strahlen hat weltweite Verbreitung gefunden, da sie neben der Abtötung von Keimen für die Menschen, die anschließend mit den Bänden zu tun haben, kein gesundheitliches Risiko birgt.

Organisatorisch wurde in Leipzig die Massenrestaurierung von der Einzelrestaurierung getrennt, die in der Zuständigkeit der Restaurierungswerkstatt verblieb. Die Massenrestaurierung von Schimmelbeständen wurde seit 1994 in die Zuständigkeit des Abteilungsleiters gegeben, der für die Magazine und die Orts- und Fernleihe verantwortlich war. Eine Restauratorin half beratend bei dem Heraussuchen von offensichtlich verschimmelten Bänden sowie den Bänden in der unmittelbaren Umgebung.

Seit 1994 wurden systematisch jene Bestände zunächst gesichtet und herausgenommen für eine Behandlung, die zuerst in neue klimatisierte Magazinräume umgezogen werden sollten, um dorthin möglichst „saubere" Bestände zu verziehen.

Ein besonderer Geschäftsgang regelt das Heraussuchen, das Sammeln der Schimmelbestände für Partien, die meist zu jeweils etwa 2.000 Bänden zu der Firma transportiert wurden, die im Ausschreibungsverfahren für die Bestrahlung ermittelt worden war. Nach der Bestrahlung mit einer Dosis von 15 Kilogray wurden die Bände ausgepackt, mit Hilfe von ABM-Kräften in einer reinen Werkbank gereinigt und – sofern eine weitere Behandlung durch Buchbinder oder Restauratoren nicht notwendig war – an den Standort zurückgebracht. Andere kontaminierte Bestände der Universitätsbibliothek, die nicht im Magazin der Hauptbibliothek sondern an anderen Standorten entdeckt worden waren, wurden entsprechend behandelt. Dabei zeigte sich in den beiden letzten Jahren, daß die Vorbereitung und die Nachbehandlung der eigentliche Flaschenhals waren, er wurde besonders eng, wenn keine ABM-Kräfte zur Verfügung standen.

Bis Ende 1998 wurden auf diese Weise etwa 21.000 Bände bestrahlt, gesäubert und z. T. zusätzlich behandelt für die weitere Benutzbarkeit. Diese Zahl ist im Verhältnis zu den avisierten 70.000 Bänden allerdings relativ gering und muß durch Einsatz von zusätzlichem Personal erhöht werden.

Parallel dazu liefen die Einzelrestaurierungen durch die Restaurierungswerkstatt, darunter auch die Bestrahlung einzelner besonders wertvoller Bände, die in einem vertraglich gebundenen Institut mit Gamma-Strahlen individuell behandelt wurden.

---

[10] S. Anm. 8.

Die Erfahrungen mit den Schimmelbeständen sind für die Klimatechnik in der Bibliotheca Albertina genutzt worden. Sowohl die Magazin- als auch die Räume der Sondersammlungen wurden und werden sukzessive mit dem Baufortschritt an die Klimaanlage angeschlossen, die neben der Temperatur- und Feuchtigkeitsregulierung auch entsprechende biologische Luftfilter aufweist, die Schimmelsporen aus der Luft aufnehmen.

Bis zum Ende des Jahres 2002, dem Ende der Wiederaufbauarbeiten, wird das Gebäude der Bibliotheca Albertina sowohl technisch als auch ästhetisch wieder so weit hergestellt sein, daß sich sowohl die Benutzer als auch die Mitarbeiter und erst recht die handgeschriebenen und gedruckten Werke wieder wohl fühlen können. Die Leipziger Bibliothekare und Restauratoren bemühen sich, daß bis dahin die besonders stark kontaminierten Bestände behandelt und in den neuen, klimatisierten Magazinräumen gut untergebracht sein werden. Die Bibliothekare hoffen, daß dann auch die Wunden, die der Krieg und die fehlenden Mittel dem Bibliotheksgebäude und den darin enthaltenen Beständen zugefügt hatten, weitgehend geheilt sein werden.

Peter Hoffmann

Die Universitätsbibliothek Rostock auf dem Wege zu einer modernen Informationsbibliothek[1]

1. Ein Blick zurück[2]

Mit Platon fing alles an

Im Jahre 1569 – also erst 150 Jahre nach Gründung der Universität Rostock – begann die Philosophische Fakultät unter dem Dekanat des berühmten *Nathan Chytraeus* (1543 – 1598) mit dem Aufbau einer geordneten Büchersammlung und ihrer Verzeichnung im *Liber Facultatis Philosophicae* in Academia Rostochiensi. Chytraeus selbst hatte im August 1569 mit der Ersteintragung einer handsignierten Platonausgabe aus eigenem Besitz den Liber eigenhändig angelegt. Für die Aufbewahrung der Büchersammlung hatte die Philosophische Fakultät einen Raum im gerade fertiggestellten neuen Hauptgebäude der Universität, dem Weißen Collegium, erhalten. Aus dieser wertvollen Büchersammlung, die bis zum Weggang von Nathan Chytraeus nach Bremen im Jahre 1593 auf 72 Bücher angewachsen war, entwickelte sich bald die *Bibliotheca Universitatis* und später die *Bibliotheca Academica Rostochiensis*, die heutige Universitätsbibliothek (UB). Die Chytraeus-Sammlung und der Liber Facultatis, der erste Bibliothekskatalog, haben die Jahrhunderte unversehrt überstanden.

Hundert Jahre nach ihrer Gründung umfaßte die Bibliothek bereits etwa 1000 Bände. Fast das gesamte 18. Jahrhundert hindurch war die Unterbringung der Bibliothek durch Provisorien bestimmt. Zunächst erfolgte sie im Pedellhaus des Weißen Collegiums, später dann in der Butterkapelle der Jakobikirche unter äußerst ungünstigen klimatischen Bedingungen.

Oluf Gerhard Tychsen – Wiederbegründer der Universitätsbibliothek

Einen außerordentlich befruchtenden Einfluß auf die weitere Entwicklung der Universitätsbibliothek hatte der Orientalist *Oluf Gerhard Tychsen* (1734 – 1815), der während der zeitweiligen Verlegung eines Teils der Universität nach Bützow dort mit dem Grundstock der herzoglichen Bibliothek aus Schwerin eine umfangreiche Sammlung mit kostbaren Handschriften und seltenen Drucken zusammengetragen hatte. Darunter befand sich auch der in Amsterdam zusammengestellte und gebundene sogenannte „Rostocker Große Atlas" aus dem Jahre 1664. Nach Auflösung des Bützower Teils der Universität im Jahre 1789 wurde der dortige Bibliothesbestand mit der Rostocker Bibliothek zusammengeführt. Der Gesamtbestand war Dank Tychsen's Sammeleifer bereits auf 18.833 Bände angewachsen.

---

[1] Dem Direktor der UB Jena, Herrn Dr. Marwinski, in kollegialer Verbundenheit gewidmet. Beide Universitätsbibliotheken standen nach der Wende vor annähernd gleichen schwierigen Ausgangsbedingungen. Der Beitrag soll am Beispiel der UB Rostock einen Eindruck vermitteln, wie es gelungen ist, die Universitätsbibliotheken innerhalb weniger Jahre zu leistungsfähigen Einrichtungen zu entwickeln. Dazu hat auch so manches gute Fach- und persönliche Gespräch mit dem Kollegen Marwinski beigetragen.

[2] Die historischen Fakten sind entnommen aus: Jügelt, K.-H.: Bibliotheca Philosophica – Bibliotheca Academica – Universitätsbibliothek. Bücher, Bibliothekare und Ereignisse in der 425jährigen Geschichte der Universiätsbibliothek Rostock. – In: 575 Jahre Universität Rostock. Mögen viele Lehrmeinungen um die eine Wahrheit ringen. Hrsg von Gerhard Maeß. Rostock 1994.

Die Unterbringung der Bibliothek erfolgte nun in dem auf Kosten des Herzogs fast vollständig für Bibliothekszwecke umgebauten Weißen Collegium. Damit wurde ihre Bedeutung als wichtige wissenschaftliche Einrichtung und ihre Wertschätzung durch den Herzog und die Universität zum Ausdruck gebracht. Leider waren mit dem Umbau keinerlei Möglichkeiten für eine künftige Erweiterung gegeben. Dennoch konnte die Bibliothek zum ersten Mal in ihrer mehr als zweihundertjährigen Geschichte in angemessenen Räumlichkeiten in eine neue Etappe ihrer Geschichte eintreten.

Tychsen, der als eigentlicher Wiederbegründer der Universitätsbibliothek gilt, hinterließ bei seinem Tode im Jahre 1815 eine eigene wertvolle Bibliothek von etwa 10.000 Bänden. Mit Unterstützung des Herzogs gelang es, diese Sammlung für die Universitätsbibliothek zu erwerben.

Wachsende Bestände und stetige Raumnot

1827 erfolgte ein Erweiterungsbau des Weißen Collegiums für die Bibliothek und eine Reform der Bibliotheksverwaltung. Doch bereits 1860 drohte das Collegium bei einem bis dahin auf 150.000 Bände angewachsenen Bestand im wahrsten Sinne des Wortes aus allen Fugen zu bersten. Es wurde abgerissen und an seiner Stelle wurde 1870 das neue Universitätshauptgebäude errichtet, als das es auch heute noch fungiert. Der Nordflügel des Gebäudes, der Bibliotheksflügel, wurde mit einer verstärkten Deckenkonstruktion versehen, so daß jedes der drei Geschosse eine Regalanlage in zwei Ebenen aufnehmen konnte. Die Bibliothek wurde als erste in Deutschland nach dem sogenannten „Magazinsystem" ausgeführt. Doch bereits Ende des Jahrhunderts waren die verfügbaren Stellflächen wieder erschöpft.

Weit gediehene, großzügige Baupläne für eine neue Universitätsbibliothek in unmittelbarer Nachbarschaft zum Hauptgebäude machte der erste Weltkrieg zunichte. Erst 1939 konnte unter dem Direktorat von *Bruno Claussen (1880 – 1958)*, dem ersten hauptamtlichen Direktor der Universitätsbibliothek (Direktorat von 1934 – 1949), der einzige Zweckbau der Universitätsbibliothek in ihrer Geschichte in Betrieb genommen werden: der für 650.000 Bände konzipierte Bücherspeicher direkt am Universitätsplatz. Er war als freitragende, sechsgeschossige Stahlskelettkonstruktion konzipiert und mit einer Kastenförderanlage ausgestattet und galt damals als modernster Magazinbau in Deutschland. Beim Bezug des neuen Bücherspeichers betrug der Bestand über 400.000 Bände; eine Erschöpfung der Reservestellflächen war bereits wieder abzusehen. Der Ausbruch des 2. Weltkrieges verhinderte den Baubeginn der dazugehörigen Benutzer- und Verwaltungsräume der Bibliothek, so daß diese auch weiterhin im Hauptgebäude untergebracht waren. Auch in späteren Jahren konnte trotz mehrerer Ansätze kein Bibliotheksneubau realisiert werden. Das bezeugt noch heute die Baulücke im historischen Gebäudeensemble am Universitätsplatz, wo interimistische Containerbauten die Raumnot der Universitätsbibliothek bis zur Realisierung des Neubaus lindern sollen.

Kriegsende bis zur Wende

Obwohl die Innenstadt Rostocks im 2. Weltkrieg stark zerstört wurde, blieb der Bücherspeicher der Bibliothek glücklicherweise unversehrt. Die ausgelagerten wertvollen Bestände konnten nach Kriegsende in den Jahren 1945/46 unter komplizierten Bedingungen, jedoch ohne große Verluste, wieder nach Rostock zurückgeführt werden.

Nach Abschluß der Aktion zur „vorläufigen Entnazifizierung der Bestände", bei der ca. 8000 Bände separiert werden mußten, konnte die Universitätsbibliothek Rostock am 15. Oktober 1945 als eine der ersten deutschen wissenschaftlichen Bibliotheken wieder geöffnet werden. Im Rahmen der personellen Entnazifizierung wurden drei Mitarbeiter entlassen. Aufgrund der Freiexemplarregelung der sowjetischen Militäradministration vom 24.12.1946 sind die Schriften der Rostocker und Mecklenburgischen Behörden, Parteien und kulturellen und politischen Organisationen bis zur Verwaltungsreform 1952 ziemlich vollständig vorhanden.

In den Jahren 1946 – 1953 wurden aufgrund des Beschlusses des Alliierten Kontrollrates vom 13.05.1946 anhand einer „Liste der auszusondernden Literatur" auch die Bestände der Universitätsbibliothek Rostock mehrfach überprüft. Die etwa 10.000 ausgesonderten Bände wurden an die damalige Öffentliche Wissenschaftliche Bibliothek Berlin, die spätere Deutsche Staatsbibliothek Berlin, abgeliefert. Anfang der 90er Jahre wurden diese Bestände wieder zurückgeführt, etwa 1.500 Bände sind verloren gegangen. Schlimme Folgen für das Aussehen und die Benutzbarkeit der Bandkataloge hatte die Anordnung des Staatssekretärs für das Hochschulwesen vom März 1953, nach der alle Nachweise über die nach Berlin abgelieferten Titel zu tilgen waren. In Rostock wurden die Titel in den Katalogbüchern mit schwarzer Tinte vielfach seitenweise „ausgemerzt".

Bis zum Jahre 1960 war die Mitarbeiterzahl der Universitätsbibliothek auf etwa 50 angewachsen. Alle Bemühungen waren darauf gerichtet, die Bibliothek zu einer modernen wissenschaftlichen Gebrauchsbibliothek zu entwickeln. Die Hoffnungen auf Fortführung der kriegsbedingten Unterbrechung des Bibliotheksgesamtbaus erfüllten sich nicht. 1954 wurde in entsprechenden Ordnungen der Universität das Verhältnis zwischen Universitätsbibliothek und den Fakultäts- / Institutsbibliotheken geregelt. Demzufolge lag die fachliche Anleitung bei der Universitätsbibliothek, wobei insbesondere der Aspekt der Bewirtschaftung der sogenannten Devisenkontingente eine wichtige Rolle bei der Koordinierung der Erwerbung und Katalogisierung spielte. 1959 wurde der alte alphabetische Katalog mit handschriftlichen Eintragungen im A5-Format, der sogenannte Rostocker Strumpfbandkatalog, abgebrochen und durch einen Zettelkatalog im internationalen Bibliotheksformat weitergeführt. Ab 1964 wurde der alte systematische Bandkatalog durch einen Zettelkatalog mit hauseigener Systematik abgelöst.

Hinsichtlich der räumlichen Situation gab es nur marginale Verbesserungen. Mit der Nutzung des ehemaligen Hotels „Rostocker Hof" durch die Universität im Jahre 1959 konnten ein zweiter Lesesaal für die Naturwissenschaften, Technik und Medizin und ein Katalograum eingerichtet und später auch alle buchbearbeitenden Bereiche in der Abteilung Geschäftsgang zusammengeführt werden. Die Universitätsbibliothek war zu dieser Zeit auf fünf Häuser in der Nähe des Universitätsplatzes verteilt. Diese Situation der räumlichen Zersplitterung der Zentralbibliothek hat sich bis heute nicht grundlegend geändert. Auch die 1963 gegründete Bibliothekskommission des Akademischen Senates ist bis 1968 über die Beratung von teilweise kühnen Bauplanungen nicht hinaus gekommen. Erst mit der Einrichtung der „Polytechnischen Patentbibliothek" im Jahre 1985, der Vorläufereinrichtung des heutigen **P**atent**I**nformations**Z**entrums, keimten Hoffnungen auf Realisierung des Lückenbaus neben dem Büchermagazin am Universitätsplatz. Trotz fortgeschrittener Planungen wurde der Bau nicht realisiert; für eine dort befindliche kohlegefeuerte Heizungsanlage zur Versorgung zentraler Universitätsgebäude ließ sich kein Ersatz finden.

Mit der Anweisung 22/69 des Ministeriums für Hoch- und Fachschulwesen der DDR wurde der Aufbau eines einheitlichen Bibliotheks- und Informationssystems an der Universität fest geschrieben. Das erforderte die Eingliederung von 41 Sektions-, Klinik- und Institutsbibliotheken als Zweigstellen der Universitätsbibliothek. Die Umsetzung erfolgte in den Jahren 1974 und 1975. Mit der Einführung des RAK im Jahre 1974, mit der auch der

Aufbau des neuen alphabetischen Zettelkataloges (AK III) erfolgte, waren für alle Zweigstellen einheitliche Katalogisierungsrichtlinien vorgegeben. Von diesem Zeitpunkt an wurden alle ausländischen Neuerwerbungen zentral erworben und katalogisiert; DDR-Publikationen wurden nach Bedarf durch die Zweigstellen erworben und eingearbeitet.

Der Ausbau der internationalen Tauschbeziehungen, die mit etwa 1800 Partnern gepflegt wurden, war der zeitgemäße Versuch, die ständige Devisenknappheit zu mildern. Auf diesem Wege wurde mit hohem Personalaufwand ein Teil der für Forschung und Lehre benötigten Fachliteratur aus dem Ausland beschafft. Die Basis dafür waren die Veröffentlichungen der Universität und der sogenannte Kauftausch.

Die seit Mitte der 80er Jahre verstärkten Bemühungen um eine moderne Informationsvermittlung scheiterten am Mangel leistungsfähiger Rechner und Devisen für den internationalen Datenbankzugriff. Ein erster Schritt hinsichtlich der modernen Vermittlung von Weltwissen gelang 1985 auf dem Gebiet des Patentwesens. Mit der Einrichtung der Polytechnischen Patentbibliothek an der UB Rostock erhielt diese deutsche und internationale Patentschriftensammlungen auf Mikrofilm in Millionenhöhe.

Bei allen materiellen Mängeln hinsichtlich Bibliotheksbestand, Gebäuden und technischer Ausstattung verfügte die Universitätsbibliothek Ende der 80er Jahre dennoch über ein hohes Gut: einen Stamm hochqualifizierter, bibliothekarisch gut ausgebildeter Mitarbeiter. Im Jahre 1989 hatten fast alle der über 150 Bibliotheksmitarbeiter einen bibliothekarischen Berufsabschluß, der im Rahmen der Gleichstellung nach dem Einigungsvertrag anerkannt werden konnte. Außerdem mußte kein Mitarbeiter der UB infolge der Evaluierung durch die Ehrenkommission oder die Gauck-Behörde entlassen werden.

2. Probleme der Neuorientierung

Wende gut – alles gut?

Die Universität Rostock hat im Herbst 1989 die Notwendigkeit zu einem selbst bestimmten demokratischen Neubeginn erkannt und die Chance konsequent genutzt.

Ein im Frühjahr 1990 durch Urabstimmung auf basisdemokratischer Grundlage hervorgegangenes außerordentliches Konzil wählte im Mai 1990 einen neuen Akademischen Senat und einen neuen Rektor. Bereits im September hat sich die Universität eine neue Verfassung gegeben.

Benachbarte Hochschulen bzw. Teile von ihnen wurden 1991 in die Universität integriert. Die Wirtschafts- und Sozialwissenschaftliche Fakultät wurde neu strukturiert und die Juristische Fakultät nach jahrzehntelanger Schließung 1992 wieder eröffnet. Die Ingenieurwissenschaftliche Fakultät wurde 1992 aus der Technischen Fakultät neu gegründet, die Agrarwissenschaftliche Fakultät hat sich mit den neuen Fachbereichen Landeskultur und Umweltschutz sowie Agrarökologie umprofiliert. Die Institute für Altertumswissenschaften und Romanistik wurden wiederbelebt. Für die Gebiete Geschichte, Pädagogik und Philosophie ergab sich eine inhaltliche Umorientierung und selbst systeminvariante Fachgebiete, wie Naturwissenschaften und Medizin wurden z. T. neu ausgerichtet. Damit gehört die Universität Rostock mit acht Fakultäten, denen zahlreiche Fachbereiche und Institute zugeordnet sind, und etwa 40 Studiengängen zu den Hochschulen mit dem breitesten Fächerspektrum in Deutschland. Diesen, zunächst auf eine verbesserte Ausstattung mit Monographien und Zeitschriften orientierten Anforderungen, war die UB anfangs in keiner Weise gewachsen. In der Juristischen Fakultät wurden z.B. Studenten schon immatrikuliert, bevor die Bibliothek überhaupt einen akzeptablen Ausbauzustand hatte.

Im Rahmen von Buchspenden und des Büchergrundbestandsprogrammes (Bereitstellung von Mitteln nach Hochschulbauförderungsgesetz) sowie unzähliger Geschenke ist die Bibliothek regelrecht in Büchermassen ertrunken. So mußte der Lesesaal für Naturwissenschaften, Technik und Medizin 1991 geschlossen werden, um Stau- und Bearbeitungsflächen für den Geschäftsgang schaffen zu können. Gleichzeitig begann die Installation des ersten kleineren lokalen PC-Netzes in der Bibliothek, insbesondere zur Unterstützung der Titelaufnahme und für die Einzelplatzrecherche in CD-ROM Datenbanken. Die Raumsituation war so angespannt, daß als „Serverraum" ein ehemaliger Fahrstuhlschacht herhalten mußte.

So war es nicht überraschend, daß sich Klagen, insbesondere der neu berufenen Professoren aus den alten Bundesländern, häuften. Sie hofften nun, in Rostock innerhalb weniger Monate die gleiche Bibliothekssituation wie in ihren früheren Universitäten wiederzufinden. Und jeder wollte natürlich das Bibliothekssystem, das ihm vertraut war. Die Vorstellungen gingen hier von ein- bis etwa dreischichtigen Systemen.

In den ersten Monaten nach der Wende hat die Bibliothek alles unternommen, um die katastrophale Raumsituation in der Zentralbibliothek zu verbessern. So gelang es, 1991 kurzfristig zwei Projekte zur Rekonstruktion zweier historischer Gebäude am Universitätsplatz im Rahmen des Programms „Aufschwung Ost" auf den Weg zu bringen. Davon konnte eines 1997 abgeschlossen werden, das zweite wird im Sommer 1999 endgültig fertiggestellt. Das Raumproblem der Universitätsbibliothek ist damit aber nicht einmal in den Ansätzen gelöst.

Alles dieses spielte sich ab vor dem Hintergrund der personellen Erneuerung auch der Bibliothek und damit der Unsicherheit der Mitarbeiter über ihren weiteren Verbleib in der Universitätsbibliothek.

Nach Kürzung des Stellenplanes um etwa 20 Stellen mußten sich im Sommer 1992 alle Mitarbeiter neu bewerben. Eine Kommission, der auch Mitarbeiter der UB angehörten, hat über die fachliche und persönliche Eignung der Bewerber unter Berücksichtigung ihrer sozialen Situation für jede zu besetzende Stelle entschieden – eine belastende Tätigkeit für alle Beteiligten. Im Ergebnis des Übernahmeverfahrens wurden 152 Mitarbeiter zum 2. Oktober 1992 auf 131,25 Stellen übernommen.

Entwicklungskonzeption

Nach dem personellen Umbau galt es, neue konzeptionelle Vorstellungen für die weitere Entwicklung der Universitätsbibliothek zu entwickeln. Das mußte unter Berücksichtigung des stark reduzierten Personals und der Zersplitterung der dezentralen Bibliotheksstandorte über das gesamte Stadtgebiet, deren Zahl inzwischen auf 46 angewachsen war, erfolgen.

Noch im Sommer 1992 hat das Kultusministerium des Landes Mecklenburg-Vorpommern auf Initiative der Universität Rostock eine Arbeitsgruppe externer Bibliotheksfachleute und der Kanzler der Hochschulen eingesetzt mit dem Ziel, eine Entwicklungskonzeption für die wissenschaftlichen Bibliotheken und die Landesbibliothek in Mecklenburg-Vorpommern zu erarbeiten. Im Herbst 1993 wurden die „Empfehlungen für die Hochschulbibliotheken und die Landesbibliothek in Mecklenburg-Vorpommern" vorgelegt. Ausgehend von einer Zustandsaufnahme wurden Empfehlungen für kurzfristig anstehende Aufgaben und strategische Entwicklungslinien gegeben. Diese beziehen sich auf Struktur und Organisation, Bestandsaufbau, Raumbedarf sowie die finanzielle und Personalentwicklung. Diese Überlegungen sind unmittelbar in die kurzfristigen Maßnahmen der Bibliothek sowie in die Planungsunterlagen für die vorgesehenen Neubauvorhaben der Universitätsbibliothek eingegangen. Lediglich die Empfehlung zur personellen Entwicklung, die übergangsweise eine Personalaufstockung vorsah, ist in keiner Weise umgesetzt worden.

3. Neue Organisationsstrukturen

Mit den personellen Veränderungen in der Bibliothek wurden auch Korrekturen an der Aufbau- und Ablauforganisation der UB vorgenommen. Das war begründet sowohl in veränderten konzeptionellen Vorstellungen über die Funktionalität der UB als auch in der Reduzierung der Mitarbeiterzahl. Dabei wurde versucht, das Organisationskonzept so flexibel zu gestalten, daß auch zukünftig Entwicklungen problemlos eingepaßt werden können.

Die Universitätsbibliothek ist in drei fachliche Hauptabteilungen (HA) untergliedert, deren Leiter dem Bibliotheksdirektor direkt unterstellt sind:

HA I: Bestandsaufbau und -erschließung

Ausgehend von einem zentralen Geschäftsgangsmodell, wie es bereits jetzt weitestgehend realisiert ist, sind dieser Hauptabteilung alle buch- und medienbearbeitenden Abteilungen einschließlich der Fachreferenten zugeordnet: Erwerbung, Erschließung und technische Buchbearbeitung. Zu den Aufgaben gehört auch der Geschäftsgang für die Nicht-Buch-Materialien und neuerdings die Verwaltung der Zugriffsrechte auf elektronische Publikationen. „Produkte" dieser HA sind die regalfertigen Bücher bzw. Informationsmedien, die über eine Verteilerstelle an die Standorte in der Zentralbibliothek oder in die dezentralen Fachbibliotheken weitergeleitet werden, und die über das Netz verfügbaren elektronischen Datenbanken, Publikationen usw. Aus Personal-, Standort- und Raumgründen ist dieses Modell z. Z. noch mit Ausnahmen behaftet, seine volle Umsetzung wird jedoch angestrebt.

Gegenwärtig wird die Einführung des Erwerbungsmoduls im lokalen PICA-System vorbereitet. Unter dem Gesichtspunkt eines integrierten Geschäftsganges wird dessen zusätzliche horizontale Gliederung nach Fachteams – hier ist an vier Säulen gedacht – untersucht. Das Ziel ist es, mit diesen kleineren Strukturen und integrierten Prozeßabläufen schneller und flexibler auf die Wünsche der Wissenschaftler reagieren und den Geschäftsgang insgesamt beschleunigen zu können. Die Arbeitszufriedenheit und Motivation der Mitarbeiter soll durch größere Abwechslung im Aufgabenspektrum und die stärkere Anbindung an den Endnutzer erhöht werden.

Unter Beibehaltung der vertikalen Struktur unter dem Dach der Hauptabteilung bei entsprechender Flexibilität der Abteilungsgrenzen zwischen Erwerbung und Erschließung stellt dieses Modell auch die Wahrung einer einheitlichen Erwerbungs- und Erschließungspolitik sicher.

HA II: Bestandsvermittlung und Fachbibliotheken

Diese Hauptabteilung umfaßt alle Abteilungen, die für den Benutzer sowohl die eigenen Bestände als auch die Bestände anderer Bibliotheken im Rahmen der Fernleihe und Dokumentlieferung bereitstellt. Das schließt alle Freihand- und Magazinbestände der Zentralbibliothek mit den Sondersammlungen und die Bestände der dezentralen Fachbibliotheken ein. Dieser HA ist auch der Kopierservice, die Buchbinderei und die Restaurierung zugeordnet, da hier Tätigkeiten für die Bestandssicherung und die Verfügbarmachung der Bestände zu leisten sind. Diese Struktur hat sich prinzipiell bewährt, sie soll aber wegen der Vielzahl der Fachbibliotheken in zwei Hauptabteilungen unterteilt werden: eine HA für die Bestandsvermittlung der Zentralbibliothek und eine HA für die Fachbibliotheken.

Im Rahmen der weiteren baulichen Entwicklung ist vorgesehen, die Fachbibliotheken, deren Zahl durch Rekonstruktions- und Konzentrationsmaßnahmen inzwischen um 10 auf 36 reduziert werden konnte, zu vier sogenannten Bereichsbibliotheken zusammenzufassen. Da die Neubauten der Bereichsbibliotheken aber nicht vor vier bis sechs Jahren realisiert sein werden, wird gegenwärtig ein Konzept virtueller Bereichsbibliotheken (Geisteswissenschaften; Wirtschafts-, Sozial- und Rechtswissenschaften; Mathematik-, Natur-, Ingenieur- und Agrarwissenschaften; Medizin) erarbeitet: Jede Bereichsbibliothek, der die entsprechenden Fachbibliotheken zugeordnet werden, soll jeweils durch einen Fachreferenten geleitet werden. Im Rahmen dieses virtuellen Bibliothekskonzeptes sollen die Fachbibliotheken funktional, inhaltlich und organisatorisch so aufeinander abgestimmt werden, daß ihre spätere Zusammenführung in der realen Bereichsbibliothek reibungslos funktioniert.

HA III: Informationszentrum

Das Informationszentrum spielt die Vermittlerrolle zwischen den Benutzern und der Bibliothek mit ihren Informationsressourcen. Es stellt gewissermaßen das Fenster der Bibliothek auf die Ressource „Weltwissen" dar. Durch entsprechende Werkzeuge wird dieses Wissen in geeigneter Weise recherchierbar aufbereitet und bei Bedarf durch die bestandsvermittelnden Abteilungen der Bibliothek auf physischen Datenträgern bereitgestellt oder über Datennetze direkt verfügbar gemacht.

In die Auskunfts- und Beratungsdienste sind versierte Bibliothekare und Informationsspezialisten, die Fachreferenten und erfahrene Patentrechercheure einbezogen. Da die Dienstleistungen der UB in zunehmendem Maße als Web-basierte Endnutzerdienste bereitgestellt werden, ist das Informationszentrum auch verantwortlich für die inhaltliche Aufbereitung dieses Angebotes im WWW. Das erfolgt in enger Zusammenarbeit mit den übrigen Fachabteilungen der UB und den DV-Spezialisten der Bibliothek.

Bibliotheksleitung und -verwaltung

Neben diesen drei Hauptabteilungen gibt es weitere dem Direktor direkt unterstellte Abteilungen bzw. ständige Arbeitsgruppen, die die Ressourcenplanung und -verwaltung sowie die Bereitstellung und Fortentwicklung der Infrastruktur absichern: Allgemeine Verwaltung, Personalreferat, Abteilung Informations- und Kommunikationstechnik (I- und K-Technik), Arbeitsgruppe Bau und Ausstattung, Arbeitsgruppe Aus- und Fortbildung, Arbeitsgruppe Öffentlichkeitsarbeit und das Web-Team der UB. In den ständigen Arbeitsgruppen sind Mitarbeiter der verschiedenen Bibliotheksbereiche vertreten. Ihre Zusammensetzung ist – zumindest über einen längeren Zeitraum – konstant. Zeitlich befristete Aufgaben werden durch Projektteams begleitet, wie z. B. die gegenwärtig laufende Einführung der Erwerbungs- und Ausleihmodule PICA-LBS3 und die Online-Retrokonversion der Zettelkataloge.

Diese Struktur hat sich – insbesondere unter den komplizierten räumlichen Verhältnissen der UB Rostock – bewährt. Sie scheint auch flexibel genug zu sein, um auf Veränderungen reagieren zu können, die sich aus partiellen Umschichtungen des Personals von den klassischen Bibliotheksaufgaben hin zu elektronischen Informationsdienstleistungen in den nächsten Jahren ergeben werden. In diesem Zusammenhang ist es wichtig anzumerken, daß jedes Organisationskonzept immer nur so gut ist, wie es gleichzeitig auch den vertikalen und horizontalen Informationsfluß im Gesamtsystem sichert. Dazu wurde an der UB Rostock eine Informations- und Beratungsstruktur aufgebaut, die eine Mitwirkung der Mitarbeiter an den Gesamtvorhaben und die Einbeziehung der Fachkompetenz auf allen Ebenen sichert.

4. Funktions- und Baukonzept

Den Planungen der Standortentwicklung der Universität folgend, hat auch die Universitätsbibliothek in den zurückliegenden Jahren ein umfassendes Funktions- und Raumentwicklungskonzept erarbeitet. Diesem Konzept, das von der Arbeitsgruppe Bibliotheken des

Wissenschaftsrates im Jahr 1996 im Grundsatz befürwortet wurde, liegt die Idee zugrunde, die jetzt auf 36 Standorte verteilten Fachbibliotheken zu vier leistungsfähigen Bereichsbibliotheken in unmittelbarer Nähe der Fakultäten, Fachbereiche und Institute zusammenzufassen und sie funktional und organisatorisch mit der Zentralbibliothek zu verknüpfen.

Dabei wird die Bereichsbibliothek Geisteswissenschaften, die größte unter ihnen, unter einem gemeinsamen Dach mit der Zentralbibliothek am Universitätsplatz entstehen, dem historischen Standort der UB. Die unmittelbare Nähe zum Hauptmagazin und zu den historischen Buchbeständen werden diesen Wissenschaftsdisziplinen hervorragende bibliothekarische Arbeitsbedingungen ermöglichen. Daneben entstehen drei weitere Bereichsbibliotheken in etwa 2-3 km Luftlinie Entfernung von der Zentralbibliothek mit günstigen Verkehrsanbindungen: die Bereichsbibliothek Mathematik/Natur-, Ingenieur- und Agrarwissenschaften; die Bereichsbibliothek Rechts-, Wirtschafts- und Sozialwissenschaften und die Bereichsbibliothek Medizin.

Die Zentralbibliothek nimmt alle für das Funktionieren des einschichtigen Bibliothekssystems wesentlichen Aufgaben wahr: Zum einen sind es die Leitungs- und Organisationsaufgaben, wie die Mittel- und Personalplanung sowie -verwaltung, die Sicherung und Fortentwicklung der technischen sowie der Informations- und Kommunikationsinfrastruktur, die Koordinierung der Rekonstruktions- und Baumaßnahmen und die Fortbildung der Mitarbeiter u. a.; zum anderen sind es der zentrale Geschäftsgang, die zentrale Bestandsvermittlung durch Lesesäle, Orts- und Fernleihe, die Dokumentlieferung, die zentrale Bestandsmagazinierung, die Bereitstellung zentraler Informationsdienstleistungen u. a.

Die Bereichsbibliotheken werden von der Zentralbibliothek mit benutzungsfertigen Beständen beliefert. Sie werden als Freihandbibliotheken mit Präsenzcharakter geführt; lediglich die Lehrbuchsammlungen stehen für die Ausleihe zur Verfügung. Für den jeweiligen Bestandsumfang wurden Obergrenzen festgelegt, überlaufende Bestände werden in der Zentralbibliothek magaziniert bzw. ausgesondert. Jede Bereichsbibliothek verfügt über eine entsprechende Informationsinfrastruktur, um zentral bereitgestellte Endnutzerdienstleistungen auch über die lokalen PC verfügbar machen zu können. Die Fachreferenten haben ihren Hauptarbeitsplatz benutzernah in den Bereichsbibliotheken; für Arbeiten in der Zentralbibliothek steht ihnen ein anteiliger Zeitarbeitsplatz zur Verfügung. Wegen der noch nicht realisierten baulichen Lösungen konnte dieses Konzept bisher nur teilweise verwirklicht werden.

Der Vorteil dieses Modells eines teildezentralisierten, einschichtigen Bibliothekssystems besteht darin, daß es einerseits eine wirksame Anschaffungskoordinierung, eine effiziente Realisierung der Geschäftsgangsprozesse und eine wirtschaftliche Betriebsführung ermöglicht. Andererseits werden die Bereichsbibliotheken nahe bei den Fakultäten, Fachbereichen und Instituten angesiedelt, so daß dieses Konzept eine hohe Akzeptanz bei den Benutzern erwarten läßt. Die Raumplanungen sind abgeschlossen; der Beginn für die bauliche Umsetzung des Konzeptes ist ab dem Jahr 2001 vorgesehen.

5. Informations- und Kommunikationstechnik

Bis Mitte der 90er Jahre verfügte die Universitätsbibliothek über ein kleineres PC-Netz in der Zentralbibliothek und Einzelrechner in den Fachbibliotheken. Damit konnten die Verbundkatalogisierung und der Netzzugriff auf Datenbanken von wenigen Bibliotheksrechnern aus realisiert werden. Die Rechner in den Fachbibliotheken dienten der CD-ROM-Einzelplatzrecherche und der rechnergestützten Generierung von Bestellunterlagen.

Auf der Basis des Landeskonzeptes zur Einführung eines einheitlichen lokalen Bibliothekssystems – hier wurde die Entscheidung für das PICA-LBS3 getroffen – erfolgte Ende 1997 im Rahmen eines Antrages auf Mittel nach Hochschulbauförderungsgesetz (HBFG) die Beschaffung der Hard- und Software für das PICA-LBS3.

Mitte 1998 konnte auch die Modernisierung der gesamten netztechnischen Infrastruktur der Universität Rostock abgeschlossen werden: alle über das gesamte Stadtgebiet verteilten Universitätsstandorte sind über ein ATM-Backbone mittels Lichtwellenleiter vernetzt und über das Breitband-WIN mit 155 Mbit/s an das Internet angeschlossen. Mit dem gleichen Übertragungsstandard wurde auch das Subnetz der Zentralbibliothek und die PC der Fachbibliotheken in das ATM-Backbone eingebunden. Damit steht der Universitätsbibliothek für alle Standorte eine hochperformante Informationsinfrastruktur zur Verfügung. Durch entsprechende Einrichtung der IP-Adressen für die Bibliotheksrechner wurde erreicht, daß diese Rechner im physisch verteilten Netz logisch ein einheitliches Bibliotheksnetz bilden. Das ist eine wichtige Voraussetzung, um Zugriffe auf elektronische Publikationen sowohl technisch als auch bzgl. der Rechteverwaltung einfach zu gestalten.

Die Datenbank- und Applikationsserver des PICA-LBS3 sind im Rechenzentrum der Universität installiert worden und werden von den dortigen Spezialisten auch hard- und softwaremäßig betreut. Dadurch kann die knappe Personalkapazität der Abteilung Informations- und Kommunikationstechnik der Bibliothek voll auf die Probleme „vor Ort" ausgerichtet werden. Diese enge Kooperation zwischen Rechenzentrum und Universitätsbibliothek hat sich außerordentlich bewährt und soll im Rahmen der Überlegungen für neue Informationsinfrastrukturen weiter ausgebaut werden.

Neben der Betreuung und Fortentwicklung des CD-ROM-Netzes, der über 200 PC und diverser Peripheriegeräte konzentriert sich die Arbeit der Abteilung I- und K-Technik gegenwärtig auf die datentechnische Begleitung der Einführung der Erwerbungs- und Ausleihmodule des PICA-LBS3.

6. Kooperative Zusammenarbeit

Entsprechend den Empfehlungen der Bund-Länder-Arbeitsgruppe hat die Universitätsbibliothek Rostock zum frühestmöglichen Zeitpunkt den Anschluß an einen bestehenden Verbund angestrebt.

1992 bot sich die naheliegende Möglichkeit, zusammen mit den Ländern Bremen und Schleswig-Holstein dem Hamburger Verbund beizutreten, der mit dieser Erweiterung der Teilnehmerländer als Norddeutscher Bibliotheksverbund (NBV) weitergeführt wurde. Nach Schaffung der technischen und organisatorischen Voraussetzungen begann Ende 1992 bereits die Verbundkatalogisierung. Das war insofern möglich, da der erforderliche Schulungsaufwand wegen der langjährig vorhandenen RAK-Kenntnisse an der UB Rostock gering gehalten werden konnte.

Bereits kurze Zeit später stellte sich heraus, daß das Hamburger System den zukünftigen Anforderungen nicht mehr gerecht werden würde; die Migration des NBV stand auf der Tagesordnung. Ende 1994 wurde gewissermaßen über Nacht die Entscheidung getroffen, daß der NBV nach entsprechender Übergangszeit im Rahmen einer neuen Ländervereinbarung dem PICA-Verbund Niedersachsen, Sachsen-Anhalt und Thüringen beitritt. Mit allen zu erwartenden Übergangsproblemen, insbesondere denen der Datenumsetzung, wurde im Mai 1996 der Gemeinsame Bibliotheksverbund (GBV) mit Sitz der Verbundzentrale in Göttingen gegründet.

Nach drei Jahren Mitarbeit im GBV bleibt festzustellen, daß diese Entscheidung zur Bildung des Sieben-Länderverbundes richtig war. Aus dem Katalogisierungsverbund ist ein echter Dienstleistungsverbund im Rahmen einer partnerschaftlichen Zusammenarbeit aller Verbundteilnehmer geworden. Die Verbunddienstleistungen können durch WWW-Links zur UB-Homepage direkt an die Endnutzer durchgeschaltet werden.

Im Rahmen der Mitarbeit in der Zeitschriftendatenbank (ZDB) ist der aktuelle Zeitschriftenbestand der UB Rostock in der ZDB und damit auch im Verbundkatalog sowie im elektronischen Katalog (OPAC) der Bibliothek nachgewiesen. Die Zeitschriften-Altbestände werden im Rahmen eines bald abzuschließenden DFG-Projektes ebenfalls verfügbar gemacht.

7. Entwicklung des Dienstleistungsangebotes

Bestandsentwicklung

Das bis heute fortwirkende größte Defizit im Dienstleistungsangebot der Bibliothek ist die mangelhafte Verfügbarkeit lokaler Literaturbestände aus den Erscheinungsjahren der letzten Jahrzehnte. Hier wurde durch das seit 1991 laufende Programm zum Aufbau von Büchergrundbeständen im Rahmen des HBFG zwar Bemerkenswertes erreicht, dennoch können über Jahrzehnte entstandene Lücken im Bestandsaufbau nicht innerhalb weniger Jahre bzw. zum Teil überhaupt nicht geschlossen werden.

An der Universitätsbibliothek Rostock wurden in diesem Programm in den Jahren von 1991 bis 1998 ca. 33 Millionen DM eingesetzt; es wurden etwa 380.000 Bände monographischer und bestandsergänzender Zeitschriftenliteratur erworben. Davon entfiel der größte Anteil wertmäßig auf die Gebiete Naturwissenschaften, Technik und Medizin, während titelmäßig die Geistes- und Sozialwissenschaften dominierten. Durch diese Finanzierung war es überhaupt erst möglich, die Aufbaubereiche mit wissenschaftlicher Literatur zu versorgen und etablierten Wissenschaftsgebieten den notwendigen Zugang zur aktuellen Forschungsliteratur zu ermöglichen.

Leider hat sich die Entwicklung des Zeitschriftenbestandes nicht in gleicher Weise positiv vollzogen. Mit knapp 4.000 durch Kauf und Tausch laufend bezogenen Titeln – das ist annähernd etwa die Titelzahl, die die UB Rostock vor der Wende erworben hat, wenn auch in anderer qualitativer Zusammensetzung – hat die UB Rostock mit einer hohen Ausbildungs- und Forschungsbreite nicht einmal 50% der im Landesentwicklungskonzept bzw. vom Wissenschaftsrat empfohlenen Titelzahl erreicht. Bei der Finanzsituation der öffentlichen Haushalte und vor dem Hintergrund der jährlichen unverhältnismäßig hohen Preissteigerungen ist nicht abzusehen, ob sich diese Situation verbessern läßt. Ein Ausweg wird derzeit in der personalintensiven Fernleihe gesucht, die ja inzwischen durch Bereitstellung entsprechender Online-Funktionalitäten den Endnutzer wesentlich unterstützt. Es fragt sich allerdings, wie lange der Weg beschritten werden kann, mittels Fernleihe die Basisversorgung abzudecken.

Bestandserschließung

Voraussetzung für eine umfassende Benutzbarkeit der Bibliotheksbestände ist die Bereitstellung adäquater, benutzerfreundlicher Nachweissysteme. Im Ergebnis der mehrhundertjährigen Bibliotheksgeschichte ist für den Bestandsnachweis ein ganzes System von Katalogen in Band- und Zettelform entstanden; ihre durchgehende Vereinheitlichung konnte im Zeitalter der Papierkataloge nicht gelingen. So gab es bis Anfang der 90er Jahre als Hauptkataloge drei alphabetische Kataloge mit den Zeitschnitten 1960 und 1974 und zwei Sachkataloge mit dem Zeitschnitt 1964. Bis 1974 waren im Zentralkatalog der Bibliothek nur die Bestände der Zentralbibliothek nachgewiesen; die Institutsbibliotheken verfügten jeweils über eigene, aufeinander nicht abgestimmte Kataloge. Selbst nach der Einführung des einschichtigen Systems 1974 gab es keinen umfassenden Zentralkatalog für alle Bibliotheksbestände. Die Sacherschließung erfolgte nach einer hauseigenen Systematik und wurde konsequent auch nur für die in der Zentralbibliothek aufgestellten Bestände angewandt. So hatte sich im Laufe der Zeit eine Nachweissituation herausgebildet, die für Benutzer und auch Bibliotheksmitarbeiter nicht mehr transparent war.

Erst mit der konsequenten Orientierung auf die kooperative Katalogisierung im Verbund ab 1993 wurde nach der Wende der Grundstein für den Aufbau eines einheitlichen elektronischen Katalogs für den gesamten Bibliotheksbestand gelegt. So werden im laufenden Katalogisierungsprozeß die Titel bis zum Erscheinungsjahr 1991 zurück elektronisch erfaßt. Im DFG-Projekt Retrokonversion der Altbestände 1501–1850 sind von den etwa 200.000 Bestandseinheiten bereits über die Hälfte in der Verbunddatenbank nachgewiesen; das Projekt wird in zwei Jahren abgeschlossen sein.

Im Rahmen der den Bibliotheken im vergangenen Jahr zugewiesenen Sondermittel wurde die Chance ergriffen, die maschinenschriftlichen alphabetischen Zettelkataloge retrospektiv bis 1960 online im Verbund katalogisieren zu lassen. Diese Verwendung der Sondermittel war durchaus nicht unumstritten, dennoch hat sich die Mehrzahl der Fakultätsvertreter in der Senatskommission dafür entschieden. Nach Beendigung der Restarbeiten stehen dem Benutzer ab Herbst 1999 dann auch diese Bestände im elektronischen Katalog zur Verfügung. Das ist für die Benutzer der UB Rostock aufgrund der stark zersplitterten Bibliotheksstandorte ein enormer Gewinn: sie können von jedem Rechner aus die Bestände der letzten 40 Jahre und bereits große Teile der Altbestände mit entsprechenden Standorthinweisen über den einheitlichen Web-OPAC recherchieren. In zwei Jahren kommt dann auch der komplette Altbestand hinzu. Die Sacherschließung im OPAC erfolgt sowohl durch Schlagwörter nach RSWK als auch nach der Regensburger Systematik. Mit dieser systematischen Erschließung kann sowohl die Freihandaufstellung als auch die Recherche nach Sachgruppen bedient werden.

Damit verfügt die UB Rostock über ein modernes und nutzerfreundliches Bestandsnachweis- und Recherchesystem.

Bestandspräsentation

Die Art der Präsentation der Bestände und ihrer Nutzungsmöglichkeiten bestimmen wesentlich die Akzeptanz einer Bibliothek durch ihre Benutzer. Die Universitätsbibliothek Rostock ist durch das Baukonzept der 30er Jahre als reine Magazinbibliothek angelegt worden. Lediglich die Institutsbibliotheken boten, wenn auch meist nur in begrenztem Umfang, den Freihandzugriff auf die Bestände. Wegen der räumlich beschränkten Verhältnisse standen Bibliotheksbestände oft in den Arbeitszimmern der Mitarbeiter, in Besprechungsräumen usw. Als gleich nach der Wende konzeptionelle Überlegungen zur weiteren Entwicklung der Bibliothek angestellt wurden, bestand eines der Ziele in der wesentlichen Erweiterung der Freihandbestände durch kurzfristige Übergangslösungen sowie langfristig durch Bibliotheksneubauten.

So wurden im Bereich der Zentralbibliothek in den letzten Jahren interimistisch zwei Containergebäude in Nutzung genommen, die u. a. die Einrichtung eines Freihandmagazins für Neuerwerbungen seit 1991, der Lehrbuchsammlung Medizin, eines ausgewogenen Lesesaalbestandes und umfangreicher Informationsbestände ermöglichte. In den Fachbibliotheken, die im Rahmen der Neubauplanung als Freihandpräsenzbibliotheken vorgesehen sind,

konnte durch Zusammenlegung verschiedener Standorte, durch Rekonstruktion von Gebäudeteilen und durch organisatorische Maßnahmen erreicht werden, daß viele Fachbibliotheken
den größten Teil ihrer Bestände bereits in Freihand anbieten.

Informationsdienste

Neben komfortablen Benutzungsmöglichkeiten der eigenen Bestände erwarten die Benutzer
insbesondere umfassende, schnelle und zielgenaue Informationsdienstleistungen zu ihren
oftmals sehr komplexen Fragestellungen. Dabei geht es nicht nur um bibliographische
Informationen, sondern zunehmend spielen Fakteninformationen sowie graphische und
Bildinformationen eine wichtige Rolle. Und nach Möglichkeit soll dieses Informationsangebot endnutzerorientiert aufbereitet und über das Campusnetz auf dem PC abrufbar sein.

Mit der Verfügbarkeit eines schnellen Netzes und der WWW-Funktionalität zahlreicher
Informationsdienste kann diesen Erwartungen an der UB Rostock schon zu einem großen Teil
entsprochen werden. Dazu werden alle nutzerrelevanten Informationen entsprechend strukturiert über die Homepage mit dem Namen ROBINSON (*RO*stocker *B*ibliotheks*IN*formations-
*System ON*line) angeboten. In einer zweiten Ausbaustufe soll ROBINSON zu einem dialog-
fähigen Navigationssystem ausgebaut werden.

- In einer ersten Menügruppe des ROBINSON erhält der Benutzer alle wichtigen Informationen über die Universitätsbibliothek: Profil, Struktur, Ansprechpartner, zentrale Benut-
zungsbereiche und Fachbibliotheken, Öffnungszeiten, Lagepläne, Publikationen, Projekte,
statistische Kennziffern zur Bibliothek, Informationen zur Geschichte usw. Ein alphabe-
tisches Begriffsregister verlinkt schließlich alle Benutzeranfragen mit den entsprechenden
Web-Seiten von ROBINSON.
- Eine zweite Menügruppe gibt dem Benutzer die Möglichkeit, in bibliothekarischen
Informationsangeboten recherchieren zu können: OPAC der UB, Kataloge anderer Bibliotheken und Verbünde, bibliographische und Fachdatenbanken, elektronische Zeitschriften,
elektronische Texte, Multimedia-Datenbanken, Fernleihe und Dokumentlieferdienste
usw.
- Schließlich sind in einer dritten Menügruppe alle Hilfen zur Benutzung des Dienstleistungsangebotes der UB aufgeführt: Neben der Benutzungs- und Gebührenordnung sind
hier gewissermaßen in Form „elektronischer Flyer" zu den verschiedensten Gebieten
entsprechende Benutzungshilfen zusammengestellt.

Über die in unterschiedlicher Ausprägung von den meisten Universitätsbibliotheken angebotenen Benutzerdienste hinausgehend zeichnet sich die UB Rostock dadurch aus, daß sie
in ihr Dienstespektrum auch das PatentInformatonsZentrum (PIZ) und die DIN-Auslegestelle integriert hat. Dadurch wird den Benutzern ein kompletter Rundum-Informations-
service angeboten, der insbesondere von den naturwissenschaftlich/technisch/medizinisch
arbeitenden interdisziplinären Forschungsgruppen der Universität und den innovativen Firmen
der beiden Rostocker Technologiezentren gut angenommen wird. Im Zusammenhang mit
dem Neubau der Bereichsbibliothek Recht und Wirtschaft soll hier zukünftig auch das
Europäische Dokumentationszentrum integriert werden, so daß auch dieser Baustein zu
einem immer komplexeren Informationsangebot beitragen wird.

Fernleihe und Dokumentlieferung

Neue Informationsangebote der Bibliothek haben auch steigende Wünsche der Nutzer nach
Einsicht in die Primärquellen zur Folge. Und Bibliotheken sind immer weniger in der Lage

– relativ und zunehmend auch absolut –, alle gewünschten Quellen in der eigenen Bibliothek vorzuhalten. Nicht Vorhandenes muß also aus anderen Bibliotheken beschafft werden.

Dabei konnte mit der Online-Version des „roten Leihverkehrs" im GBV bereits ein erheblicher Qualitätsschub erzielt werden. Die Nutzer können im Ergebnis von Recherchen in einer Reihe von Nachweisdatenbanken des Verbundes direkt den Leihverkehr per Knopfdruck anstoßen. Diese Möglichkeit hat die Fernleihe wesentlich beschleunigt und ist bei den Benutzern auf große Akzeptanz gestoßen. Mit Hilfe einer leistungsfähigen ARIEL-Station kann die Lieferung von Kopien auch elektronisch erfolgen.

Von den Möglichkeiten des SUBITO-Lieferdienstes wird von den Benutzern der Universität Rostock bisher kein sehr großer Gebrauch gemacht. Neben finanziellen Gründen spielt möglicherweise aber auch die unzureichende Wahrnehmung dieses Dienstes durch die Benutzer eine Rolle.

8. Ausblick

Das Konzept der UB Rostock – Altes zu bewahren und konsequent neue Informationstechniken und -technologien einzuführen – hat sich in der Zeit des Überganges in die elektronische Informationswelt bewährt. In kurzer Zeit wurde der Sprung von einer konventionellen Gebrauchsbibliothek in eine moderne Informationsbibliothek bewältigt.

Aufbauend auf einer hervorragenden datentechnischen Infrastruktur, einem motivierten und gut ausgebildeten Mitarbeiterstamm, einer flexiblen Organisationsstruktur und einem modernen Dienstleistungskonzept soll der Weg des Auf- und Ausbaus endnutzerorientierter komplexer Informationsdienste weiter beschritten werden. Der Benutzer soll nicht mehr der „Sammler und Jäger" von Informationen sein, sondern die für die jeweilige Frage- oder Problemstellung relevanten Informationen vom System mit minimalem Aufwand, umfassend, schnell und mit wenig Redundanz an den Arbeitsplatz geliefert bekommen. Dazu sind neue Denkweisen sowohl in der Bibliothek als auch in der gesamten Universität notwendig. Die gegenwärtig auch an der Universität Rostock diskutierten Thesen für neue Informationsinfrastrukturen können diesen Entwicklungsprozeß wesentlich unterstützen.

Michael Knoche

Die Eingliederung der Thüringischen Landesbibliothek Weimar in die Nationalen Forschungsstätten

Die Bibliotheken in der DDR haben zwei große Wellen von Verwaltungsreformen mit weitreichenden Konsequenzen für ihre Funktion und ihren Status erlebt. 1952 wurden die Länder nach dem Prinzip des „demokratischen Zentralismus" aufgelöst und in diesem Zusammenhang alle noch bestehenden Landesbibliotheken mit Ausnahme von Dresden, Schwerin und Weimar abgeschafft oder neu zugeordnet. Am 31. Mai 1968 schließlich trat eine Bibliotheksverordnung in Kraft, in deren Vorfeld oder Folge zahlreiche Bibliotheken mit anderen Einrichtungen zusammengeführt oder neu „profiliert" wurden.

Hatte die Thüringische Landesbibliothek, die 1691 unter Herzog Wilhelm Ernst als Herzogliche Bibliothek begründet wurde und in den Zeiten Anna Amalias, Carl Augusts und Goethes eine große Ausstrahlung gewonnen hatte, die erste Reformwelle noch unbeschadet überstanden, so verlor sie am 31.12.1968 ihre Selbständigkeit. Sie wurde in die Trägerschaft der Nationalen Forschungs- und Gedenkstätten der klassischen deutschen Literatur in Weimar (NFG) überführt und mit der unter diesem Dach bereits bestehenden kleineren Institutsbibliothek vereinigt. Deren Name Zentralbibliothek der deutschen Klassik galt nun für die neue vereinigte Institution. Erst 1991 wurde sie in Herzogin Anna Amalia Bibliothek umbenannt und ist heute Teil der Stiftung Weimarer Klassik. Sie betrachtet sich seither als Forschungsbibliothek für Literatur- und Kulturgeschichte mit Schwerpunkt auf der deutschen Literatur von der Aufklärung bis zur Spätromantik.

Die große Bibliothekspolitik hatte auch biographische Konsequenzen für eine Reihe von Bibliothekarinnen und Bibliothekaren, die sich mit ihrer Landesbibliothek identifiziert hatten und die neue Entwicklung ablehnten. Fünf Personen verließen das Haus im Jahre 1969 – ein ungewöhnlicher Vorgang im Bibliothekswesen der DDR. Mit ihnen verlor die Weimarer Bibliothek gerade die Fachleute, die gut ausgebildet waren, den Bibliotheksbestand aus langjähriger praktischer Arbeit kannten und Ansprechpartner für die wissenschaftlichen Benutzer waren. Die Bibliothek hat viele Jahre gebraucht, um den personellen Aderlaß einigermaßen zu überwinden, zumal die Rekrutierung qualifizierter Bibliothekare in Weimar – abseits der großen Metropolen – schon immer ein Problem war.

Ziel des vorliegenden Beitrags ist es, die Vorgeschichte des Verlusts der Selbständigkeit anhand von Dokumenten nachzuzeichnen. Dabei soll in erster Linie die Chronologie der Diskussion dokumentiert werden. Weniger ausführlich können in diesem Zusammenhang die allgemeinen Widersprüchlichkeiten in der Entwicklung der Thüringischen Landesbibliothek seit 1945 oder die praktischen Auswirkungen des neuen Unterstellungsverhältnisses zur Sprache kommen. Dazu ist an anderer Stelle ein erster Versuch unternommen worden.[1]

---

[1] Vgl. dazu Roland Bärwinkel: Die Thüringische Landesbibliothek Weimar 1919 – 1968 und Michael Knoche: Verlust der Selbständigkeit und Spezialisierung. Die Zentralbibliothek der deutschen Klassik 1969 – 1989, beide in: Herzogin Anna Amalia Bibliothek – Kulturgeschichte einer Sammlung. Hrsg. Von M. Knoche. München, 1999.

Am 6. August 1953 waren die NFG in Weimar durch Ministerratsbeschluß gegründet worden und umfaßten unter der zentralistischen Führung ihres Direktors Helmut Holtzhauer (1912 – 1973, von 1954 – 1973 im Amt) das Goethe-Nationalmuseum mit weiteren Dichterhäusern und Museen, das Goethe- und Schiller-Archiv, die Institutsbibliothek unter dem Namen Zentralbibliothek der deutschen Klassik sowie Schlösser und Parke in Weimar und Umgebung. Der „VEB Goethe", wie die Kultureinrichtung im Volksmund hieß, verfügte Ende der sechziger Jahre über ca. 350 Mitarbeiter und hatte auch wegen seiner Bedeutung für den Fremdenverkehr eine starke Stellung im Leben der Stadt. Von daher wäre es nicht überraschend gewesen, wenn die Initiative für eine Übernahme der Thüringischen Landesbibliothek, die ebenfalls zum klassischen Kulturerbe gehörte, von dieser Seite ausgegangen wäre. Doch wurde der Stein von der Landesbibliothek aus ins Rollen gebracht.

Der Direktor der Landesbibliothek Werner Schmidt (1910 – 1982, Direktor von 1961 – 1968) verfaßte am 25.8.1964 ein Papier, in dem er die desolate Raumsituation drastisch schilderte. Den einzigen Ausweg für eine notwendige Bibliothekserweiterung sah er in der Herrichtung der „Ruine" des ehemaligen Landesmuseums, eines in der Nachkriegszeit dem Verfall preisgegebenen Gebäudes in etwa zwei Kilometer Entfernung vom Stammgebäude der Bibliothek. Dort waren nach seiner Meinung nicht nur die neueren Bestände der Landesbibliothek ab 1945 mit allen Benutzungseinrichtungen unterzubringen, sondern auch die Bibliothek der Hochschule für Architektur und Bauwesen mit ihrem gesamten Betrieb. Durch eine enge Kooperation seien personelle und finanzielle Einsparungen zu erzielen. Die historischen Bestände sollten im Stammgebäude verbleiben und dort den Benutzern zur Verfügung gestellt werden (Dokument 1).

Das Gefährliche an diesem Konzept war die deutliche Zweiteilung der Bibliothek in einen modernen und einen musealen Teil. Schmidt ließ immer wieder erkennen, daß für ihn die Literaturversorgung mit aktueller Literatur die Priorität besaß. So hieß es an anderer Stelle: „Die Thüringische Landesbibliothek muß es, wie jede wissenschaftliche Bibliothek, als ihre wichtigste Aufgabe ansehen, ihre Leser mit derjenigen Literatur zu versorgen, die sie für ihre berufliche und gesellschaftliche Aus- und Weiterbildung, für die wissenschaftliche Forschung und für die tägliche Berufspraxis benötigen. Es ist selbstverständlich, daß dabei der Literaturbedarf der für unsere volkswirtschaftliche Entwicklung vorrangigen Betriebe und Forschungsstellen einen ersten Platz einnehmen muß."[2] Von ca. 5000 Titeln Zuwachs pro Jahr entfielen etwa 1000 auf die Gebiete Naturwissenschaften, Mathematik, Technik und Medizin.

Die Akten lassen nicht erkennen, ob Schmidt schon damals in Erwägung zog, im Tausch gegen ein funktionierendes modernes Bibliotheksgebäude das Stammhaus mit den historischen Beständen ganz preiszugeben. Tatsache ist, daß ihm ein solcher Verzicht vom Direktor der NFG im Jahr 1965 unterstellt wurde: „Vor längerer Zeit trat Genosse Schmidt ... an mich mit dem Vorschlag heran, etwa gegen Ende der 60er Jahre das derzeitige Gebäude der Landesbibliothek samt dem bis ca. 1850 reichenden Bibliotheksbestand (unter Ausklammern der naturwissenschaftlichen, technischen und ähnlichen Bestände) zu übernehmen. Als Voraussetzung dafür sah er den Wiederaufbau des alten Landesmuseums in Weimar als moderne Bibliothek", hieß es in einem Schreiben Holtzhauers vom 4.8.1965 an das Staatssekretariat für das Hoch- und Fachschulwesen (Dokument 2).[3] Schmidts Gedankenspiele hatten die Verantwortlichen der NFG hellhörig gemacht, die schon lange auf die „wichtigste

---

2   Bericht (undatiert, „am 5.11.1964 an Herrn Weißhuhn gegeben") über eine Vereinbarung zwischen der Thüringischen Landesbibliothek und dem VEB Weimarwerk. Stiftung Weimarer Klassik / Goethe-Schiller-Archiv [=GSA], Bestand LB, 574.

3   GSA, Institutsarchiv, 1219.

Institution der klassischen Zeit" ein Auge geworfen hatten und „eine der letzten, im Grunde dem Ensemble der Nationalen Forschungs- und Gedenkstätten zugehörigen Einrichtungen" gerne in ihren Verbund eingegliedert hätten.[4]

Mit den leichtfertigen Äußerungen Schmidts war ein Diskussionsprozeß in Gang gekommen, der auch hätte vermieden werden können, wenn man es gewollt hätte. Aber Schmidt, der in den fünfziger Jahren Hauptreferent für die wissenschaftlichen Bibliotheken im Staatssekretariat für Hochschulwesen gewesen war, hatte einen besonderen Ehrgeiz, sich den Trends der Zeit anzupassen. Für sein eigenes Haus verwendete er gern die Bezeichnung „große wissenschaftliche Allgemeinbibliothek" und ließ damit erkennen, daß er im Einklang mit der generellen Linie der Bibliothekspolitik der DDR stand, die in den sechziger Jahren auf eine Durchsetzung dieses Bibliothekstyps, einer Art Einheitsbibliothek mit wissenschaftlichen und allgemeininteressierenden Beständen, ausgerichtet war. Die historischen Bestände erschienen dabei als ein Ballast, auf den man zwar stolz sein konnte, der aber die aktuelle Aufgabenerfüllung eher behinderte.

Illusorisch an den Plänen des Landesbibliothekschefs war die Erwartung, ein Gebäude für die neu formierte Bibliothek durchsetzen zu können, das erst mit Millionenaufwand hätte hergerichtet werden müssen.[5] (Die 1998 vollendete Sanierung einschließlich der Inneneinrichtung hat etwa 23 Mio. DM gekostet.) Damit war jeder Spekulation über die Zukunft der Landesbibliothek Tür und Tor geöffnet. Die NFG erkannten die Chance und beauftragten den Leiter ihrer Zentralbibliothek der deutschen Klassik Hans Henning mit einer Studie zur „Eingliederung der Landesbibliothek Weimar in die Nationalen Forschungs- und Gedenkstätten und Umwandlung in eine Zentralbibliothek der deutschen Literatur". Henning schlug am 11.11.1966 vor, die Bibliothek ohne bauliche Veränderungen in die Obhut der NFG zu übernehmen, dabei aber das für eine „Zentralbibliothek der deutschen Literatur" „unwichtige und belastende Schrifttum" von etwa 200 000 Bänden auszuscheiden. Gemeint waren Erwerbungen aus der Zeit nach 1850 aus den Gebieten Musik, Architektur, Medizin, Naturwissenschaften und Technik. Er sah in einer Vereinigung mit seiner eigenen Bibliothek die Chance, die neue Institution – jetzt auf die gesamte deutsche Literatur, nicht bloß auf die der klassischen Periode ausgerichtet – in eine Fachbibliothek mit zentraler Funktion für die DDR umzuwandeln (Dokument 4).

Die Auffassung, daß die Thüringische Landesbibliothek einen Ballast an unwichtiger Literatur mitschleppe, bildete von diesem Zeitpunkt an eine verhängnisvolle Zwangsvorstellung aller an der Diskussion Beteiligten. In den siebziger Jahren sind dieser Einschätzung entsprechend mindestens 20 000 Bände ausgesondert worden. Die Bestandsbereinigung ist somit nicht so radikal ausgefallen, wie ursprünglich gefordert, aber sie war doch auch für die wissenschaftlichen Bibliotheken der DDR ein ungewöhnlicher Vorgang.[6]

Für Werner Schmidt ging die Initiative der NFG zu weit. Am 30.3.1967 erklärte er in einer Stellungnahme jede Lösung des Problems, die einer Liquidierung der Landesbibliothek gleichkäme, für „nicht diskutabel". Einen Weg sah er jedoch darin, daß das historische

---

4 Studie über die Eingliederung der Landesbibliothek Weimar in die NFG, vorgelegt von Hans Henning, 11.11.1966. Ebd.

5 Zur Geschichte des ins Auge gefaßten Gebäudes (ehemaliges Großherzogliches Museum) vgl. Neues Museum Weimar. Hrsg. von Rolf Bothe. München, Berlin 1997. Am 1.1.1999 wurde das Museum als Teil der Kunstsammlungen zu Weimar mit einer Präsentation zeitgenössischer Kunst wiedereröffnet.

6 Unter der harmlos klingenden Überschrift „Grundsätze für die Differenzierung des Bestandes der ehemaligen Landesbibliothek" legte die neue Bibliotheksleitung im Januar 1969 die abzugebenden Teile der Sammlung in einem vertraulichen Arbeitspapier fest. GSA, Institutsarchiv 1221. Abgedruckt bei Knoche (s. Anm. 1).

Gebäude mit den Kunstschätzen und Bibliotheksbeständen aus der Zeit der deutschen Klassik den NFG übergeben werde. Für die Landesbibliothek mit ihren neueren Beständen hielt er an einem neuen Gebäude fest.[7] Damit bekräftigte er seinen von Holtzhauer bereits 1965 referierten Standpunkt.

Die konträren Auffassungen wurden in einer gemeinsamen „Studie" von Henning und Schmidt vom Juli bzw. September 1967 festgehalten und als „Variante A" und „Variante B" nebeneinander gestellt.[8] Eine weitere Variante wurde von Irma Marschall, der Leiterin der Stadtbücherei Weimar (1967 – 1978), beigesteuert, nach der die neueren Bestände der Landesbibliothek in einem neu zu errichtenden Zweckbau eine wissenschaftliche Abteilung der Stadt- und Kreisbibliothek bilden könnten.[9] Die völlige Aufteilung der Landesbibliothek wurde jedoch vom Staatssekretariat abgelehnt und wurde nicht weiterverfolgt (Dokument 5). Damit waren die Positionen Marschalls und Schmidts aus der Diskussion.

Nach Veröffentlichung der Bibliotheksverordnung vom 31.5.1968 lief die Entwicklung eindeutig auf eine Übernahme der Landesbibliothek durch die NFG zu und konzentrierte sich auf die technischen Details. Denn, so hieß es in einem undatierten NFG-Papier: „Die Verordnung klammert die Weiterexistenz der Landesbibliotheken aus."[10] Damit waren die Prinzipien klar: Der Bibliothekstyp „Landesbibliothek" sollte aufgegeben werden, aber die Bibliothek mit ihrem historischen Gepräge sollte nicht völlig unkenntlich werden. Der Direktor der Landesbibliothek fügte sich ins Unvermeidliche und anerkannte in einem Gesprächsprotokoll die Gründe für die Richtungsentscheidung.[11] Der Grundsatzbeschluß für eine Vereinigung mit der Institutsbibliothek der Forschungsstätten wurde offensichtlich bereits am 6.8.1968 gefaßt und den Direktoren der wissenschaftlichen Bibliotheken der DDR am 22./23.9. bekanntgegeben.[12] Das Personal der Landesbibliothek ahnte noch nichts. Allenfalls Gerüchte machten die Runde.

Die definitive „Vereinbarung über die Eingliederung der Thüringischen Landesbibliothek ..." kam erst am 5.12.1968 zustande und wurde einige Tage später vom Ministerium und vom Direktor der Akademie der Künste zu Berlin gegengezeichnet. Unter Berufung auf die Bibliotheksverordnung wird als Ziel der Bibliotheksfusion definiert, „ein bedeutsames Zentrum für die deutsche Nationalliteratur zu schaffen, dessen Schwergewicht bei der klassischen deutschen Literatur liegt". Hervorgehoben wird nur der Wert der Literatur bis 1850 („gilt als Quellenschatz für die klassische deutsche Literatur und ist zu großen Teilen unter der Leitung Goethes zusammengetragen worden"). Die Fortführung der landesbibliothekarischen Sonderaufgaben (Pflichtexemplar, Thüringen-Bibliographie, Ausleihe an ein allgemeines Publikum) wird zugesichert, „sofern nicht zu gegebener Zeit anderweitige Regelungen notwendig erscheinen".[13] Der Direktor der Landesbibliothek sollte künftig als stellvertretender Leiter der neuen Bibliothek fungieren (Dokument 6).

---

7 Vorschlag zur Kooperation der Thüringischen Landesbibliothek und der Zentralbibliothek der deutschen Klassik in Weimar vom 30.3.1967. GSA, Institutsarchiv 1219.

8 Ebd.

9 Variante für die Verwirklichung des einheitlichen sozialistischen Bibliothekssystems in der Stadt Weimar. Dezember 1967. Ebd.

10 Zur Überleitung der Landesbibliothek. Ebd.

11 Vorschlag für die Eingliederung der Landesbibliothek in Weimar in die Nationalen Forschungs- und Gedenkstätten aufgrund der Bibliotheksverordnung vom 31. Mai 1969, unterschrieben von Helmut Holtzhauer am 8.10.1968. Ebd.

12 Brief Holtzhauers an den Minister für das Hoch- und Fachschulwesen vom 9.10.1968. Ebd.

13 Vgl. Dokument 6.

Die Vereinbarung enthielt keine Aussage über den Namen der vereinigten Bibliothek und keinen Termin für die Übernahme. Diese beiden wesentlichen Fragen scheinen erst in einer Besprechung Holtzhauers im Ministerium in Berlin am 17.12.1968 entschieden worden zu sein. Das Ministerium für Hoch- und Fachschulwesen hatte die Beibehaltung des Namens Thüringische Landesbibliothek ausdrücklich als unerwünscht bezeichnet und als Termin der Fusion den 1.1.1969 festgelegt.[14] Die NFG-internen Konsequenzen der Entscheidung faßte Holtzhauer in einem am 18.12.1968 entworfenen Papier zusammen und datierte es auf den 1. Januar 1969 (Dokument 7).

Die Vereinigung, von der die Mitarbeiterinnen und Mitarbeiter der Landesbibliothek vor Beginn der Weihnachtsfeiertage noch nichts ahnten, wurde am 2. Januar nach einer morgendlichen Personalversammlung mit zahlreichen Umsetzungen vollzogen. In keinem Fall wurde vorab mit den betroffenen Personen gesprochen bzw. diese auf ihre Eignung oder ihr Interesse für die neue Tätigkeit befragt. Der Leiter der Zentralbibliothek (bisher Vorgesetzter von 15 Angestellten) tauschte mit dem Direktor der Landesbibliothek (Vorgesetzter von 27 Mitarbeiter/innen) das Dienstzimmer und übernahm die Leitung der vereinigten Bibliothek. Generell wurden die Schlüsselfunktionen von Mitarbeitern der alten Zentralbibliothek besetzt. Unter den Angestellten der Landesbibliothek herrschte das Gefühl einer feindlichen Übernahme vor. Der Begriff Landesbibliothek durfte auch intern nicht mehr verwendet werden.

Die Zentralbibliothek bildete vom 1.1.1969 an einen Direktionsbereich innerhalb der Nationalen Forschungs- und Gedenkstätten. Am 15. Januar wurde im Kunstsammlungssaal des Goethe-Nationalmuseums eine Belegschaftsversammlung der NFG abgehalten, zu der auch auswärtige Fachvertreter eingeladen waren. Dort wurden Gründe und Ziele der Bibliotheksvereinigung öffentlich bekanntgegeben.

Die Bibliotheksfusion fand auch in der Öffentlichkeit ein kritisches Echo. Auf der Tagung des Deutschen Bibliotheksverbandes vom 6. bis 8.5.1969 in Magdeburg wurde das Weimarer Beispiel eines Zusammenschlusses als „nicht empfehlenswert" beurteilt. Im Anschluß an die Versammlung wandte sich der Generaldirektor der Deutschen Bücherei Helmut Rötzsch an den Direktor der NFG mit der Feststellung: „Wegen des Zusammenschlusses der Thüringischen Landesbibliothek mit Eurer Zentralbibliothek herrscht im Deutschen Bibliotheksverband eine gewisse Unruhe..., vor allem im Hinblick auf die Weiterführung der Arbeit in der ehemaligen Landesbibliothek"[15]. Besonders beunruhigt waren die in Magdeburg versammelten Bibliothekarinnen und Bibliothekare von der bekanntgewordenen Absicht der Zentralbibliothek der deutschen Klassik, den Fernleihverkehr in Zukunft nur noch eingeschränkt zu bedienen und sich damit aus dem kooperativen System des Literaturaustauschs zurückzuziehen.

In der lokalen Presse wurde die Befürchtung laut: „Was aber wird mit den vielen Büchern aus anderen Sammelgebieten? Mit der belletristischen Literatur, die diese Bücherei zu einer der umfassendsten Thüringens machte?"[16] Die Sorge bezog sich vor allem auf die breit angeschaffte schöne Literatur des deutschsprachigen Auslands, die in der Tat in der Folgezeit spärlicher als zu Landesbibliothekszeiten ins Haus, zumindest in die Hand der Leser kam. In einer anderen Zeitung erschien ein nicht namentlich gezeichneter Brief eines gut informierten Lesers, in dem es hieß: „Die seit Jahrzehnten, zum Teil seit Jahrhunderten

---

14 Aktennotiz von H. Holtzhauer vom 17.12.1968. GSA, Institutsarchiv 1221.

15 Brief vom 30.5.1969. GSA ebd.

16 Thüringische Landeszeitung vom 21.1.1969 (Georg Menchén).

angeschafften Literaturbestände auf den naturwissenschaftlichen, technischen, historischen, ökonomischen, rechtlichen und anderen Wissensgebieten ‚frieren' sozusagen ein. Da auf diesen Gebieten keine Neuzugänge erfolgen, müssen die Bestände für die Nutzer zunehmend an Wert verlieren."[17] Der Leserbriefschreiber warnte davor, die im Zuge der Spezialisierung der Bibliothek nicht mehr ergänzten Literaturgebiete an auswärtige Bibliotheken abzugeben. Der Bibliotheksdirektor, der an gleicher Stelle mehr als fünf Monate später auf den Brief antwortete (19.8.70), wies diese Befürchtung als unbegründet zurück. Doch war die Aussonderung bereits im Gange.

Die Bibliothekspolitik der DDR hatte mit der jahrelang vorbereiteten Bibliotheksverordnung vom 31.5.1968 neue Grundlagen erhalten. Die Thüringische Landesbibliothek paßte seitdem vom Typ her nicht mehr in die Landschaft. Dennoch darf gefragt werden, ob es für sie die Möglichkeit gegeben hätte, ihre Selbständigkeit zu verteidigen, wie es der Sächsischen Landesbibliothek Dresden gelungen ist. Mit einer entschlossenen Persönlichkeit an der Spitze der Bibliothek wäre dies nicht aussichtslos gewesen. Im Grunde aber waren ihre Entwicklungschancen bereits in den fünfziger Jahren verspielt worden. 1952 wäre bei der Auflösung der Landesbibliotheken in Altenburg, Meiningen, Rudolstadt und Sondershausen eine Stärkung der Weimarer Bibliothek als Landesbibliothek für Thüringen – mit koordinierenden Funktionen für das regionale Bibliothekswesen und landesgeschichtlichen Aufgaben – möglich gewesen. Da von der Weimarer Bibliothek jedoch keine Initiativen ausgingen, konnte sich die Universitätsbibliothek Jena immer eindeutiger zur führenden Bibliothek in Thüringen entwickeln. Mitte der sechziger Jahre – unter den Bedingungen der desolaten Raumknappheit, der unzulänglichen finanziellen Ausstattung und des Modernisierungsrückstandes – stand die Frage einer Überführung der Landesbibliothek Weimar in neue Rechtsverhältnisse unabweislich im Raum.

Als besonders fatal sollte sich erweisen, daß die Landesbibliothek bei der Eingliederung in die NFG nicht mit ihrem gesamten Bestand willkommen war, sondern nur mit den auf die Weimarer Klassik bezogenen Teilen. Das hat nicht nur zu Bestandsverlusten geführt, sondern die Bibliothek in den Folgejahren auf eine Spezialbibliothek für eine bestimmte Epoche der deutschen Literatur reduziert. Sie wurde im Gegensatz zum früheren breiten kulturhistorischen Radius der Landesbibliothek auf ein Teilgebiet der Philologie festgelegt. Die Dekomposition wurde durch den unentschlossenen Direktor Werner Schmidt eingeleitet und von den NFG vollzogen.

---

[17] Das Volk, Ausgabe Weimar, vom 3.3.1970.

25.8.64

Gegenwärtige Raumsituation der Thüringischen Landesbibliothek.

Die Thüringische Landesbibliothek ist in dem im 16. Jahrhundert
erbauten Gebäude am Platz der Demokratie, das in den Jahren
1762 bis 1766 als Bibliothek umgebaut wurde, untergebracht.
Dieser Bau ist anfangs des 19. Jahrhundert sowie um 1850 herum
durch je einen Anbau am Nord- und Südteil des Gebäudes erweitert
worden. In den letzten 100 Jahren sind keinerlei räumliche Er-
weiterungen vorgenommen worden. Baumaßnahmen im Innern des Gebäudes betrafen im wesentlichen Schönheitsreparaturen und Wert-
erhaltungsmaßnahmen.

Das Gebäude ist kein Zweckbau. Die statischen Bedingungen sind
entsprechend begrenzt. Der Anbau im Südteil des Gebäudes (Goethe-
anbau) ist ein leichter Fachwerkbau, an dem sich in der letzten
Zeit auf Grund der starken Belastung und der Altersschwäche
Risse und Veränderungen am Mauerwerk zeigten. Auf Grund solcher
Beobachtungen mußten einige Magazinräume in diesem Teil im Jahre
1961 geräumt werden. Die freiwerdenden Räume wurden zu Arbeitszimmern umgebaut.

Als Ausweichmagazin stehen der Landesbibliothek mehrere Räume
im Gelben Schloß (Verwaltungsgebäude des Rates der Stadt in unmittelbarer Nähe der Bibliothek) zur Verfügung.
Die Mehrzahl der Magazine hat eine Regalhöhe von 3 bis 5 Metern.
Nur für die neuesten Erwerbungen konnte im Jahre 1957 ein modernes Stahlmagazin eingerichtet werden.

Der Stellraum für die Neuzugänge war im Februar dieses Jahr erschöpft. Durch bauliche Maßnahmen konnte ein Teil des Kellers
in das Magazin einbezogen und hier Stellraum für etwa 4 Jahre
geschaffen werden.

Die Zahl der Lesesaal-Plätze mußte im Jahre 1961 reduziert werden,
da das Zeitschriften-Lesezimmer für Magazinzwecke verwendet werden
mußte.

Unzureichend sind die Katalogräume und der Ausleihraum infolge
des ständigen Anwachsens der Kataloge und der Leserzahl. Die
tägliche Benutzerfrequenz liegt bei 100 bis 120 Lesern.

Dokument 1: Aktennotiz des Direktors der Landesbibliothek Werner Schmidt vom 25.8.1964 zur
Raumsituation
(Stiftung Weimarer Klassik/Goethe- und Schiller-Archiv [=GSA], Bestand LB, 574)

- 2 -

Im Katalograum können gleichzeitig ohne gegenseitige Belastung
8 Personen an den Katalogen arbeiten.

Die Unterbringung der Mitarbeiter ist zur Zeit noch befriedigend.
Unzureichend ist jedoch die Buchbinderwerkstatt und der Packraum.
Ein Raum für Fotoarbeiten fehlt vollständig.

Das Gebäude der Landesbibliothek steht unter Denkmalschutz.
Eine Erweiterung durch einen Anbau oder durch Umbau ist daher
nicht möglich. Die in der Nähe der Bibliothek befindlichen Gebäude sind sämtlich als wissenschaftliche Institute bzw. für Ver-
waltungszwecke belegt. Lediglich das "Haus der Frau von Stein"
könnte für Erweiterungszwecke der Bibliothek dienen. Die Räumung
der dort befindlichen Wohnungen sowie des von Weimarer Schulen
benutzten großen Saales dürfte in den Jahren außerordentlich
schwierig sein.

Als einziges Gebäude für eine Bibliothekserweiterung bietet
sich die Ruine des ehemaligen Landesmuseums am Karl-Marx-Platz
an. Das Gebäude ist innen teilweise zerstört, während die Außen-
mauern erhalten sind. Der Ausbau dieses Gebäudes für Bibliothekszwecke könnte etappenweise vorgenommen werden.

Es erscheint zweckmäßig, in dieses Gebäude den nach 1945 erworbenen Buchbestand zu verlagern und alle Benutzungseinrichtungen
(Katalogräume, Ausleihe, Lesesaal, Auskunft) hier zu stationieren.
Dadurch wäre die Möglichkeit gegeben, im alten Gebäude die Pflege
der Handschriften und Incunabelbestände, der Sondersammlungen,
insbesondere des musealen Bestandes, zu fördern. Das historische
Gebäude könnte außerdem mehr als bisher als klassische Städte
Weimars zur Geltung gebracht werden. Ebenso empfiehlt sich hier
eine Verbindung mit der Franz-Liszt-Hochschule hinsichtlich der
Nutzung des alten und neuen musikwissenschaftlichen Bestandes.

Für die Nutzung des Gebäudes am Karl-Marx-Platz empfiehlt sich
eine engere Verbindung mit der Bibliothek der Hochschule für
Architektur und Bauwesen, die zur Zeit unzulänglich und unzweck-
mäßig untergebracht ist. Das Gebäude bietet Platz genug, um die
Bestände der Hochschulbibliothek mit xxxxxxxxxxxx aufzunehmen, so
daß sich gute Voraussetzungen für eine Benutzungseinheit ergeben,

Dokument 1b

- 3 -

das heißt gemeinsame Lesesäle, Ausleihe und Katalogräume,
zumindest aber zur Arbeitserleichterung der Leser ein engeres
Nebeneinander dieser Benutzungseinrichtungen.
Die enge räumliche Nachbarschaft beider Bibliotheken könnte
sich vorteilhaft auf die Koordinierung der Beschaffung und
Erschließung auswirken. Die Ergänzung der Bestände könnte kon-
tinuierlich aufeinander abgestimmt werden. Die gemeinsamen
Benutzungseinrichtungen würden außerdem zu beträchtlichen per-
sonellen und finanziellen Einsparungen bzw. zu einer besseren
Ausnutzung der personellen Kapazitäten führen.

Dokument 1c

Weimar, den 4. August 1965
S

Herrn
Hauptabteilungsleiter Brückmann
Staatssekretariat für das Hoch-
und Fachschulwesen

101 B e r l i n 1
Wilhelmstraße 64

Werter Genosse Brückmann !

Vor längerer Zeit trat Genosse Schmidt, der Direktor
der Landesbibliothek Weimar, an mich mit dem Vorschlag
heran, etwa gegen Ende der 60er Jahre das derzeitige
Gebäude der Landesbibliothek samt dem bis ca. 1850
reichenden Bibliotheksbestand (unter Ausklammerung
der naturwissenschaftlichen, technischen und ähnlichen
Bestände) zu übernehmen. Als Voraussetzung dafür sah
er den Wiederaufbau des alten Landesmuseums in Weimar
als moderne Bibliothek.

Der Vorschlag erscheint mir im ganzen gesehen recht
sinnvoll. Was ich allerdings nicht überblicken kann ist,
ob diese Entwicklung in Übereinstimmung mit dem Staatssekretariat ins Auge gefaßt wird und welche realen
Möglichkeiten für die Verwirklichung des Projektes etwa
bis zum Jahre 1970 vorhanden sind.

Da wir gehalten sind, unseren langfristigen Perspektiv-
plan einzureichen, hätte ich gern Klarheit über diesen
Fragenkomplex gehabt und bitte, mir deshalb Deine
Meinung ex officio zu sagen.

Mit sozialistischem Gruß

Dokument 2: Brief des Direktors der NFG Helmut Holtzhauer an das Staatssekretariat für das Hochschulwesen vom 4.8.1965
(GSA, Bestand Institutsarchiv, 1219)

MINISTERRAT
DER DEUTSCHEN DEMOKRATISCHEN REPUBLIK
Staatssekretariat
für das Hoch- und Fachschulwesen

Abt. Wiss. Bibliotheken und Museen

Direktion
Eingang am
10 SEP. 1965

Herrn
Prof. Helmut Holzhauer
Direktor der Nationalen Forschungs-
und Gedenkstätten der Klassischen
Deutschen Literatur in Weimar

53 W e i m a r
Schloß (Neubau)
Burgplatz 4

108 Berlin
Otto-Grotewohl-Straße 17

Ihre Zeichen	Ihre Nachricht vom	Fernruf	Unsere Zeichen	
	4.8.1965	2207/2407	Br/Pš	6.Sept.1965

Betreff:

Werter Genosse Holzhauer!

Der Wiederaufbau des alten Landesmuseums in Weimar für die Landesbibliothek mußte nach Überprüfung des Gebäudes durch Bauexperten
von uns abgelehnt werden. Trotzdem müssen für die Planperiode
nach 1970 schon heute Überlegungen angestellt werden, wie es mit
der Landesbibliothek weitergeht und welche Voraussetzungen dafür
zu schaffen sind. In diese Überlegungen fällt auch der Vorschlag
des Genossen Schmidt, Direktor der Landesbibliothek Weimar.
Auch ich persönlich betrachte den Vorschlag des Genossen Schmidt
als sinnvoll und würde mich, sobald eine zweckmäßige Unterbringung
der Landesbibliothek geschaffen werden könnte, für ihn einsetzen.
An einen Neubau aus unseren Investmitteln ist bis 1970 nicht zu
denken. Stellt aber der Rat der Stadt der Landesbibliothek ein
geeignetes Gebäude zur Verfügung, könnte man dem Vorschlag näher-
treten.

Mit sozialistischem Gruß

U.R.
1. Herrn Dr. Koch z.K.u.Notizh.
2. Herrn Keller z.K.

Brückmann
Abteilungsleiter

not.
W.V.:
z.d.A.

Deutsche Notenbank
BERLIN 11 27 000
Kenn-Nr. 100 000

Telegramm-Anschrift
Hochschulwesen Berlin
Fernschreiber 011 494

Besuchszeit: Dienstag 9–14 Uhr
Freitag 9–18 Uhr

BmG 116/78/65 (509)

Dokument 3: Antwort des Staatssekretariats an die NFG vom 6.9.1965
(GSA, ebd.)

- 3 -

vorhandenen Sammlungen schließen die deutsche Literatur seit dem
15./16.Jahrhundert ein.Das gilt namentlich für die Mittelalter-,
Renaissance- und Frühaufklärungsliteratur, ferner für die zumeist
unter dem Begriff "Barockliteratur" verstandene Literatur des
17./18.Jahrhunderts. Wir nennen einige der für die Literaturgeschichte besonders wertvollen Erwerbungen aus der vorklassischen
Zeit: Psalter, Breviarien, Missale usw. aus dem Mittelalter (durch
die Säkularisation im 19.Jahrhundert), Minnesängerhandschriften
des 14./15.Jahrhunderts (durch Goethe 1779), Meistersingerhand-
schriften, Literatur der Fruchtbringenden Gesellschaft bzw. des
Palmenordens (infolge des Sitzes in Weimar von 1651-62),die Bibliothek des Sohnes von Logau (1704), die Sammlungen von C.S. und H.L.
Schurzfleisch (1.bzw. 2. Direktor der Bibliothek in der Zeit von
1706-08 und 1713-22), die Gottsched-Sammlung deutscher Dramen vom
15.-18.Jahrhundert (mit dem Nachlaß Anna Amalias 1807 übereignet).
Hinzukommt selbstverständlich die Literatur der Aufklärung und der
Klassik bis 1850. Später ist zwar die Klassik wesentlicher Inhalt
der Erweiterungspolitik gewesen,aber vielfach ist kontinuierlich
die deutsche Literatur einbezogen worden. Unter der Direktion von
Reinhold Köhler (1882-92) und Bojanowski (1893-1915) wurde noch
einmal die innige Verbindung zur Literatur (und Literaturwissen-
schaft) hergestellt. Auch Deetjen (1916-39) hat diese Tendenz auf-
recht zu erhalten versucht. Es wäre sinnvoll,auf dieser Tradition
aufzubauen und die Thüringische Landesbibliothek in eine
         Z e n t r a l b i b l i o t h e k   d e r   d e u t s c h e n
                    L i t e r a t u r
umzuwandeln. Auf Grund der Bestände und der Geschichte bietet sich
diese Lösung an, um der Weimarer Bibliothek eine echte Perspektive
zu geben.

Die Neubestimmung der Aufgabe für die Weimarer Bibliothek schließt
ihr Verhältnis zu den Nationalen Forschungs- und Gedenkstätten ein.
Die Stellung in der klassischen Zeit, die Bewahrung der Bestände
aus der Epoche Goethes und Schillers, Herders und Wielands, die
Handschriftenbände (darunter Nachlässe von Chr. Jagemann, Immer-
mann, Riemer, Chr.A. Vulpius) und die Kunstsammlungen (unter denen
sich die Kolossalbüste Goethes von d'Angers befindet), die Leihga-
ben an die Forschungsstätten und die Nutzung der Bestände seitens
der Mitarbeiter der Goethe- und Schiller-Institute legen den Gedan-

Dokument 4: Auszug aus dem Papier „Eingliederung der Landesbibliothek Weimar in die NFG
und Umwandlung in eine Zentralbibliothek der deutschen Literatur" vom 11.11.1966, erarbeitet von
Hans Henning (insges. 13 Seiten)
(GSA, ebd.)

- 4 -

ken nahe, die wichtigste Institution der klassischen Zeit den
Nationalen Forschungs- und Gedenkstätten einzugliedern.Damit würde
eine der letzten,im Grunde dem Ensemble der Nationalen For-
schungs- und Gedenkstätten zugehörigen Einrichtungen den richti-
gen Platz erhalten. Es darf dabei nicht übersehen werden,daß das
Gebäude als Kulturdenkmal mit einem der wenigen Bibliothekssäle
im Rokokostil Bedeutung hat und daß diese Memorialbibliothek der
Klassik in den musealen, archivalischen, bibliothekarischen und
literarhistorischen Wirkungsbereich der Forschungsstätten hinein-
reicht. Mit der Erinnerungsstätte der deutschen Klassik ist durch
Umbauten der Baumeister Coudray verbunden. 1807 wurde der Bibliothek der Nachlaß Anna Amalias übereignet, 1825 fand hier die Feier
zum 50. Jahrestag der Übersiedelung Goethes nach Weimar statt. Die
exhumierten Reste von Schillers Gebeinen fanden in den unteren Ge-
wölben eine vorläufige Ruhestätte.

Eingliederung und Umorganisation der Landesbibliothek durch die
Forschungsstätten ergäbe die bibliothekarische Parallele zu dem
geplanten Museum der deutschen Literatur.

Dazu noch einige Bemerkungen. Die stärkste Entleihung geht zur Zeit
von den Nationalen Forschungs- und Gedenkstätten aus. Die Bestände
der Landesbibliothek sind bereits eng mit denjenigen der Forschungsstätten verbunden. Handschriften liegen im Depot im Goethe- und
Schiller-Archiv. Drucke, Porträts und Erinnerungsstücke wurden zum
Aufbau des Goethe-, Schiller-, Herder- und Wieland-Museums ent-
liehen. Grobe Abstimmungen wurden zwischen den Bibliotheken hinsichtlich der Erwerbungspolitik nötig.Aus alledem geht hervor, wie
sinnvoll die Einbeziehung der Landesbibliothek in die Tätigkeit der
Forschungs- und Gedenkstätten wäre.

Eine Angliederung der Landesbibliothek an die Forschungs- und Gedenkstätten würde die Vereinigung der Bestände dieser Bibliothek
und der Zentralbibliothek der deutschen Klassik zur Folge haben.Die
noch vorhandene Doppelarbeit auf dem Gebiete der Sammlung klassi-
scher deutscher Literatur könnte für die Zukunft vermieden werden.
Die vorgeschlagene Lösung brächte eine wesentliche Förderung der
Tätigkeit der Forschungsstätten mit sich. Sie läge zugleich in der
Richtung des einheitlichen Bibliothekssystems. Da die zentralen regionalen Funktionen von der Universitätsbibliothek Jena wahrgenommen

Dokument 4b

- 5 -

werden, könnte die Landesbibliothek an die Spitze eines Fachnetzes rücken. Die "Zentralbibliothek der deutschen Literatur" (unter Einschluß der bisherigen "Zentralbibliothek der deutschen Klassik") würde in der Zukunft als d i e Bibliothek gelten, die die fachlich-wissenschaftlichen Belange der Germanistik, speziell der deutschen Literaturgeschichte, befriedigt. Eine solche Institution gibt es zur Zeit nicht. Sie besteht nur für die Zeit von 1750-1850 in der Bibliothek der Forschungsstätten.

II.

Gedanken der Vereinigung der Landesbibliothek mit der Bibliothek der Forschungsstätten

Im Jahre 1723 besaß die Landesbibliothek rund 11 000 Bde. 1920 nimmt Deetjen einen Bestand von 350 000 Bdn an. 1945 verfügte die Bibliothek über etwa 500 000 Bde, während augenblicklich rund 600 000 in ihrem Besitz sein sollen. Eine ungefähre Schätzung führt zu der Annahme, daß um 1850 ca 150-200 000 Bde angesammelt waren. Als Wissensreservoir der Klassiker ist der Bestand, der bis 1850 erreicht wurde, zu erhalten. Die spätere Bestandspolitik im Sinne einer wissenschaftlichen Allgemeinbibliothek überdeckte den für die Einbeziehung in die Forschungsstätten interessanten Bestand. Die Erwerbungen nach 1850 sind zu sichten, und zwar mit dem Ziel, das für eine "Zentralbibliothek der deutschen Literatur" unwichtige und belastende Schrifttum auszuscheiden. Wir nennen beispielhaft folgende Gebiete, für die naheliegende Interessenten gefunden werden können:

a. Musik (Franz-Liszt-Hochschule für Musik, Weimar)

b. Architektur (Hochschule für Architektur und Bauwesen, Weimar)

c. Medizin (Medizinische Akademie, Erfurt)

d. Naturwissenschaften und Technik (Universitätsbibliothek Jena, technische Spezialbibliotheken, Fachbibliotheken, Deutsche Staatsbibliothek, Berlin usw.)

Im übrigen wäre die Zentralstelle für wissenschaftliche Altbestände mit der Übernahme zu betrauen. Die schematische Ausgliederung der Musikalien verbietet sich, da die Musik-Sammlung der Anna Amalia integrierender Bestandteil der zukünftigen Bibliothek bleiben muß.

Dokument 4c

Zentralbibliothek   Weimar, den 1.11.1968
der deutschen Klassik   600/Dr.He/Sch.

Herrn
Professor Holtzhauer

im Hause

Betr.: Variante für die Verwirklichung des einheitlichen
       sozialistischen Bibliothekssystems in der Stadt Weimar

Die Überlegungen zur Vereinheitlichung des Bibliothekswesens haben
im Falle Erfurts bereits zu der Festlegung geführt, die wissenschaftliche mit der allgemeinen öffentlichen Bibliothek zu verei-
nigen. Auch in Weimar können solche Gedanken aufgeworfen werden,
obwohl von der Größe des Ortes und von dem Umfang der Bestände der
Landesbibliothek her die Schaffung einer "Einheitsbibliothek" kaum
erwogen werden sollte; die Unterschiede zwischen beiden Bibliotheks-
formen sind in Weimar einfach zu groß, um sie auf einen gemeinsamen
Nenner zu bringen.

Die Errichtung eines Bibliotheksgebäudes, das die Stadtbücherei
und eine "neue" Landesbibliothek aufnehmen würde, ist zweckmäßig,
 wenn an den ursprünglichen Plan von Dir. Schmidt gedacht wird, nämlich den historischen Teil der Landesbibliothek an uns übergehen
zu lassen und mit einem "Restbestand" die "neue" Landesbibliothek
zu begründen. Dieser Absicht steht jedoch die Äußerung von Herrn
Brückmann entgegen, der Liquidierung der Landesbibliothek durch
eine Teilung nicht zuzustimmen. Ehe also über die Planung eines
Bibliotheksgebäudes und dessen Standort entschieden wird, muß die
zukünftige Rolle der Landesbibliothek geklärt sein. Wir können den
vorliegenden Vorschlag insofern akzeptieren, da er mit unseren an-
fänglichen Überlegungen übereinstimmt (Bestände bis 1850 an uns).
Sollte dieser Vorschlag nicht in die Praxis umgesetzt werden können,
bliebe der letzte Stand der Verhandlungen mit Dir. Schmidt – An-

Dokument 5: Hausmitteilung des Leiters der Zentralbibliothek an den Direktor der NFG vom
11.1.1968 zum Stand des Entscheidungsprozesses
(GSA, ebd.)

– 2 –

gliederung der vollständigen Landesbibliothek an unser Institut –
maßgebend. Um jetzt einen Schritt weiterzukommen, müßte Dir.
Schmidt nunmehr eine verbindliche Erklärung abgeben oder wir
müßten eine Beratung vor der Stadt (oder dem Bezirk) beantragen
zur Klärung dieser Frage.

Ein Gespräch mit Dir. Schmidt am 10.1. ergab übrigens die völlige
Ablehnung des Gedankens von Frau Marschall, eine Vereinigung
Stadtbücherei – Landesbibliothek (auch nur eines neueren Teiles)
anzustreben. Von der "Variante ..." war Dir. Schmidt nichts be-
kannt; er hatte jedoch vor einiger Zeit den Raumbedarf für einen
Neubau der Landesbibliothek umrissen.

Zur Sache selbst, der Errichtung eines Bibliotheksgebäudes, kann
ich nur sagen, daß die Raumsituation in Weimar viel günstiger ist
als in Erfurt und in einigen anderen Orten des Bezirkes; ob ein
derartiger Bau in dem angegebenen Zeitraum (bis 1975) in Weimar
durchgesetzt werden wird, ist fraglich (auch im Rahmen der Möglichkeiten für Kulturbauten überhaupt). Der Bau einer neuen Bibliothek
für 1 000 000 Bde berührt natürlich auch die Entwicklung der führenden wissenschaftlichen Bibliotheken, von denen Jena, Leipzig,
Halle, Dresden z. Zt. noch unter katastrophalen Bedingungen arbeiten. Ob Weimar deshalb mit einem Neubau in absehbarer Zeit rechnen
kann, ist zu bezweifeln.

Anlagen   (Dr. Henning)

not.
W. V.
X z.d.A.

Dokument 5b

Vereinbarung

über die Eingliederung der Thüringischen Landesbibliothek
Weimar in die Nationalen Forschungs- und Gedenkstätten der
klassischen deutschen Literatur in Weimar

I.

Auf der Grundlage der "Verordnung über die Aufgaben des Bibliothekssystems bei der Gestaltung des entwickelten gesellschaftlichen Systems des Sozialismus in der DDR" vom 31. Mai 1968
wird die Eingliederung der Thüringischen Landesbibliothek Weimar
(LB) in die Nationalen Forschungs- und Gedenkstätten der klassischen deutschen Literatur in Weimar (NFG) vereinbart, und zwar
zwischen dem Ministerium für Hoch- und Fachschulwesen und der
Thüringischen Landesbibliothek einerseits und den Nationalen
Forschungs- und Gedenkstätten und der Deutschen Akademie der
Künste zu Berlin bezw. dem Büro des Ministerrates der DDR
andererseits.

II.
Gründe

1. Da die erwähnte Verordnung eine bezirkliche Gliederung vorsieht, sind auch die Stellung und die Aufgaben der Landesbibliothek neu zu regeln; dies soll im Zuge der Eingliederung
   in die NFG mit dem Ziele erfolgen, ein bedeutsames Zentrum
   für die deutsche Nationalliteratur zu schaffen, dessen Schwergewicht bei der klassischen deutschen Literatur liegt.

2. Die Eingliederung der LB in die NFG bietet sich aus folgenden
   Gründen an:
   a) der Bibliotheksbestand, namentlich bis 1850, gilt als
      Quellenschatz für die klassische deutsche Literatur und
      ist zu großen Teilen unter der Leitung Goethes zusammenge-
      tragen worden;
   b) die Bibliotheksgebäude gehören zum Ensemble der klassischen
      Stätten Weimars;
   c) der Bestand an Kunst- und kulturhistorisch relevanten Gegen-
      ständen gehört dem Gesamtfundus der Klassik an;
   d) die Beschaffungspolitik der NFG und der LB stimmen in wesent-
      lichen Bereichen überein;

Dokument 6: Vereinbarung über die Eingliederung der Thüringischen Landesbibliothek Weimar in
die NFG vom 5.12.1968
(GSA, ebd.)

- 2 -

e) Hauptbenutzer der Landesbibliothek sind die Nationalen
Forschungs- und Gedenkstätten;

f) die Verwaltung wird vereinfacht und die Mittel werden konzentriert.

III.
Aufgaben und Ziele

Die Eingliederung der LB in die NFG erfolgt unter den Gesichtspunkten, daß

1. die LB mit der Zentralbibliothek der deutschen Klassik
   der NFG im Laufe eines Übergangsjahres fusioniert wird;

2. im Zuge der Verschmelzung beider Bibliotheken eine Reorgani-
   sation der Kataloge und eine den gültigen Bibliotheksgrund-
   sätzen entsprechende Neukatalogisierung der älteren Bestände
   in der LB erfolgt;

3. die vorhandenen Kataloge und Einrichtungen vereinigt und
   vereinheitlicht werden;

4. in Zusammenarbeit mit der Deutschen Akademie der Wissenschaften als Leitinstitut ein Zentrum der Dokumentation und
   Information geschaffen wird;

5. Buchbestand und Tätigkeit der vereinigten Bibliothek der
   Befriedigung öffentlich-wissenschaftlicher Literaturbe-
   dürfnisse und der Förderung der Forschung auf dem Gebiete der
   deutschen Klassik, ihrer Quellen und Wirkungen dienen.

IV.
Bedingungen

Die Ausgliederung der LB aus dem Ministerium für Hoch- und
Fachschulwesen und die Eingliederung in die NFG vollzieht
sich in folgender Weise:

Dokument 6b

– 3 –

1. Das Ministerium überträgt den NFG die Gesamtheit der
   materiellen und personellen Fonds, die für 1969 im Haushalt,
   Arbeitskräfteplan, Lohnfonds und als Investitionen und Instand-
   setzungen eingeplant sind.

2. Die Bestände der LB werden ohne Inventur, jedoch mit einer
   entsprechenden Erklärung des Leiters der Bibliothek an die
   NFG überführt.

3. Die ~~Bezeichnung~~ Thüringische Landesbibliothek wird ~~ebenso wie~~
   ihre derzeitigen Funktionen in Hinblick auf Ausleihe, Fernleihe, Aufnahme der Pflichtexemplare, Sammlung und Erschließung
   der Thuringica sowie Mitarbeit am Thüringischen Zentralkatalog
   beibehalten, sofern nicht zu gegebener Zeit anderweitige
   Regelungen notwendig erscheinen.

4. Der derzeitige Leiter der LB wird als stellvertretender Leiter
   der neuen Bibliothek von den NFG übernommen.

5. Die Übernahme der wissenschaftlichen, bibliothekarischen und
   technischen Mitarbeiter der LB durch die NFG erfolgt bei
   Vermeidung finanzieller oder persönlicher Nachteile gemäß
   den Vorschriften des Gesetzbuches der Arbeit.

V.

Bestätigung

Die Vereinbarung über die Ausgliederung der Landesbibliothek
aus dem Ministerium für Hoch- und Fachschulwesen und die Eingliederung in die Nationalen Forschungs- und Gedenkstätten bestäti-
gen

Berlin, den   12.1968   Weimar, den 5.12.1968   Weimar, den 5.12.1968

Prof. Gießmann   Prof. Holtzhauer   Dipl. Schmidt
Ministerium für Hoch- und   Nationale Forschungs-   Thüringische
Fachschulwesen   und Gedenkstätten   Landesbibliothek
                        Weimar   Weimar

Minister   Direktor   Direktor

Dokument 6c

123

- 4 -

VI.
Zustimmung

Der Eingliederung der Thüringischen Landesbibliothek
Weimar in die Nationalen Forschungs- und Gedenkstätten
Weimar stimmen zu

Berlin, den   12.1968   Berlin, den   12.1968

Büro des Ministerrates   Dr. Nossinger
                                    Deutsche Akademie der
                                    Künste zu Berlin
                                    Direktor

Dokument 6d

Richtlinie für die Eingliederung der Thüringischen Landesbibliothek (LB) in die Nationalen Forschungs- und Gedenkstätten (NFG/ZB)

Die Übernahme der LB in die NFG und ihre Zusammenlegung
mit der Zentralbibliothek der deutschen Klassik (ZB) erfolgt,
nachdem nunmehr der Minister für Hoch- und Fachschulwesen
seine Zustimmung erteilt hat, am 1. Januar 1969. Damit wird
ein wesentlicher Schritt im Sinne der Verordnung über die
Neugestaltung des Bibliothekswesens vom 31. Mai 1968 in der
DDR getan und eine Bibliothek der deutschen Literatur geschaffen, deren Schwerpunkt die Literatur des Jahrhunderts
Goethes (Klassik) sowie deren zeitgenössische und historische
Wurzeln bildet.

Die personellen und materiellen Fonds der ehemaligen LB
werden in dem für 1969 geplanten Umfang in allen ihren Kapiteln
und Konten zweckgebunden auf die NFG übertragen. Die Übernahme
erfolgt aufgrund der zwischen dem Minister für das Hoch- und
Fachschulwesen, dem Direktor der Deutschen Akademie der Künste
zu Berlin, dem Direktor der NFG und dem Direktor der ehemaligen
LB getroffenen Vereinbarung.

Um eine sinnvolle, der künftigen Aufgabenstellung der ZB
gemäße Überleitung zu sichern, werden für den Jahresarbeits-
plan 1969 folgende bibliothekswissenschaftliche Schwerpunkte
und die sich daraus ergebenden wissenschaftsorganisatorischen
und verwaltungsmäßigen Aufgaben festgelegt:

1. Fixierung der Sammelgebiete, der Akzession, der Katalogisierung, der Ausleihe, der Fernleihe, der Handbibliotheken,
   der Lesesäle und Bildung entsprechender Arbeitsgruppen.

2. Arbeitsplan für die Katalogisierung der Altbestände ~~(Katalog II)~~
   für die Differenzierung des Bestandes und evtl. Abgabe, für
   die Erfassung von Kunstgegenständen durch das GNM, von
   Handschriften durch das GSA, die Aufteilung (Tausch, Abgabe
   usw.) der Pflichtexemplare sowie die Bildung von Arbeitsgruppen.

3. Aufbau einer Arbeitsgruppe (Bibliographie,) Dokumentation und Information
   sowie Aufstellung ihres Arbeitsplanes.

Dokument 7: Aktennotiz des Direktors der NFG Helmut Holtzhauer vom 1.1.1969 zu Fragen des Vollzugs der Eingliederung
(Entwurf vom 18.12.1968 in GSA, ebd. Wiedergabe der Reinschrift nach GSA, Institutsbestand, 1221)

- 2 -

4. Einordnung der Technik (Buchbinderei, Magazine I, II, III)
   in die ZB.

Die Verwaltung bzw. die Personalstelle sorgen für die
Bereitstellung von Handakten mit allen gültigen Unterlagen für
die Arbeitsorganisation (Geschäftsverteilungsplan, Aktenplan,
Arbeitsberichte usw.)

Vorstehende Richtlinien für den Arbeitsplan und die Gliederung der erweiterten "Zentralbibliothek der deutschen Klassik"
sind zur Grundlage eines detaillierten Arbeitsplanes zu machen,
dessen wichtigster Punkt bis zum 15. Januar 1969 die Umstruk-
turierung ist.

Am 15. Januar 1969 findet um 10.3o Uhr im Kunstsammlungssaal im Rahmen einer Feierstunde eine Gesamtbelegschaftsver-
sammlung (mit Ausnahme der Dienste) unter Beteiligung von aus-
wärtigen Fachgenossen statt, auf der Gründe und Ziele der
Bibliothekszusammenlegung bekanntgegeben werden.

Prof. H. Holtzhauer

Weimar, den 1. Januar 1969

Dokument 7b

Ingrid Kranz

Die Universitätsbibliothek Weimar zwischen Tradition und neuem Konzept

Bestand in Vergangenheit und Gegenwart

Die Wurzeln der heute 380.000 Bände umfassenden Bibliothek der Bauhaus-Universität Weimar liegen in einer Reihe von Instituten, die sich vorwiegend mit bildender Kunst beschäftigten. Aus der 1860 gegründeten Großherzoglich-Sächsischen Kunstschule lassen sich erste Buchkäufe für Lehrzwecke nachweisen, von denen der größte Teil heute noch in der Bibliothek vorhanden ist. Im Jahre 1910 erfolgte die Umwandlung in die Großherzogliche Hochschule für bildende Kunst, die in den Jahren 1914/15 eine Sammlung von Büchern und Lehrmitteln besaß, die den Erfordernissen der Hochschule angemessen war. 1917 wurde sie als eine reichhaltige Fachbibliothek an den Staatsminister gemeldet.

Bei dem Bestand dieser ältesten im Besitz der Hochschule befindlichen Bücher handelt es sich hauptsächlich um großformatige Ausgaben, Folianten, einen Großteil Tafelwerke, Mappen und Anschauungsmaterialien meist künstlerischen Inhalts, wertvolle Stücke aus dem 17., 18. und 19. Jahrhundert. Diese Sondersammlung großformatiger Kunst- und Architekturbände hat einen Umfang von ca. 1.000 Bänden und 4.000 Tafeln, die hauptsächlich aus dem 19. Jahrhundert stammen. Auch bedeutende einschlägige Werke ausländischer Herkunft – französische und italienische zumeist – gehören schon in den frühen Stufen der Schule zum Bildungsfundus ihrer Lehrer und Schüler.

Nach dem Zusammenschluß der Großherzoglich-Sächsischen Hochschule für bildende Kunst und der Großherzoglich-Sächsischen Kunstgewerbeschule Henry van de Veldes zum Staatlichen Bauhaus und der Ausweitung der Nachfolgeeinrichtungen auf die Baukunst wird der zumeist kunsthistorische Bestand in den folgenden Jahren durch Bücher und Zeitschriften mit baugeschichtlichen und architekturtheoretischen Inhalten erweitert und durch natur- und geisteswissenschaftliche Werke in angemessenem Umfang ergänzt.

Der 1990 vorhandene Bestand der Bibliothek der Bauhaus-Universität Weimar betrug etwa 270.000 Bände. Er umfaßt Bestände aus den Vorgängereinrichtungen von beträchtlichem Wert. Aus der 1860 gegründeten Großherzoglich-Sächsischen Kunstschule bis hin zum Bauhaus befinden sich etwa 30.000 Bände des 17., 18. und 19. Jahrhunderts im Besitz der Bibliothek, etwa 100.000 Bände des 20. Jahrhunderts zur Bau- und Kunstgeschichte sowie Malerei und Graphik und Architekturtheorie. Hinzu kommen einige wichtige Zeitschriften dieser Fachgebiete, die von Beginn an regelmäßig und vollständig bezogen wurden (ca. 6.000 Bände). Zu den Fachgebieten Architektur, Stadt- und Regionalplanung, Bauingenieurwesen, Baustoffe, Verfahrenstechnik und Bauwesen im weitesten Sinne wurden die DDR-Literatur vollständig und westliche Literatur im Rahmen der Möglichkeiten gesammelt; hierbei spielt die *Graue Literatur* von bauorientierten Institutionen eine wesentliche Rolle.

Der seit 1990 erworbene und zukünftige Buchbestand der Universitätsbibliothek setzt sich zusammen aus den Erwerbungen der Bibliothek aus Büchergrundbestandsmitteln (Vergabe nach dem Hochschulbauförderungsgesetz) und dem laufenden Etat für die Fachbereiche

Allgemeines, Architektur, Stadtplanung, Bauingenieurwesen, Werkstoffwissenschaften, angewandte Informatik, Freie Kunst, Produktdesign, Visuelle Kommunikation, Medienwissen-
schaften, Mediengestaltung. Die Höhe der Büchergrundbestandsmittel wurde auf der
Grundlage der Struktur der Hochschule für Architektur und Bauwesen Weimar des Jahres
1990 vorläufig mit 800.000 DM / Jahr berechnet und entsprechend den Empfehlungen des
Wissenschaftsrates im 25. Rahmenplan vom 12.04.95 mit einer Laufzeit von 12 Jahren auf
7.783.000 DM insgesamt festgelegt. Für die laufenden Neuerwerbungen wurde von der
Hochschulstrukturkommission für das Land Thüringen 1991 ein Etat von 250 TDM für die
damalige Hochschule für Architektur und Bauwesen Weimar vorgeschlagen. Diese Summe
sollte mit dem Rückgang der Büchergrundbestandsmittel kontinuierlich angehoben werden.
Im Jahr 1996 wurde der veränderten Struktur der Hochschule mit Neugründung von zwei Fakultäten Rechnung getragen. Es erfolgte eine Anhebung des laufenden Etats auf 620.000 DM,
der jedoch durch Haushaltssperren nachträglich eingeschränkt wurde. Mit diesen Mitteln
werden die Ausgaben für Monographien (außerhalb des Büchergrundbestandes), Zeitschriften, Einband und die DIN-Auslegestelle finanziert. Für Lehrbücher steht eine weitere
Summe (20,00 DM / Student) aus Lehr- und Lernmitteln zur Verfügung. Bis zum Jahr 2003
soll dieser Etat auf 950 TDM erhöht werden, um dem inzwischen gewachsenen Fächerspektrum der Bauhaus-Universität und dem Ausklingen der Büchergrundbestandsmittel
Rechnung zu tragen. Der derzeit erreichte Bestand beträgt 380.000 Bände. Die beschriebenen
Finanzierungsmittel entsprechen einem Gesamtbestand der Universitätsbibliothek von ca.
600.000 Bänden nach 20 Jahren.

Organisation und räumliche Situation

Das Bibliothekssystem der Bauhaus-Universität ist einschichtig und integriert mit zentraler
Erwerbung und Einarbeitung und dezentraler Vermittlung. Gemäß § 90, Abs. 1, Thüringer
Hochschulgesetz, steht die Universitätsbibliothek unter einheitlicher Leitung und umfaßt
alle bibliothekarischen Einrichtungen in einer Betriebseinheit. Sie besteht aus der Hauptbibliothek und den z. Z. räumlich getrennten Zweigbibliotheken. Die Hauptbibliothek ist
Ausleihbibliothek, ihre Bestände sind größtenteils magaziniert. Sie enthält seit 1990 eine
DIN-Auslegestelle. Die Hauptbibliothek beherbergt z. Z. 250.000 Bände (einschl. 30.000
historische Bestandseinheiten) und 30.000 Lehrbücher zum Ausleihen, ein Informationszentrum mit Nachschlagewerken und die DIN-Auslegestelle. Sie ist seit Jahren völlig unzureichend im 2. Obergeschoß und im Keller des derzeitigen Thüringer Landesverwaltungs-
amtes in der Carl-August-Allee 2 a untergebracht. Die ohnehin begrenzten Magazine für
Bücher und Zeitschriften sind völlig überlastet und bieten keinerlei Reserven für Neuzugänge.
Eine benutzerfreundliche Freihandaufstellung ist völlig ausgeschlossen. Das Thüringer
Landesverwaltungsamt betreibt seit 1992 mit Nachdruck die Räumung des Gebäudes durch
die Hochschule, wobei der Druck auf die Bibliothek immer stärker wurde. Dringend erfor-
derliche Reparaturen und Schutzmaßnahmen für die feuchten Kellerräume, die wertvolle
Bücherbestände beherbergen, konnten nicht mehr durchgeführt werden. Damit wurde die
Situation für diese nicht nur der Universität, vielmehr auch dem nationalen und internatio-
nalen Bauwesen verpflichtete Bibliothek immer prekärer. Wertvolle alte Bestände aus der
Großherzoglich-Sächsischen Kunstschule und dem Bauhaus sind gefährdet, aber auch die
Aufstellung und Vermittlung der neuen Literatur werden in ihrer Wirksamkeit eingeschränkt.
Das an sich gute Leistungsangebot der Bibliothek wird dadurch in erheblichem Maße be-
hindert.

Die derzeit bestehenden in ihrem Bestand auf bestimmte Fächer zugeschnittenen fünf Zweigbibliotheken mit ihren Freihandbeständen haben Präsenzcharakter.

Das Bibliothekskonzept der Bauhaus-Universität Weimar sieht vor, durch einen Bibliotheksneubau an zentraler Stelle sowohl eine optimale Literaturversorgung als auch durch Reduzierung der Zweigstellen eine rationellere Organisation zu schaffen. In den Bibliotheksneubau werden neben der Hauptbibliothek auch die bisher zerstreut liegenden Zweigbibliotheken Bauingenieurwesen und Informatik / Mathematik integriert. Die Zweigbibliothek Architektur wird ebenfalls dorthin umziehen, um an ihrem derzeitigen Standort im Haus A (früher Brauereibetrieb Limona) Platz zu schaffen für die neugegründete Zweigbibliothek Medien, die mit der bereits vorhandenen Zweigbibliothek Gestaltung eine inhaltliche und organisatorische Einheit bilden wird. Damit werden bis auf eine Außenstelle (Zweigbibliothek Baustoffe / Naturwissenschaften) alle Zweigbibliotheken als fachlich gegliederte Freihandbereiche in das Gesamtkonzept einbezogen.

Die Hauptstandorte der Bauhaus-Universität Weimar befinden sich im wesentlichen auf zwei Gebieten am südlichen und westlichen Rand der Innenstadt, in der Geschwister-Scholl-Straße / Marienstraße und in der Coudraystraße. Auf direkter Achse zwischen diesen beiden Campusbereichen liegt der Standort Steubenstraße, den das Land 1996 für die Universität erwarb und für zentrale Einrichtungen vorgesehen hat. Neben einem großen Hörsaal, dem Rechenzentrum und dem Sprachlehrzentrum soll hier der Neubau der Universitätsbibliothek entstehen.

Die im Dezember 1994 fertiggestellte neue Teilbibliothek Architektur / Gestaltung befindet sich bereits an diesem Standort. Damit wurde der erste Schritt eines Konzeptes verwirklicht, die Universitätsbibliothek an einen zentralen Standort zu bringen, der günstiger nicht sein könnte.

In der neuen Teilbibliothek wurde auf drei miteinander verbundenen Ebenen eine attraktive Freihand- und Präsenzbibliothek geschaffen. Auf jeder Ebene sind mehrere öffentliche OPAC / CD-ROM-Arbeitsplätze angeordnet, vier Medienkabinen mit Videogeräten und AV-fähigen Computern sind vorhanden. Trotz komplizierter räumlicher Einschränkungen (Geschoßhöhen, Nebenflächen) ist hier eine gut funktionierende Teilbibliothek entstanden. Für die Stadt Weimar hat sich damit schon jetzt ein bedeutender kultureller Punkt erschlossen. Durch Beschluß des Senates vom Oktober 1996 wurde die Fakultät Medien mit den Studiengängen Mediengestaltung und Medienkultur gegründet, deren aufzubauende Zweigbibliothek nachträglich hier angesiedelt wurde.

Im geplanten Neubau werden die Hauptbibliothek und drei weitere Zweigbibliotheken als fachlich gegliederte Freihandbereiche des Gesamtbibliothekssystems der Universität ihren Platz finden. Die bereits am Standort entstandene Teilbibliothek wird logisch in den Gesamtkomplex einbezogen und soll auch bauseitig mit dem Neubau verbunden werden. Ab 1999 wird das Kellergeschoß im Gebäude Steubenstraße (bis zu diesem Zeitpunkt „Paulaner-Gaststätte") der Bibliothek zur Verfügung gestellt. In diesen historischen Räumen ist ein offenes Magazin mit Benutzerplätzen geplant. Danach wird lediglich eine Außenstelle in der Coudraystraße für die dort angesiedelten Fächer verbleiben.

Im Jahre 1991 fand durch die Stadt Weimar die Ausschreibung für die Bebauung des Areals Steubenstraße zwischen Frauenplan und Schützengasse statt. Neben dem Limona-Gebäude befindet sich auf diesem unmittelbar im historischen Zentrum mit Frauenplan und Goethehaus liegenden Areal ein seit dem Bombenangriff 1945 teilweise offengebliebenes Grundstück. Die Bedeutung dieses Ortes für das Stadtbild von Weimar hatte unmittelbar nach der Wende zu einem städtebaulichen Ideenwettbewerb geführt, an dem sich 81 Architekturbüros beteiligten. Der erste Preis ging an das Architekturbüro Meck & Köppel in München.

Die Stadt hatte für dieses Gebiet Kultureinrichtungen und Gewerbe vorgesehen, Nutzungspläne für die Hochschule lagen zum damaligen Zeitpunkt noch nicht vor. 1994 führte die Hochschule erste Gespräche zur Anmietung des Limona-Gebäudes, um hier eine Teilbibliothek für Architekten und Gestalter und Atelier- und Projekträume für die Fakultät Gestaltung zu installieren. Es folgten gemeinsame Planungen von Hochschule und Investor auf der Grundlage eines Anmietungskonzeptes. Gleichzeitig veranlaßte die Hochschule den Investor, die Nutzung des auf dem offengebliebenen Grundstück geplanten Neubaus für eine zentrale Hochschulbibliothek und einen Hörsaal für 500 Personen untersuchen zu lassen.

Ein Workshop klärte die Randbedingungen für die Hochschulnutzung, man empfahl den Entwurf von Meck & Köppel als Grundlage für einen städtischen Bebauungsplan. Der Bebauungsplan wurde dahingehend geändert und im Herbst 1996 rechtskräftig. Im Oktober 1996 erwarb der Freistaat Thüringen die Liegenschaft Steubenstraße / Brauhausgasse. Das Grundstück wurde für den Neubau der Hauptbibliothek und des Hörsaales empfohlen; das Bibliothekskonzept wurde im Januar 1998 vom Wissenschaftsrat genehmigt und der Baubeginn für das Jahr 2000 festgelegt.

Benutzerservice und EDV-Technik

Die Benutzung der Bibliothek erstreckt sich von der Präsenzbenutzung in den Freihandbeständen über Ausleih- und Fernleihmöglichkeiten bis zu Recherchen in CD-ROM und externen Datenbanken. Alle Einrichtungen der Bibliothek sind miteinander vernetzt. Die Bestände werden über einen OPAC (Online public access catalog) erschlossen, der sich in ständiger Erweiterung befindet. Die Universitätsbibliothek Weimar ist Verbundbibliothek des Gemeinsamen Bibliotheksverbundes (GBV) und bildet mit der Herzogin Anna Amalia Bibliothek und der Bibliothek der Hochschule für Musik „Franz Liszt" das Lokale Bibliothekssystem (LBS) Weimar.

Damit ist es möglich, im Interesse der Benutzer nicht nur die lokal vor Ort vorhandenen Resssourcen anzubieten, sondern auch die Infrastruktur des Bibliotheksverbundes wie schnelle Katalogrecherchen in den Beständen von mehr als 300 Bibliotheken des Verbundes, Zeitschrifteninhaltsdatenbanken und Online-Fernleihe zu nutzen. Ebenso wichtig für den Benutzer sind das rechnergestützte Bestellsystem und die automatisierte Sofortausleihe.

Am Anfang dieser Entwicklung stand eine Konzeption zur Förderung der Bibliotheksautomatisierung. Diese Konzeption wurde im Freistaat Thüringen für die staatlichen wissenschaftlichen Bibliotheken gemeinsam erarbeitet. Es wurde der Einsatz einer einheitlichen Bibliothekssoftware für alle Bibliotheken gefordert und ein leistungsfähiger Bibliotheksverbund in den alten Bundesländern gesucht, der den Wünschen und dem Entwicklungsstand der Bibliotheken gerecht werden konnte. Nach einer bedingten Marktumfrage wurde das PICA-Bibliothekssystem für die Thüringer Bibliotheken bestätigt. Das Thüringer Ministerium für Wissenschaft, Forschung und Kultur entschied sich Anfang 1993 für den Anschluß der o. g. Bibliotheken an den Bibliotheksverbund Niedersachsen / Sachsen-Anhalt, der seine Verbundzentrale ab 1990 auf die PICA-Software umgestellt hatte. Dies geschah in Absprache mit den Direktoren der in Frage kommenden Bibliotheken und den Leitern der Hochschul-Rechenzentren. Im März 1993 beauftragte das TMWFK eine Kommission mit der Erarbeitung und Realisierung einer Landeskonzeption und der sachgerechten Vorbereitung der daraus abzuleitenden HBFG-Mittel-Anträge, die durch die HBFG-fähigen Einrichtungen im Einzelnen vorzunehmen waren. Eine Zusammenstellung statistischer

Eckwerte für bibliothekarische Arbeitsprozesse (1993) für jede Bibliothek charakterisierte die Ausgangslage. Von diesen Werten ausgehend wurden in einigen Positionen Werte für 1995 und 2000 angegeben. Die Realisierungsphase der HBFG-Anträge dauerte bis 1997 an. Die Konzeption sah unter vier Lokalen Bibliothekssystemen für das Land auch eines in Weimar unter Federführung der Universitätsbibliothek der Bauhaus-Universität vor, insbesondere war die ausreichende Vernetzung zwischen den Teilnehmerbibliotheken zu organisieren. Der HBFG-Antrag mit Einordnung in den Landesantrag zur Schaffung der materiellen Voraussetzungen zur Mitarbeit im Gemeinsamen Bibliotheksverbund (GBV) wurde 1994 für die besonderen Bedürfnisse des Lokalen Bibliothekssystems Weimar präzisiert und begründet. Nach Genehmigung des Antrages erfolgten 1995 die Ausschreibung, Bewertung und Bestellung der Hardware. Gleichzeitig wurde die Verbindung der lokalen Netze der drei Weimarer wissenschaftlichen Bibliotheken vorbereitet.

1996 wurden die Bibliotheksnetze der drei Bibliotheksstandorte durch eine optische Richtfunkanlage und eine ISDN-Standleitung verbunden. Es erfolgte die Installation der Hard- und Software für das lokale PICA-Bibliothekssystem Weimar, wobei die zentralen PICA-Server in einen lokalen FDDI-Ring eingebunden wurden.

Bereits vor Realisierung der Landeskonzeption hat die Universitätsbibliothek der Bauhaus-Universität Weimar mit dem Aufbau ihres lokalen PC-Netzes im Dezember 1990 begonnen und ab März 1991 das Katalogisierungsprogramm BIS-LOK angewendet. Im Juli des gleichen Jahres wurden der Anschluß an das Wissenschaftsnetz realisiert und damit Datenbankrecherchen ermöglicht. 1992 wurden in der Hauptbibliothek 7 öffentliche Arbeitsplätze für Benutzer eingerichtet und 3 CD-ROM-Server mit insgesamt 38 Laufwerken in Betrieb genommen. Erst 1993 konnte das Rechnernetz der Universitätsbibliothek durch die Installation einer optischen Richtfunkanlage (LaserLink) mit dem Universitätsrechenzentrum und drei von fünf Zweigbibliotheken verbunden werden. Für PC außerhalb der Bibliothek wurde eine Login-Routine entwickelt, die den Zugriff aus dem Hochschulnetz auf alle Angebote im Bibliotheksnetz ermöglichte. Gleichzeitig mußte eine Migration von BIS-LOK zu PICA erfolgen. Die Daten aus der BIS-LOK-Datenbank mußten exportiert und in das PICA+-Format umgewandelt werden. Diese Daten wurden dann Anfang 1997 von der Verbundzentrale des GBV in das Zentralsystem eingelesen und mit den vorhandenen Daten verknüpft. Danach konnten die Daten auf den Weimarer Server upgedatet und der Online-Benutzerkatalog in Betrieb genommen werden; dieser ist auch über das World Wide Web verfügbar. Im Juni 1998 wurde eine umfassende Erdverkabelung abgeschlossen und damit Netzstabilität geschaffen. Im Herbst 1997 wurde mit der Bestellkatalogisierung begonnen, im Sommer 1998 die Installation der Ausleihe und der schnellen Dokumentlieferung via Arielstation mit Minolta Buchscanner eingeführt. Das Angebot an CD-ROM-Datenbanken wurde verbessert und wird mittels Citrix WINCenterserver im gesamten Universitätsbereich angeboten.

Ausblick

Systematisch und konzeptorientierter Aufbau des Büchergrundbestandes und des Forschungsbestandes sowie der Zugang zu neuen Informationstechnologien und damit zu den notwendigen Informationen sind Voraussetzungen für das Leistungsspektrum einer modernen Universitätsbibliothek. Eine weitere Optimierung wurde und wird durch Verbesserung der räumlichen Bedingungen erreicht. Mit der vollständigen Umsetzung des Bibliothekskonzepts der Bauhaus-Universität wird ein Zentrum wissenschaftlichen Arbeitens in Weimar geschaffen.

Ekkehard Oehmig

Wissenschaftliche Bibliotheken und Marketing – Erkenntnisse aus einem gemeinsamen Projekt der Universitäts- und Landesbibliothek Düsseldorf und der Universitätsbibliothek Magdeburg

0. Vorbemerkungen

Der folgende Aufsatz basiert auf einem vom Bundesministerium für Bildung, Wissenschaft, Forschung und Technologie geförderten Projekt, das Marketing und Controlling in wissenschaftlichen Bibliotheken zum Inhalt hatte und einschließlich Folgeprojekt von Oktober 1995 bis Oktober 1998 von der Universitäts- und Landesbibliothek (ULB) Düsseldorf und der Universitätsbibliothek (UB) Magdeburg bearbeitet wurde.

Es sollen hier wichtige Ergebnisse, Schlußfolgerungen und vor allem Erkenntnisse aus dem Projekt dargelegt werden. Ziel dieser Arbeit kann es nicht sein, die Marketingtheorie zu erläutern sowie Untersuchungsmethoden und -ergebnisse detailliert darzustellen. Hierzu wird u. a. auf Veröffentlichungen in der Schriftenreihe des DBI[1] verwiesen. Auf die Untersuchungen wird so weit eingegangen, wie es zum Verständnis erforderlich ist.

1. Zur Situation wissenschaftlicher Bibliotheken – Gründe für ein Marketingprojekt

Die deutschen Universitäten sehen sich zunehmend einer Konkurrenzsituation ausgesetzt. Während in den alten Bundesländern die Massenuniversität Probleme bereitet, werben die wissenschaftlichen Einrichtungen in den neuen Ländern zum Teil sehr intensiv um Studierende. Untersuchungen durch Massenmedien oder in deren Auftrag sowie die Veröffentlichung von Rankinglisten[2] in den Medien unterstreichen das und weisen gleichzeitig auf das öffentliche Interesse hin.

Die Universitätsbibliotheken sind in diese Prozesse integriert. Sie werden in der öffentlichen Meinung zunehmend zu einem wichtigen Kriterium für die Qualität ihrer Universität. Ihre Leistungsfähigkeit wird sowohl außerhalb als auch innerhalb ihrer Trägereinrichtungen diskutiert. Nach außen stellen sie ein wichtiges Glied im Ensemble der wissenschaftlichen und kulturellen Einrichtungen ihrer Universität dar. Innerhalb der Universitäten sind die Leistungen der Bibliotheken zunehmend Maßstab bei der Verteilung der personellen, materiellen und finanziellen Ressourcen. Die Diskussion um die Leistungsfähigkeit der Bibliotheken

---

[1] Controlling und Marketing in wissenschaftlichen Bibliotheken : (COMBI) ; Entwicklung einer praxiswirksamen Marketingstrategie für Hochschulbibliotheken am Beispiel der Universitätsbibliotheken Düsseldorf und Magdeburg / Deutsches Bibliotheksinstitut. Hrsg. von Elisabeth Niggemann ... – Berlin : Dt. Bibliotheksinst. Bd. 1. Zwischenergebnisse und Arbeitsmaterialien. 1998 (dbi-Materialien ; 177).

[2] Dokter, Gunter und Marcus Heidecke: Bibliotheksranking. Ein Vergleich von Universitätsbibliotheken im Kielwasser des FOCUS-Uni-Tests. – In: Bibliotheksdienst 31 (1997), S. 1946-1972.

erfolgt – und das dürfte nicht nur für die UB Magdeburg zutreffen – vor dem Hintergrund stagnierender oder rückläufiger Erwerbungsetats bei steigenden Preisen und einem immer größeren Angebot an Medien, einer sich zuspitzenden Personalsituation und einer sich verschärfenden Konkurrenzsituation bei ausgewählten Dienstleistungen. In dieser Situation ist eine Bibliothek gezwungen, ihre Leistungen, gemessen an den Anforderungen ihrer Nutzer, zu optimieren. Dazu reichen Erfahrungen in der Bibliothek allein nicht aus. Vielmehr liegt es auf der Hand, sich betriebswirtschaftlicher Denkweisen zu bedienen, Instrumente des Marketing und Controlling einzusetzen.

An der UB Magdeburg lagen nur wenig Kenntnisse und Erfahrungen dazu vor. Es schien geboten, sich mit dieser Thematik intensiv auseinanderzusetzen. Ein Anstoß dazu kam auch vom Fachbereich Buch und Museum der Hochschule für Technik, Wirtschaft und Kultur Leipzig (FH). Im Studiengang Bibliothekswesen dieser Hochschule wurde ein Weg für eine praxisnahe Marketingausbildung gesucht. Ähnliche Überlegungen wie in Magdeburg gab es an der ULB Düsseldorf. Auf Empfehlung des DBI entstand das gemeinsame Projekt „Der Wettbewerb auf dem Informationsmarkt. Findung einer praxiswirksamen Marketingstrategie für Hochschulbibliotheken am Beispiel der Universitätsbibliotheken Düsseldorf und Magdeburg (COMBI)". Die Bearbeitung des Projektes in Düsseldorf und Magdeburg bot sich auch deshalb an, weil dadurch gleiche oder zumindest sehr ähnliche Untersuchungen an zwei von Größe, Struktur und Aufgabenspektrum wie auch in ihrer historischen Entwicklung unterschiedlichen Universitätsbibliotheken durchgeführt werden konnten. Das ließ den Vorteil einer größeren Verallgemeinerungsfähigkeit der Ergebnisse erwarten. Ziel des Projektes war es, aus der Literatur aufgegriffene Theorieansätze in ein konkretes Handlungskonzept für Universitätsbibliotheken umzusetzen, das auf die Außendarstellung gleichermaßen gerichtet sein sollte wie auf die innerbetrieblichen Prozesse.

2. Der controllingunterstützte Marketingzyklus

2.1 Allgemeines

Auf eine Bibliothek übertragen, ist das Marketing ein Konzept zur Ausrichtung sämtlicher Aktivitäten der Bibliothek auf ihren Markt. Grundlage hierfür bilden die ermittelten Bedürfnisse der aktiven und potentiellen Bibliotheksbenutzer. Das sind in erster Linie die Angehörigen der eigenen Universität. Dementsprechend müssen Bestandsaufbau, Informationsangebot und weitere Serviceleistungen diesem Benutzerkreis angepaßt und entsprechend organisiert werden. Neben der Kenntnis der Benutzerwünsche werden in der Bibliothek für eine ständige Verbesserung des Leistungsangebotes kontinuierlich Informationen zu den eigenen Fähigkeiten hinsichtlich der Erfüllung dieser Wünsche benötigt. Hier setzt das Controlling ein. Es soll Informationen, auf die Bibliothek bezogene Soll-Ist-Vergleiche liefern und helfen, Entscheidungen vorzubereiten und dient damit der Erreichung geplanter Ziele.

Das gesamte Marketingmanagement ist ein aus festgelegten Phasen bestehender, sich ständig wiederholender Prozeß. Es handelt sich dabei um die Analysephase, Prognosephase, Planungsphase, Durchführungsphase und die Kontrollphase. Daraus abgeleitet gliederte sich der im Projekt durchzuführende Marketingzyklus in fünf Schritte: die Zielbestimmung (Soll-Analyse), die Situationsbestimmung (Ist-Analyse), die Bestimmung der Marketingziele, der Marketinginstrumente und die Erfolgskontrolle. Auf Grundlage der hier nur angedeuteten, sehr kurz gefaßten theoretischen Ansätze erfolgte die konkrete Bearbeitung des Themas. Da dies in Düsseldorf und Magdeburg erfolgte, galt es, sich über grundsätzliche Vorgehens- und Verfahrensweisen zu verständigen. Zunächst wurde davon ausgegangen, daß die Untersuchungen möglichst identisch sein sollten mit dem Vorteil direkter Vergleichsmöglichkeiten und möglichst großer Verallgemeinerungsfähigkeit im Sinne einer Nachnutzung der Projektergebnisse. Bald wurde aber auch deutlich, daß Abweichungen bei den Untersuchungsmethoden, den einzelnen Fragestellungen usw. durchaus notwendig und sinnvoll sein können, notwendig, weil die Bedingungen an den einzelnen Einrichtungen unterschiedlich sind und sinnvoll, weil dadurch das Spektrum der Aussagen zu Untersuchungsmethoden breiter wird. Unter Berücksichtigung beider Aspekte wurde die Arbeit durchgeführt. In den folgenden Ausführungen soll vorrangig auf Magdeburger Vorgehensweisen, Ergebnisse und Erfahrungen eingegangen werden.

2.2 Zielbestimmung des Marketingzyklus

Die Zielbestimmung des Marketingzyklus für die UB Magdeburg basiert auf der Aufgaben- und Funktionsbestimmung der Bibliothek, die sich als Dienstleister der Otto-von-Guericke-Universität versteht. Sie stellt für Lehre und Forschung die erforderliche Literatur und Informationen zur Verfügung oder vermittelt deren Bereitstellung. Sie befähigt ihre Benutzer zur Inanspruchnahme der Dienstleistungen. Für die weitere Arbeit war es sinnvoll, zunächst ein Leitbild zu definieren: Die UB Magdeburg versteht sich als kundenorientierter Dienstleister der Universität mit dem Ziel, Informationen schnell, leicht zugänglich und effektiv zur Verfügung zu stellen und damit die Zufriedenheit der tatsächlichen und potentiellen Benutzer zu erhöhen bzw. auf einem hohen Niveau zu halten.

2.3 Situationsanalyse

2.3.1 Ziele, Methode und Zielgruppen
Zur Analyse der Situation wurde eine Benutzer-/Nichtnutzerbefragung mit folgenden Zielen durchgeführt:

- Gewinnung umfassender Informationen über die Bedürfnisse der Bibliotheksbenutzer / Nichtnutzer,
- Erhalt einer Einschätzung der Bibliotheksbenutzer über die derzeit von der UB angebotenen Dienstleistungen,
- von Erkenntnissen über bestehende Stärken und Schwächen der Bibliothek sowie
- von Aussagen über die Zukunftsträchtigkeit besonderer Dienstleistungen,
- Initiieren eines verstärkten Dialoges zwischen der Bibliothek und den Benutzern,
- Entwicklung eines auf andere Bibliotheken übertragbaren Modells für eine Benutzerbefragung.

Als Methode wurde eine schriftliche Befragung mittels Fragebogen gewählt. Diese klassische Form hat sich bewährt. Bei ihr hält sich der materielle wie auch der personelle Aufwand in Grenzen.

Bei der Auswahl der Zielgruppen für die Befragung waren aus Zeit- und Kostengründen von vornherein Einschränkungen vorzunehmen. Da die Universitätsbibliothek gemäß Leitbild Dienstleister der Universität ist, schien es vertretbar, nur Angehörige der Universität in die Befragung einzubeziehen. Allerdings muß dies als notwendiger Kompromiß angesehen werden.

Innerhalb der Universität wurden drei Zielgruppen unterschieden:

- aktive Benutzer
- passive Benutzer (die letzte Bibliotheksbenutzung lag mindestens ein Jahr zurück)
- Nichtbenutzer (Universitätsangehörige, die die UB noch nie benutzt hatten).

Die passiven Benutzer und die Nichtnutzer wurden als potentielle Benutzer befragt. Die Fragestellungen waren bei den drei Gruppen unterschiedlich. Die Benutzer sollten sich grundsätzlich zu Gewohnheiten, Beurteilungen der Bibliothek und Wünschen an sie äußern, die Nichtnutzer zu ihren Gründen, gegebenenfalls zur Benutzung anderer Bibliotheken, Konkurrenten der UB. Für jede Gruppe wurde ein gesonderter Fragebogen entwickelt.

2.3.2 Erhebungsdesign

Neben der Gestaltung des Fragebogens sind Festlegungen zum Erhebungsdesign von wesentlicher Bedeutung. Eine Vollerhebung schied wegen des zu hohen Aufwandes aus. Die Teilerhebung erfolgte mittels Quotenauswahl, einem bewußten Auswahlverfahren im Gegensatz zur Zufallsauswahl. Grund dafür war, daß repräsentative Aussagen nicht nur zu den universitären Bibliotheksbenutzern insgesamt, sondern auch untergliedert nach Status-gruppen und Fakultätszugehörigkeit möglich sein sollten. Wegen der sehr unterschiedlichen Größe der zu bildenden Gruppen wurde eine disproportionale Verteilung angewandt.

Im Nachgang kann man dazu folgendes sagen. Das Quotenauswahlverfahren erwies sich insgesamt gesehen als sehr personal- und zeitaufwendig. Der Rücklauf der übersandten Fragebögen erfolgte schleppend, so daß zusätzlich Fragebögen in Umlauf gebracht werden mußten, um die erforderlichen Rücklaufquoten zu erreichen. Insgesamt nahm die Befragung etwa 3,5 Monate in Anspruch. Ausgehend davon wurde in Magdeburg die Erkenntnis gewonnen, bei künftigen Befragungen sehr gründlich im Vorfeld abzuwägen, zu untersuchen, ob Aufwand und möglicher Nutzen in einem vernünftigen Verhältnis stehen, ob ein erhöhter Aufwand zu entsprechenden Ergebnissen führen wird. Allein der Wunsch, möglichst viele detaillierte Daten zu gewinnen, um daraus vielleicht entsprechend „genaue" Ergebnisse ab-leiten zu können, darf für die Auswahl der Befragungsmethodik nicht ausschlaggebend sein.

2.3.3 Ergebnisse

Die aus der Befragung gewonnenen Ergebnisse sind sehr umfangreich und vielschichtig. Sie beziehen sich bei den aktiven Bibliotheksbenutzern auf den Benutzerkreis, das Benutzer-verhalten (Häufigkeit der Bibliotheksbenutzung, Benutzungszeiten, Gründe, Inanspruch-nahme von Leistungen, Nutzung anderer Bibliotheken und Wege zur Beschaffung von Informationen), die Benutzerwünsche und die Einschätzungen des Leistungsangebotes der Bibliothek sowie der Qualität einzelner Dienstleistungen.

Geringer ist selbstverständlich der Umfang der Ergebnisse bei den passiven Bibliotheks-benutzern. Grundsätzlich beziehen sie sich auf gleiche oder ähnliche Sachverhalte, noch geringer sind die Erkenntnisse aus der Befragung der Nichtnutzer.

Die Auswertung dieser Ergebnisse zeigte Stärken und Schwächen der Bibliothek auf. Auf die Stärken soll hier nicht näher eingegangen werden, nur eine Erkenntnis soll vermittelt werden: So erfreulich Aussagen zu den Stärken der Bibliothek sind, müssen sie doch sehr kritisch betrachtet und teilweise relativiert werden. Dies soll ein Beispiel zeigen: Verblüfft hat die recht positive Bewertung der Öffnungszeiten, die mit 51h/Woche in der Haupt-bibliothek deutlich unter dem Durchschnitt deutscher Universitätsbibliotheken liegen. Zwei Drittel der Befragten hatten keine Änderungswünsche.

Wichtige Grundlagen für die weitere Arbeit waren die ermittelten Schwächen. Bezogen auf die lokale Verfügbarkeit gaben 32,6 Prozent aller aktiven Benutzer der UB an, bei der letzten Recherche die gewünschte Literatur überwiegend nicht bekommen zu haben. 23,0 Pro-zent fanden die gewünschte Literatur nicht im Bestand. 9,6 Prozent der gewünschten Literatur war ausgeliehen. Bei Betrachtung dieser Werte für die einzelnen Fakultäten wurde das schlechteste Ergebnis bei der Wirtschaftswissenschaft registriert. Das Problem wird dadurch verschärft, daß 56,6 Prozent der Befragten den Eindruck hatten, daß die gewünschte Information in der Bibliothek zwar vorhanden war, sie aber nicht herankommen konnten. Auch die Fernleihe erwies sich als eine Hauptschwäche der UB. Zwar ist die Fernleihe im Gemeinsamen Bibliotheksverbund (GBV) automatisiert, dennoch führte diese Automatisierung noch nicht zur gewünschten Beschleunigung. Nur 15,2 Prozent der Nutzer bekundeten Zufriedenheit. Die größte Unzufriedenheit bestand auch hier bei den Wirtschaftswissenschaftlern.

Der Literaturbestand wurde von den Benutzern in verschiedener Hinsicht kritisiert. Das Vorhandensein der gewünschten Literatur bewerteten 62,8 Prozent der aktiven Benutzer mit befriedigend oder schlechter, der Angebotsbreite des Literaturbestandes gaben 55,9 Prozent die gleichen Noten. Die schlechteste Beurteilung zu beiden Fragen nahmen die Wirtschaftswissenschaftler vor, gefolgt von den Angehörigen der Fakultät Geistes-, Sozial- und Erziehungswissenschaften. Beide Fakultäten sind nach der politischen Wende neu aufgebaut bzw. profiliert worden, so daß auch der Literaturbestand in sehr hohem Maße neu aufgebaut werden mußte, woraus sich überdurchschnittliche Defizite erklären. Bei der Auswertung mehrerer Fragen wurde deutlich, daß eine nicht zu unterschätzende Schwäche der UB im Bereich Öffentlichkeitsarbeit und in der Beratung der Benutzer lag. Informationsdefizite im Zusammenhang mit dem OPAC, den CD-ROM-Datenbanken und der Informationsvermittlungsstelle unterstrichen das gleichermaßen wie angemeldeter Schulungsbedarf.

Mit der Auswertung der ersten Befragung, der Ermittlung der Stärken und Schwächen der Bibliothek, wurde ein erster Arbeitsschritt abgeschlossen.

2.4   Marketingziele und -instrumente

2.4.1 Literaturbestand und Verfügbarkeit der Literatur
Um die Hauptschwächen beseitigen zu können, wurden sie weiter analysiert. Begonnen wurde mit dem Literaturbestand und der Verfügbarkeit der Literatur. Gerade diese Faktoren beeinflussen entscheidend die Zufriedenheit der Benutzer. Als Instrument zur Untersuchung der Bestandsqualität wurde die availability study[3] gewählt.
Sie läßt Aussagen u. a. zu folgenden Sachverhalten zu:

– Anzahl der vorhandenen Titel bezogen auf die von den Benutzern gewünschten
– Anzahl davon in der UB bereits katalogisierter, ausleihbarer oder entliehener Titel
– Qualität, Benutzerfreundlichkeit der Kataloge und Kenntnisse der Benutzer zum Umgang mit den Katalogen
– Magazinorganisation
– Nutzungsintensität der Literatur

Damit bietet diese Untersuchungsmethode gleichzeitig ein Instrumentarium zur Differenzierung der Ursachen für einen nicht erfüllten Literaturwunsch. Zurückgreifend auf Kantor[4] und Depping[5] wurden bei der Untersuchung sechs mögliche Fehlerquellen für einen solchen Recherchemißerfolg eingeführt: Erwerbungsfehler, Katalogisierungsfehler, Retrievalfehler,

---

3   Depping, Ralf : Die availability study als Instrument bibliothekarischer Leistungsmessung. – In: Bibliothek, Forschung und Praxis 18(1994)1, S. 20-40.
4   Kantor, Paul B. : Objektive performance measures for academic and research libraries. Washington 1984.
5   Depping, Ralf : Möglichkeiten und Grenzen des Leistungsvergleichs zwischen deutschen Universitätsbibliotheken mit Hilfe anglo-amerikanischer "performance measurement". Eine methodologische Untersuchung am Beispiel der "availability study". Hausarbeit zur Prüfung für den Höheren Bibliotheksdienst an der Fachhochschule für Dokumentations- und Bibliothekswesen. Köln 1992.

Ausleihfehler, Magazinierungsfehler und Suchfehler. Die Auswertung führte zu folgenden Ergebnissen:

Es wurde sehr deutlich, daß die entscheidenden Fehlergrößen im Zusammenhang mit der Erwerbung stehen: Titelauswahl und Staffelung entsprechen zu wenig den Vorstellungen der Benutzer. Bei einer Gesamtverfügbarkeit von 54,7 Prozent der 1.167 untersuchten Titel betrug nach der von Kantor gewählten Methode branching analysis der Ausleihfehler 26,1 Prozent, der Erwerbungsfehler 13,7 Prozent. Dabei ist nichts zu den Gründen gesagt, bei denen die finanziellen Möglichkeiten natürlich nicht unbeachtet bleiben dürfen.

Zu beachten waren auch der Retrieval- und der Suchfehler. Offensichtlich haben sich die betroffenen Benutzer in der Bibliothek an den Katalogen und in den Freihandbereichen nicht zurechtgefunden, was auf Schulungsbedarf und eine erforderliche übersichtliche Literaturaufstellung schließen läßt. Der Retrievalfehler betrug nach branching analysis 8,2 Prozent, der Suchfehler 4,5 Prozent.

Es wurde deutlich, daß die Marketinginstrumente an der UB Magdeburg vor allem im Bereich Bestandsaufbau auf die Kategorie Erwerbung (Auswahl der Titel und Staffelung) und auf eine Reduzierung der Retrieval- und Suchfehler ausgerichtet sein müssen.

Bei der Auswertung nach Fachgebieten zeigte sich, daß Titelbreite und Staffelung unterschiedlich ausgeprägt sind. Hieraus ist zu schließen, daß die verschiedenen Ausgangspositionen für den Bestandsaufbau in einzelnen Fachgebieten (völliger Neuaufbau, wesentliche Bestandsveränderung, Ergänzung vorhandener Bestände) unterschiedlich bewältigt wurden und Homogenität noch nicht in ausreichendem Maße erreicht wurde. Aus der Analyse wurden folgende Erkenntnisse und Schlußfolgerungen abgeleitet.

Da ein ausreichender finanzieller Rahmen als eine Voraussetzung für einen optimalen Bestandsaufbau in der UB Magdeburg wie in den meisten Bibliotheken nicht zur Verfügung steht, ist eine angemessene Verteilung der Mittel auf die einzelnen Fachgebiete für einen zumindest ausgewogenen, optimierten Bestandsaufbau von besonderer Bedeutung. Diese Verteilung setzt einen Konsens der Entscheidungsgremien voraus, wobei dieser immer schwerer zu erreichen ist, je größer die Differenz zwischen Bedarf und tatsächlichem Etat wird. Insofern kommt einem Modell, das weitgehend objektive Grundlagen berücksichtigt, ein hohes Maß an Bedeutung zu.

Im Ergebnis dieser Überlegungen wurde in Magdeburg ein Modell[6] entwickelt, das sich an den Durchschnittswerten vergleichbarer deutscher Universitäten orientiert und den Ausbaugrad der einzelnen Fachgebiete in Magdeburg, den Umfang der im Fachgebiet erscheinenden Literatur und ihren durchschnittlichen Preis berücksichtigt. Es wird regelmäßig an der Praxis überprüft und bei Bedarf präzisiert.

Ein optimierter Bestandsaufbau setzt ein enges Zusammenwirken von Fachreferenten und Lehrstühlen voraus. Bezüglich der zu erwerbenden Titel müssen wesentliche Impulse von den Lehrstühlen ausgehen. Auch Aussagen zum geplanten Einsatz in der Lehre muß der Fachreferent erhalten, um Entscheidungen über Mehrfachexemplare treffen bzw. Einfluß nehmen zu können auf veränderte Ausleihfristen, Bereitstellung ausgewählter Titel als Präsenzbestand usw. Dementsprechend wurden Festlegungen zur Zusammenarbeit der Fachreferenten mit den Lehrstühlen getroffen.

Trotz erforderlicher enger Zusammenarbeit mit den Lehrstühlen darf sich der Fachreferent nicht nur an den Wünschen und Forderungen der Benutzer orientieren. Vielmehr ist der

---

6   Vorlage für den Senat der Otto-von-Guericke-Universität Magdeburg und Beschluß vom 18.03.1998 (unveröffentlichtes Material).

Bestand regelmäßig unter dem Gesichtspunkt der Nutzung, der Nachfrage, der Inanspruchnahme der passiven Fernleihe sowie von Dokumentlieferdiensten und natürlich in Auswertung einschlägiger Informationen zu Neuerscheinungen, von Rezensionen usw. zu überprüfen. Auf diesem Gebiet gibt es offensichtlich Reserven in der UB Magdeburg. Es wurde deshalb festgelegt, daß unter Leitung des stellvertretenden Direktors der UB regelmäßige Zusammenkünfte der Fachreferenten stattfinden, die dem Erfahrungsaustausch dienen, gleichzeitig eine einheitliche Herangehensweise sichern und eine über alle Fachgebiete zumindest annähernd gleiche Qualität des Bestandes gewährleisten.

In den Analysen wurde mehrfach deutlich, daß bei den Bibliotheksbenutzern nicht unerheblicher Schulungsbedarf besteht, der, ausgehend von ihren unterschiedlichen Vorkenntnissen, ein differenziertes, transparentes Angebot erfordert. Die Transparenz kann dabei durch eine zielgerichtete Informationspolitik gesichert werden. Schulungen allein sind jedoch nicht ausreichend. Die Minimierung von Retrieval- und Suchfehlern beispielsweise erfordert eine Erweiterung der Auskunftstätigkeit in Richtung Intensivierung der Hilfestellung bei der Nutzung der Kataloge und der Literatursuche am Regal. Mit der Erweiterung ihres Dienstleistungsangebotes muß die UB ihre Benutzer dementsprechend auch befähigen, dieses Angebot auszuschöpfen. Das wiederum erfordert die Schaffung der erforderlichen personellen Ressourcen. Die Bibliotheksleitung muß bei allen Personalplanungen die sich verändernde Rolle des Bibliothekspersonals hin zum Informationsvermittler und Kommunikator beachten. In Magdeburg wurde vor diesem Hintergrund durch Umsetzung von Personal der Servicebereich erweitert. Dies ist jedoch nur eine Seite. Wichtiger ist, daß sich der Servicegedanke bei allen Beschäftigten der Bibliothek durchsetzt, in den Benutzungsbereichen wie in allen anderen und zur Selbstverständlichkeit in der täglichen Arbeit wird.

Die veränderte Rolle der UB als aktiver Dienstleister, die in Konkurrenz zu anderen Dienstleistern steht, muß sowohl auf der personellen als auch der organisatorisch-technischen Seite realisiert und der Öffentlichkeit, den aktiven und potentiellen Bibliotheksbenutzern vermittelt werden.

2.4.2 Liegezeitanalyse

In der Analyse zur Verfügbarkeit der Literatur wurde ermittelt, wie viele der gewünschten Titel der Benutzer im Durchschnitt ausleihen bzw. nicht ausleihen konnte. Die nachfolgende Liegezeitanalyse wurde durchgeführt, um weitere Aufschlüsse zu erhalten. Der Katalogisierungsfehler ist mit durchschnittlich unter 2 Prozent zwar gering, wurde nach dem Ausleihfehler und dem Erwerbungsfehler aber als drittgrößter Fehler ermittelt, der direkt von der Bibliothek beeinflußt werden kann. Es sollte geklärt werden, an welcher Stelle die Gründe für Verzögerungen in erster Linie entstehen, um Maßnahmen dagegen ergreifen zu können. Aus der Erfahrung war bekannt, daß bei den Fachreferenten eingehende Bestellvorschläge sehr schnell weitergeleitet und vom Bereich Erwerbung auch sehr zügig die Bestellungen ausgelöst werden. Deshalb sollten diese Zeiten wie auch die Lieferzeiten des Buchhandels oder anderer Lieferer, die nicht direkt zu beeinflussen sind, nicht analysiert werden. Vielmehr kam es darauf an, den Einarbeitungsprozeß zu untersuchen, weil Zeitverzögerungen in diesem Bereich grundsätzlich bekannt waren.

Für die Durchführung der Analyse wurden Laufzettel entwickelt und im IV. Quartal 1996 in die zu bearbeitenden Bücher eingelegt. Diese Laufzettel enthielten Ein- und Ausgangsdatum der Bücher im Bereich Erwerbung, das jeweilige Ausgangsdatum vom Fachreferat, des Bereiches Katalogisierung, der technischen Buchbearbeitung und das Einstelldatum. Daraus wurden die Bearbeitungszeiten in den einzelnen Bereichen in Kalendertagen ermittelt.

Die Ergebnisse sind außerordentlich differenziert. Als sehr kritischer Bereich wurden die Fachreferate ermittelt. Die durchschnittlich erzielte Bearbeitungszeit von 55,8 Tagen war wesentlich zu hoch, auch wenn im Zuge des Aufbaus des Büchergrundbestandes verhältnismäßig sehr hohe Zugangszahlen zu bewältigen waren. Auffällig waren gravierende Unterschiede zwischen Medizinischer Zentralbibliothek, Hauptbibliothek und Fakultätsbibliothek Geistes-, Sozial- und Erziehungswissenschaften.

Folgende Erkenntnisse wurden daraus abgeleitet. Bei gleichzeitiger Betrachtung der Arbeitsorganisation und der Zugangszahlen wurde deutlich, daß die Personalausstattung im höheren Dienst (Fachreferenten) in der Fakultätsbibliothek Geistes-, Sozial- und Erziehungswissenschaften zu gering war, so daß es zu langen Einarbeitungszeiten und Überhängen in diesem Bereich kam. Die Situation war und ist auch deshalb besonders schwierig, weil aufgrund der Vielzahl der in der Fakultät vertretenen Fachgebiete die Fachreferenten jeweils ein sehr breites und damit aufwendiges fachliches Spektrum abzudecken haben. Das Problem konnte bisher nur teilweise gelöst werden. Dabei kommt erschwerend hinzu, daß sich das Profil der Universität in den letzten Jahren gerade im geistes- sozial- und erziehungswissenschaftlichen Bereich deutlich erweitert hat. Da zusätzliche Personalstellen nicht zur Verfügung standen und stehen, läßt sich eine Lösung nur über die Umverteilung von Aufgaben erreichen. Das ist kompliziert, weil Fachreferate mit auf dem Fachgebiet ausgebildeten Fachreferenten besetzt werden sollten und Kompromisse in dieser Beziehung sich in Grenzen halten müssen. Außerdem üben nahezu alle Fachreferenten auch Leitungsfunktionen aus oder werden mit spezifischen Aufgaben betraut. Endgültig kann die Situation nur bei der Neubesetzung von Stellen gelöst werden.

In der Hauptbibliothek waren die Probleme ähnlich. Durch das insgesamt größere Potential und geringfügige organisatorische Änderungen konnte die Situation etwas verbessert werden. Ansonsten gilt das zur Fakultätsbibliothek Gesagte: Grundlegende Veränderungen sind nur längerfristig durch eine ausgewogene Aufgabenverteilung in Verbindung mit einer effektiven Organisation möglich.

2.4.3 Leihverkehr

Bei der Benutzerbefragung war deutlich geworden, daß der Leihverkehr eine Schwachstelle ersten Ranges darstellt. Es lag deshalb auf der Hand, sich auch dieser Thematik zu stellen. Ziel weitergehender Untersuchungen war es zunächst, im Rahmen der passiven Fernleihe die Realisierung/Nichtrealisierung von Fernleihen zu analysieren sowie die Lieferzeiten selbst und Gründe für lange Lieferzeiten zu ermitteln. Ferner sollte herausgefunden werden, welche Nutzergruppen die Fernleihe am häufigsten frequentieren. Außerdem waren Erkenntnisse über die nachgefragte Literatur von Interesse, um möglicherweise Rückschlüsse auf den Bestandsaufbau ziehen zu können.

Erste Untersuchungen zur passiven Fernleihe erfolgten in Magdeburg bereits im Vorfeld des Marketingprojektes in Zusammenarbeit mit der Hochschule für Technik, Wirtschaft und Kultur Leipzig (FH), Fachbereich Buch und Museum (Diplomarbeit bzw. Arbeiten im Rahmen eines Hauptseminars). Auf diese Ergebnisse konnte zurückgegriffen werden.

Die erste Erhebung erfolgte im Frühjahr 1993. In 7 Wochen wurden über 1.100 Fernleihbestellungen registriert, davon 77,6 Prozent mittels PICA-Bestellsystem und 22,4 Prozent per rotem Leihschein. Insgesamt wurden davon 82,2 Prozent (PICA 88,3 Prozent) realisiert. Bei den nicht realisierten Bestellungen konnten Gründe dafür bei nahezu der Hälfte ermittelt werden: Titel nicht vorhanden, Angaben überprüfen, Titel verliehen und Titel nicht verleihbar waren die häufigsten. Mehr als die Hälfte waren direkt oder indirekt (mangelhafte Überprüfung) durch die Bibliothek selbst zu vertreten. Der Realisierungszeitraum betrug

18,5 Arbeitstage (PICA-Bestellungen 17,0 Arbeitstage), davon 3,5 Tage für die Bearbeitung der Bestellung.

Die zweite Erhebung wurde von September bis November 1995 durchgeführt. Sie sollte Auskunft geben über mögliche Veränderungen gegenüber der Untersuchung von 1993 sowie Aussagen zu den Fachgebieten der bestellten Literatur, Publikationsformen und Erscheinungsjahrgängen liefern. Dazu wurden Fragebögen an die Benutzer ausgegeben.

Die wichtigsten Ergebnisse lassen sich wie folgt zusammenfassen. Trotz stärkerer Nutzung des PICA-Fernleihsystems und damit verbundener besserer Nachweissituation (Hauptgrund für nicht realisierte Fernleihen in der Untersuchung 1993) sowie kleineren organisatorischen Veränderungen, wurde aufgrund stark gestiegener Fernleihzahlen eine qualitative Verbesserung 1995 gegenüber 1993 nicht erreicht. Auf die Ergebnisse der Auswertung nach Fachgebieten soll hier im einzelnen nicht eingegangen werden. Sie sind schwer interpretier- und vergleichbar. Rückschlüsse auf den Bestandsaufbau konnten nur für Fachgebiete mit großer Nachfrage ansatzweise gezogen werden.

2.4.4 Tätigkeitsanalyse

Die Erkenntnis, daß positive Veränderungen in der Fernleihe nicht erreicht worden waren, war Anlaß dafür, eine Tätigkeitsanalyse zur Verbesserung bzw. Neugestaltung der Arbeitsorganisation für den Prozeß Fernleihe zu erarbeiten. Dies war insbesondere notwendig, weil die bis dahin durchgeführten Bestandsaufnahmen unscharfe Angaben zu den internen Arbeitsprozessen bezüglich des Zeitaufwandes für einzelne Arbeitsgänge machten und detaillierte Beschreibungen zum Ablauf des Prozesses Fernleihe nicht erfolgten. Zur Durchführung wurde ein Arbeitszeiterfassungsbogen auf der Basis von Interviews mit Fachleuten der Fernleihe erarbeitet, der zwei Hauptaspekte berücksichtigte: aktive und passive Fernleihe mit je zwei Bestellverfahren sowie Durchführung der Arbeiten zum Prozeß Fernleihe in verschiedenen Arbeitsbereichen.

Die Ergebnisse der Arbeitszeiterfassung können wie folgt zusammengefaßt werden. Der gesamte Fernleihprozeß zeigte sich als stark zergliedert, neben dem Bereich Fernleihe waren weitere Bereiche der Abteilung Benutzung einbezogen. Der direkte Kontakt des Benutzers mit dem Bereich Fernleihe war aufgrund der räumlichen Anordnung der Fernleihe nicht gegeben. Diese Organisationsform des Fernleihprozesses führte zu unnötigen Informationsverlusten, Fehlern und Mißverständnissen. Ein hohes Maß an Abstimmungsbedarf und Kontrolle war die Folge, zudem kam es zu Verzögerungen bei der Bearbeitung.

Bei der passiven Fernleihe wurde der höchste Zeitaufwand bei der Bearbeitung der Bestellungen und bei der Bereitstellung der Titel einschließlich Bearbeitung des Kurierdienstes ermittelt. Bei der aktiven Fernleihe war die Bearbeitung der Fernleihen besonders zeitaufwendig einschließlich Signieren der Bestellungen per rotem Leihschein sowie das Ausheben/Einstellen und das Kopieren.

Aus den hier stark zusammengefaßten Ergebnissen wurden folgende Erkenntnisse und Schlußfolgerungen abgeleitet.

Die Tatsache, daß es sich bei dem Prozeß Fernleihe um einen sehr zerklüfteten Prozeß handelte, führte zu den bereits genannten Schwächen. Es war daher erforderlich, zusammenhängende Schritte im Prozeß zu bündeln, die Verantwortung der Beschäftigten neu festzulegen und Ansprechpartner für die Benutzer zu bestimmen. Hinzu kam die notwendige Verbesserung der räumlichen Situation. Die Erkenntnis war, ein Fernleihe-Team zu bilden mit deutlicher Zuweisung der Zuständigkeiten und Verantwortlichkeiten. Ziel war die Erhöhung der Transparenz, Kundennähe und verbesserter Service, aber auch die Erhöhung des Verantwortungsbewußtseins der Beschäftigten. Nachdem entsprechende

Schritte vollzogen wurden, ist ihre Wirksamkeit zu einem späteren Zeitpunkt an der Praxis zu überprüfen.

Solche Ergebnisse, wie die lange Zeitdauer bei der Bereitstellung der passiven oder die Bearbeitung der aktiven Fernleihen waren Anlaß, die einzelnen Arbeitsschritte in diesen Prozessen zu überprüfen. Dabei wurden organisatorische Mängel erkannt. Zum Beispiel wurde deutlich, daß bestimmte Arbeitsschritte nur an bestimmten Wochentagen ausgeführt wurden, was zu unnötigen Zeitverzögerungen führte. Auch wurden traditionelle, per Hand auszuführende Tätigkeiten (Führung von Registern, Karteien usw.) gepflegt, obwohl die technischen Voraussetzungen für effektivere Arbeitsweisen gegeben waren. Diese „historisch gewachsenen" Arbeitsabläufe wurden umgehend beseitigt. Gleichzeitig wurde daraus die Erkenntnis gewonnen, daß solche Analysen der Arbeitsabläufe immer wieder notwendig sind, weil nicht auszuschließen ist, daß traditionelles Denken dazu führt, daß nicht alle Möglichkeiten zur Verbesserung der Arbeitsorganisation ausgeschöpft werden.

Generell kann gesagt werden, daß die Methode der Zeitaufschreibung die Erfassung aller Prozesse ermöglicht und damit die Voraussetzung zur Steuerung, Kontrolle und Optimierung von Dienstleistungen gegeben ist. Die Erfassung sämtlicher Tätigkeiten zur Fernleihe brachte eine Aussage zur Strukturierung einzelner Arbeitsschritte und zu den benötigten Zeitanteilen am Gesamtprozeß. Sie ermöglichte, auf die Arbeitsschritte konkret Einfluß zu nehmen und bewirkte so eine Beschleunigung der Fernleihe und Verbesserung des Service.

Schließlich wurde die Erkenntnis gewonnen, daß die Aufschreibung des Zeitaufwandes für einzelne Tätigkeiten auch bei einer späteren Kostenrechnung als Gerüst dienen könnte. Dies würde Bedeutung erlangen bei Kostenvergleichen für spezielle Dienstleistungen, aber auch in vielen anderen Zusammenhängen.

Daß bei allen Überlegungen zur Optimierung von Bibliotheksprozessen der Dienstleistungsgedanke im Vordergrund stehen muß, dürfte selbstverständlich sein.

2.4.5 Zeitschriftenanalyse

Ziel der Zeitschriftenanalyse war es, auf der Grundlage der Nutzung vorhandener Titel Teilaussagen zur Optimierung des Bestandes treffen zu können. Es sollten Erkenntnisse über die Nutzung/Nichtnutzung einzelner Titel, die Häufigkeit der Nutzung bezogen auf aktuelle und ältere Jahrgänge und über das angewandte Analyseverfahren gewonnen werden. Gleichzeitig sollte die Analyse die in der Verfügbarkeitsstudie für Monographien gemachten Aussagen zur Bestandsqualität ergänzen.

Als Meßverfahren für die Nutzungshäufigkeit wurde das Selbstaufschreibungsverfahren gewählt. Die Nutzer wurden gebeten, das Nutzungsdatum in eingeklebte Vordrucke einzusetzen. Alternative Meßverfahren wie das Versiegeln, die kontrollierte Ausgabe der Titel durch das Lesesaalpersonal oder eine Statistik wieder einzustellender Titel wurden schon allein wegen des erforderlichen Personalaufwandes verworfen. Die Analyse wurde langfristig auf fünf Jahre angelegt. Obwohl dadurch noch keine endgültigen Aussagen getroffen werden können, wurde eine erste Zwischenauswertung vorgenommen.

Die Ergebnisse dieser Zwischenauswertung entsprachen nicht den Erwartungen. Eine offensichtlich deutlich zu hoch ermittelte Nichtnutzung von Zeitschriftentiteln ließ Zweifel an der Untersuchungsmethode aufkommen. Weitere Untersuchungen bestätigten das. Daraus wurden entsprechende Schlußfolgerungen gezogen. Das Lesesaalpersonal wird persönlich stärker in das Projekt einbezogen. Die Hinweise im Lesesaal wurden erweitert, auf der Homepage der UB wird ein Hinweis gegeben. Zu berücksichtigen war, daß zu Beginn dieser Analyse aufgrund von Bauarbeiten der Lesesaal ausgelagert war, was insgesamt zu einer geringeren Inanspruchnahme führte.

Aus dieser Gesamtsituation wurde zunächst die Schlußfolgerung abgeleitet, im 1. Halbjahr 1999 eine weitere Zwischenauswertung vorzunehmen. Zeigen sich dabei erneut Unzulänglichkeiten, muß die Brauchbarkeit der Untersuchungsmethode ernsthaft in Zweifel gezogen, müssen weitere Schlußfolgerungen daraus abgeleitet werden.

3. Zum Folgeprojekt „Das Management elektronischer Dokumentlieferung – eine zentrale Herausforderung für Bibliotheken"

In einem Folgeprojekt, das sich dem ersten unmittelbar anschloß und auf das im Rahmen dieser Arbeit nur verwiesen werden kann, erfolgte die Entwicklung eines strategischen Managements für elektronische Dokumentlieferdienste.

Ausgehend davon, daß sich im Ergebnis der Benutzerbefragung aus dem ersten Projekt die Verfügbarkeit der Literatur als Schwachstelle erwiesen hatte, wurden Dokumentlieferdienste als eine Alternative zur Nutzung des eigenen Bestandes oder der Fernleihe erkannt. Ausgewählt wurde der im GBV angebotene Lieferdienst SUBITO[7] mit dem Zugangssystem GBVdirekt.[8]

Ziel des Projektes war die Implementierung dieses Systems und die Entwicklung einer Strategie zu seiner Bekanntmachung. Dazu wurden zwei Benutzerbefragungen durchgeführt, die erste zur Klärung des Interesses der Benutzer an elektronischen Lieferdiensten, die zweite als Erfolgskontrolle. Kernstück war das benchmarking.[9] Benchmarking ist als Instrument der Wettbewerbsanalyse der Vergleich mit den Besten der Branche, Unterschiede zum eigenen Unternehmen, zur eigenen Bibliothek werden ermittelt und Verbesserungsmöglichkeiten abgeleitet. Endziel war, daß die Benutzer den Dokumentlieferdienst GBVdirekt/ SUBITO ständig als feste Größe vor Augen haben.

Im Zusammenwirken mit den benchmarking-Partnern[10] wurden zahlreiche Ideen und Hinweise zusammengetragen, von denen solche übernommen wurden wie die Entwicklung eines Logos für die UB, die Gestaltung und der Einsatz eines flyers zum Thema SUBITO, der Einsatz von Plakaten, die Nutzung von Fernsehen und Internet, Werbung als Bildschirmschoner, die Herstellung eines Videos und nicht zuletzt die ständige Information der Beschäftigten und deren aktive Werbung für die neue Dienstleistung. Die Erfolgskontrolle bestätigte die Zweckmäßigkeit dieser Maßnahmen. Bekanntheitsgrad und Nutzungsintensität von GBVdirekt/SUBITO waren gestiegen.

4. Schlußbemerkungen

Zieht man nach Abschluß des Projektes eine allgemeine Bilanz, dann lassen sich aus Magdeburger Sicht die folgenden Erfahrungen vermitteln.

Marketing und Controlling bilden eine unverzichtbare Arbeitsgrundlage für wissenschaftliche Bibliotheken. Aus dem Projekt wurden umfangreiche Erkenntnisse gewonnen. Sie beziehen sich auf die Wirkung der Bibliothek nach außen gleichermaßen wie auf die internen Prozesse. Stärken und Schwächen im Leistungsangebot, bei der Information und

---

7 Informationen dazu unter http://www.subito-doc.de/

8 Informationen dazu unter http://www.gbv.de/direkt/gbvdirekt.html

9 Camp, Robert C. : Benchmarking. The Search for Industrie Best Practices that lead to superior Performance. Milwaukee, New York 1989.

10 Fa. megaDOK Informationsservice, Schönebeck; Deutsches Bibliotheksinstitut, Berlin; Theater der Landeshauptstadt Magdeburg.

Kommunikation mit den Benutzern und bei der Arbeitsorganisation in der Bibliothek wurden deutlich. Die Umsetzung dieser Erkenntnisse darf dabei keine einmalige Aktion bleiben, vielmehr handelt es sich um einen ständigen Prozeß.

Die Bearbeitung eines solchen Projektes durch zwei Bibliotheken bringt Vor- und Nachteile, wobei die Vorteile überwiegen. Sie bestehen darin, daß das Team im allgemeinen größer wird, eine bessere Diskussionsbasis besteht, Gedanken unter Umständen früher präzisiert oder korrigiert werden können. Teilergebnisse können mitunter übernommen und Zwischen- sowie Endergebnisse verglichen werden. Die Nachteile liegen in einem hohen Informations- und Abstimmungsbedarf.

Die Vorbereitung des Projektes oder von Teilprojekten, insbesondere von Befragungen und Analysen, sollte besonders gründlich erfolgen. Hier investierte Zeit zahlt sich am Ende aus. Dies bezieht sich vor allem auch auf die Differenziertheit, die gewünschte Tiefe der Ergebnisse. So haben zum Beispiel die Befragung der Nichtnutzer und die Ermittlung bestimmter Ergebnisse nach Nutzergruppen oder Fachgebieten nicht in allen Punkten den Aufwand gerechtfertigt. Die ständige Beteiligung der Bibliotheksleitung an der Projektarbeit hat sich positiv ausgewirkt. Die Tatsache, daß nicht alle Untersuchungsmethoden zum Erfolg geführt haben, daß nicht alle Ergebnisse neu, brauchbar und auch umsetzbar waren, hat dem Projekt insgesamt keinen Abbruch getan.

Annette Rath-Beckmann

Die Staatsbibliothek Bremen als Landesbibliothek: Einblick in Geschichte, Gegenwart und Zukunft aus der Sicht ihrer Bibliothekare

1. Der Ursprung aus vielen „Quellen" – die „Bibliotheca Bremensis 1660 – 1895"

Im Jahre 1660 wurde die erste öffentlich zugängliche Bibliothek für die bremischen Bürger im ehemaligen Katharinenkloster eröffnet (wenn zunächst auch nur für zwei Stunden vierzehntägig). Bereits 1646 (nach Ankauf der Gelehrtenbibliothek von Melchior Goldast von Haiminsfeld durch den Rat) erließ der damalige Bürgermeister Heinrich Meier „Vorschläge zur Einrichtung der Bibliothek und deren Anordnung",[1] die u. a. die Öffnungszeiten regelten und die – unter dem Blickwinkel des Trägers und der potentiellen Nutzer – sehr aufschlußreich sind: so besagt Artikel 6 der Vorschläge, daß

> „zum Gebrauch dieser Bibliothec, sollen die Herren Bürgermeister und Rahtts verwandte dieser Stadt deroselben Bediente am Regimentt Kirchen und Schulen, einen freyen Zutritt ohn einig entgeldt haben ... andere, sonderlich aber frembde und einheimische Studiosi sollen nicht zugelassen werden, bevor sie in matriculam Bibliothecae recipirt. pro immatriculatione ad usu Bibliothecae yeglicher einen Ducaten entrichtet, danebst angelobet, und durch einen wollgesessenen Bürgere allhie verbürget, oder da sie dazu nicht gerathen konnen, mit genugsahmen Pfänden, Versicherung thun, vor allen Schaden und Nachtheill, so denen entliehenen Büchern ihrethalben zustossen kondten".[2]

Der Rat und seine – wie wir heute sagen würden – nachgeordneten Behörden und Bediensteten der Schulen und Kirchen sollten also freien Zutritt haben, nicht jedoch fremde und einheimische Studenten; vom gemeinen Bürger war gar keine Rede.

Hier wird deutlich, daß die Stadtregierung die neue Bibliothek in erster Linie als Fortsetzung ihrer bisherigen Bestandteile ansah, nämlich der Sammlung des *Gymnasium Illustre* und der Ratsbibliothek, angereichert durch die Sammlung Goldast; mit anderen Worten: die bremischen Amtsträger, die für ihre beruflichen Zwecke wissenschaftliche Literatur benötigten, wurden versorgt; eine breitere Nutzung war jedoch nicht angestrebt.

Diese Haltung entspricht durchaus dem Selbstverständnis von Gemeinwesen des 17. Jahrhunderts in Bezug auf den Stellenwert, den sie der Nutzung wissenschaftlicher Büchersammlungen durch ihre Bürger beimaßen. Der Syndikus des Rats, Johann Wachmann sen., macht zu Artikel 6 der Vorschläge Heinrich Meiers immerhin folgende Anmerkung: *„Ob nicht die Doctores und andere Gelehrte, so Burgere sein, auch zu admittieren."* [3]

---

[1] Auszug aus des Syndicus Joh. Wachmann sen. Vitae meae Curriculum, Staatsarchiv Bremen T. 5f.1.b., zitiert nach: Praeludium – In: Beiträge zur Geschichte der Staatsbibliothek Bremen, / Hrsg. von Hans Wegener. – Bremen 1952, S. 11.

[2] a.a.O., S. 12.

[3] a.a.O., S. 15.

Die Bibliothek hatte im eigentlichen Sinne keinen Etat; die Zuwendungen wurden vom Senat nach Gutdünken erteilt; „Strafgelder" für Leihfristüberschreitungen, heimliche Entwendung und unerlaubte Weiterverleihung wurden erhoben und kamen dem „Erwerbungsetat" zugute.

Der Bibliothekar war eigens hierfür ausgewählten „Inspektoren" des Senats verantwortlich, denen er nicht nur „Rechnung" ablegen mußte; sie mußten auch bei Ankauf von Büchern und Zulassung von Nutzern befragt werden.[4] Die Benutzung war – u. a. wegen schlechter Erfahrungen – die man mit der Begehrlichkeit von Bibliophilen wie der schwedischen Königin Christine gemacht hatte [5] – sehr restriktiv. Dies führte allerdings dazu, daß die Bibliothek nach ihrer Gründung und Öffnung in der Wahrnehmung der Bürger keine große Rolle spielte. Ihr Direktor Heinrich Bulthaupt formuliert es in seinem Vortrag anläßlich einer Tagung der bibliothekarischen Sektion der Philologenversammlung [später VDB, die Verfasserin] am 27.09.1899 in Bremen so:

> „Dort nun, in dem sogenannten Schwarzen Kloster, ... hat die Stadtbibliothek mehr als zweihundert Jahre geruht. ... Aber eine Gefahr war dabei. Fast allzusehr verbarg sich der Platz vor den Augen der Bürger, und die Ruhe des Orts konnte gar zu leicht die Ruhe eines Kirchhofs werden. Und das wurde sie wirklich. Man hörte lange nicht von der Bibliothek, und ein sogenanntes sensationelles Ereigniß wie der Erwerb der Goldast'schen Bücher mußte wohl eine Seltenheit bleiben."[6]

Der Erwerb der Goldast'schen Bibliothek durch den Rat der Stadt im Jahre 1646 war vorrangig dem Umstand zu verdanken, daß Goldast 21 Jahre zuvor seine Büchersammlung im Katharinen-Kloster eingelagert hatte, wo sie nach seiner Auffassung in den Wirren des 30jährigen Krieges relativ sicher war. Über 20 Jahre lag sie unbehelligt dort verpackt in Fässern und Kisten; nach dem Tode Goldasts, der 1635 in Gießen verstarb, kamen die Verhandlungen mit den Erben zu einem gute Ende durch Ankauf der Bibliothek.[7] Einen weiteren Zuwachs über den eher mageren Anschaffungsetat hinaus erhielt die Bibliothek im 18. Jahrhundert durch zwei Söhne der Stadt, den reformierten Theologen Coccejus und den Professor der Philosophie am Pädagogium in Bremen Johann Philipp Cassel. Coccejus' Nachlaß wurde von einem Enkel, dem Ratsherren Heinrich Hüneken, im Jahre 1718 der Bibliothek übereignet. Von Cassel, der 1783 starb, erhielt die Bibliothek seine gesamte Kleinschriftensammlung sowie seinen literarischen Nachlaß.[8]

Im Jahre 1775 nach erfolgtem Umbau und Verschönerung des Bibliothekssaales im Katharinen-Kloster wurden die Öffnungszeiten der Bibliothek von zwei Stunden vierzehntägig auf zwei Stunden wöchentlich heraufgesetzt: die Aufklärung forderte ihren Tribut! Die Gründung von Literarischen Gesellschaften, die in der Regel eine eigene Bibliothek anlegten, fand auch in Bremen statt: 1748 wurde die „Deutsche Gesellschaft" von Samuel Christian Lappenberg, Lehrer an der Domschule, nach dem Vorbild der Göttinger und Leipziger gegründet. Die Bibliothek dieser Gesellschaft kam 1793 in die Stadtbibliothek.

---

[4] a.a.O., S. 12.

[5] s. dazu: Bulthaupt, Heinrich: Zur Geschichte der Staatsbibliothek Bremen. – In: Beiträge zur Geschichte der Staatsbibliothek Bremen. Hrsg. von Hans Wegener. Bremen 1952, S. 141ff.

[6] a.a.O., S. 145/146.

[7] s. dazu: Elsmann, Thomas: Bremen (1): Staats- und Universitätsbibliothek. – In: Handbuch der historischen Buchbestände in Deutschland, Band 1, Hildesheim 1996, S. 289ff. *und* Knoll, Gerhard: Bibliotheken in der Bibliothek. – In: DFW 25(1977) Sonderh., S. 43ff.

[8] Knoll, Gerhard: a.a.O., S. 48.

Mehr als die „Deutsche Gesellschaft" reüssierte die „Gesellschaft Museum", die durch Vereinigung der „Historischen Lesegesellschaft" und der „Physikalischen Gesellschaft" entstand. Dieser Vereinigung, der im wesentlichen Kaufleute angehörten und deren Nachfolger, der „Club zu Bremen", noch heute existiert, spielte eine wichtige Rolle für die Bestandsergänzung der Stadtbibliothek im 19. und 20. Jahrhundert:

> „Sie [die Gesellschaft Museum, die Verfasserin] betrachtete es deshalb als eine ihrer vornehmsten Aufgaben, eine möglichst große wissenschaftliche Bibliothek einzurichten und zu unterhalten. Schon der erste 1799 erschienene Katalog zählte 7.000 Werke auf und beweißt, daß das Direktorium, welches für die Auswahl der Bücher verantwortlich war, sehr wohl wußte, was in eine wissenschaftliche Bibliothek gehörte. – Für die Vermehrung der Bibliothek standen beträchtliche Mittel zur Verfügung, weit mehr, als der Senat der Stadtbibliothek bewilligte, und außerdem wuchs die Bibliothek durch einen dauernden Zustrom von Büchern, welche die Mitglieder aus ihrem Privatbesitz schenkten. – Da für solche Büchermassen die Räume des Museums zu klein geworden waren, gab die Gesellschaft 1875 13.000 Bände hauptsächlich naturwissenschaftlicher Schriften an die Stadtbibliotheken in Bremen und Bremerhaven ab. Als 1912 wieder einmal der Platz knapp wurde, verkaufte sie ihre Bibliothek bis auf 4.042 Bände der wertvollsten und wichtigsten Werke und der ‚Club zu Bremen' der Nachfolger der ‚Gesellschaft Museum', schenkt 1951 der Staatsbibliothek, was an Büchern den Zweiten Weltkrieg überdauert hatte."[9]

Man kann die „Gesellschaft Museum" bzw. den „Club zu Bremen" mit einigem Recht als Fördergesellschaft der wissenschaftlichen Stadtbibliothek betrachten; eine würdige Nachfolgerin hat sie in der im September 1984 gegründeten „Theodor-Spitta-Gesellschaft" gefunden, deren Vereinszweck außer in der Pflege des Nachruhmes von Theodor Spitta in einer Förderung kultureller und wissenschaftlicher Aktivitäten der Staats- und Universitätsbibliothek besteht.

Einen Bedarf an Lesegesellschaften und Leihbüchereien, die Belletristik in den Mittelpunkt ihres Interesses stellten, gab es im 18. Jahrhundert auch in Bremen; das Interesse hieran galt jedoch in „besseren Kreisen" als anrüchig, besonders unschicklich war es für Frauen. In einem satirischen Hochzeitsgedicht aus dem Jahre 1767 heißt es:

> „Welch Bremerkind hat je nach mehr als Geld gefreit? Jetzt heißt es: Lieset sie? hat sie Verstand? – (wie eitel! Denn wo sitzt wohl Verstand als nur allein im Beutel?) Wer kannte sonst ein Buch als nur den Allmanach, Und höchstens noch zwei mehr mit Spangen und Beschlag!"[10]

Dieses Interesse auch breiterer Kreise an Lesestoff wirkte sich jedoch nicht unmittelbar förderlich auf die Entwicklung der Stadtbibliothek aus. Der Versuch des im Jahre 1817 verantwortlichen Bibliothekars der Stadt, Heinrich Rump, dem gar zu „populären" Bestand der Leihbüchereien und Lesegesellschaften als Gegenpol eine gut sortierte, mit bildungsrelevanter Literatur ausgestattete Stadtbibliothek entgegenzusetzen, stieß auf taube Ohren.[11] Die Zeit der Aufklärung hatte einen nicht unerheblichen Teil der Bürger zu Lesern gemacht; die Bremer Stadtbibliothek kam hierdurch jedoch nicht zu neuer Blüte.

---

9 Wegener, Hans: Bremer Bibliotheken der Aufklärungszeit. – In: Schriften der Wittheit zu Bremen = Jahrbuch der Bremischen Wissenschaft 1(1955), S. 396-397.

10 zitiert nach: Seedorf, H.: Klage über die gegenwärtigen Zeiten: Hochzeitsgedicht des 18. Jahrhunderts. – In: Mitteilungen aus der Stadtbibliothek in Bremen 2(1909) März , Nr. 4, S. 27-28.

11 s. dazu: Wegener, Hans: s. Anm. 9, S. 403.

Dies wird sehr deutlich in dem Gutachten, das Johann Georg Kohl, Bibliothekar der Stadt, bei seinem Amtsantritt im Jahre 1864 verfaßte. Es zeigt deutlich, daß es um die öffentliche Nutzung der Stadtbibliothek nicht gut bestellt war. Johann Georg Kohl entwickelt als Bremer Bibliothekar ein Gespür dafür, daß es für die

> „bremische(n) Staats-Bibliothek [!] aus vielen Gründen geradezu äußerst zweckmäßig und so gar nothwendig [sei], Alles was sich auf das städtische Sonderleben bezieht, in einer ganz besonderen Abtheilung aufzufassen und die heimathliche Bibliothek in ihrer Selbständigkeit aufrecht zu erhalten, ja sie noch strenger, schärfer und in strikterer Eigenthümlichkeit, als es bisher geschehen ist, von der allgemeinen Bibliothek abgesondert hinzustellen."[12]

Er spricht hier von „Staats-Bibliothek" und formuliert eines der wesentlichen Charakteristika von Landes- bzw. Regional- oder auch Staatsbibliotheken, nämlich das regional bedeutende Schrifttum mit besonderem Augenmerk zu sammeln, zu erschließen und zu präsentieren. Die „Bremensien" werden durch Johann Georg Kohl in einem Formal- und Sachkatalog (in seiner Terminologie „Nominal- und Fachkatalog") neu verzeichnet; im Bestand stellt er Lücken fest:

> „Selbst von den interessantesten und wichtigsten Instituten, Vereinen, Associationen unserer Stadt scheinen unserer Central Bibliothek nur dann und wann und ganz gelegentlich Berichte und Broschüren zugekommen zu sein. Viele von Ihnen sind in ihr so gut wie gar nicht vertreten."[13]

Kohl bittet – zwecks Bestandsergänzung der Bremensien – um freiwillige Abgaben einschlägiger Publikationen, auch „grauer", d.h. nicht über einen Verlag veröffentlichter Literatur, und um Bücherspenden von Bürgern, die *„wenigstens ihre etwaigen Doubletten"*[14] der Bibliothek überlassen sollten. Auch ein Gesetz zur Verankerung des Pflichtexemplarrechts fordert er ein, mit dem Ziel,

> „daß alle zukünftig in Bremen und in seinem Gebiete erscheinenden Drucksachen in zwei Exemplaren an die Stadtbibliothek eingesandt werden müssen".[15]

Johann Georg Kohl weist sich durch sein Gutachten kurz nach Amtsantritt nicht nur als Begründer der Bremer Staatsbibliothek als Landesbibliothek aus; er äußert sich ebenso fachkundig wie präzise auch zu den übrigen Geschäftsbereichen. An einigen Stellen kommt sein Text einem Bericht über den heutigen Stand erstaunlich nahe, beispielsweise in seiner Beschreibung der Unterbringung der wertvollen Bestände:

> „Namentlich möchte ich die Aufmerksamkeit auf das Äußere unserer so interessanten Sammlung von Manuscripten, Autographen, seltenen Drucken und anderen Seltenheiten ziehen. Dieselben sind jetzt zum Theil noch, wie ich schon bemerkte, in der Bibliothek an verschiedenen Orten verstreut, größtentheils aber in sehr wenig zweckmäßigen Schränken vereinigt."[16]

---

[12] Kohl, Johann Georg: Gutachterlicher Bericht über die Stadt-Bibliothek, ihren jetzigen Bestand, ihre zweckmäßige Fortführung und die vorzuschlagenden Verbesserungen in ihren äußeren Einrichtungen. Bremen 1864. – S. 2.

[13] a.a.O., S. 3.

[14] ebd.

[15] ebd.

[16] a.a.O., S. 14.

Die Einrichtung eines von Kohl geforderten *„Bibliotheksarchivs"*[17] stand nicht nur im Jahre 1864, sondern steht heute noch für die kommenden Jahre auf der Agenda der Bibliothek. Kohl fordert zur Erledigung der von ihm geplanten vielfältigen Aufgaben, daß

> „der Stadtbibliothekar in den Stand gesetzt werde, sich selbst einen solchen Gehülfen zu adjungieren und zu besolden, sowie auch im Fall der Noth sich außerordentliche tempo-räre Hülfe ... zu verschaffen. Da die Bibliotheksarbeiten der Art sind, daß ihre Beschaf-fung zuweilen sehr dringlich erscheint, zuweilen aber Aufschub möglich und räthlich macht – und da zugleich außerordentliche temporäre Hülfeleistung jetzt immer so leicht zu haben, und oft zugleich billiger und effektvoller ist, so möchte das mir abgeforderte Gutachten sich für die letzte Alternative entscheiden."[18]

Bremen hatte bei Amtsantritt Johann Georg Kohls einen Etat von 500 Talern.[19] Um all dieses realisieren zu können, benötigt die Bibliothek eine Erhöhung ihres Etat um 100%!

> „Ohne hier jedoch in allzu große Details hineinzugehen, glaube ich schließlich mit Rücksicht auf das Vorgebrachte wohl den Antrag stellen zu dürfen, daß die jährliche Bewilligung für Bücher-Anschaffung, Copialien, Buchbinder, außerordentliche Dienst-leistungen, Porto, Reinigung, Heizung, Erleuchtung etc. pp. auf 1.000 Thaler erhöht werde um den Bibliothekar zu einer wenigstens etwas genügenden Fortführung des Instituts, sowie zur allmählichen Einführung einiger der beabsichtigten Reformen in Stand zu setzen."[20]

Kohl weist nach, daß in den letzten 150 Jahren *„nach Ausweis des fleissigen und seinerzeit sehr guten Katalogs unserer Bibliothek von Prof. Havighorst (vom Jahre 1711)"*[21] die Bibliothek sich in ihrem Bestand nicht um Wesentliches vermehrt hat. Er appelliert mit deutlichen Worten an den Senat: *„Es erscheint mir als ein nach alterthümlicher Weise dürftig ausgestattetes Institut, das noch immer seiner Reform im Geiste der Neuzeit harrt. Wir bleiben mit diesem Institute dem gesagten zufolge weit zurück,*

> *1) gegen unsere Nachbar- und Schwesterstädte;*
> *2) gegen andere Bibliotheken unserer eigenen Stadt;*
> *3) gegen unsere Vorfahren, die ihrer Zeit für 20.000 Einwohner 10.000 werthvolle Werke besaßen. "*[22]

Er setzt geschickt die Nachbarstadt Oldenburg und die hanseatische Schwesterstadt Ham-burg zum Vergleich ein, wohl wissend, daß Bremen sich häufig in seiner Geschichte im Streit mit Oldenburg und in Konkurrenz zu Hamburg befand:

> „Mit unserer Nachbar- und Schwesterstadt Hamburg können wir den Vergleich in keiner Weise aushalten. Ihre Stadtbibliothek ist mehr als 5mal bedeutender als die unsrige. – Die Hamburger Stadtbibliothek hat eine jährliche Einnahme von ca. 13.500 Mark, wovon 7.900 Mark für das Salair der Beamten abgehen, so daß für den Ankauf der Bücher, den Buchbinder und andere kleine Nebenausgaben 5.600 Mark übrigbleiben."[23]

---

[17] a.a.O., S. 15.
[18] a.a.O., S. 16.
[19] a.a.O., S. 17.
[20] a.a.O., S. 18.
[21] ebd.
[22] ebd.
[23] s. Anm. 19.

Die Bibliothek erhält die o. a. Etaterhöhung auf jährlich 1.000 Taler und viele Zuwächse durch Übereignung und Schenkung. Am Ende der Amtszeit Johann Georg Kohls, der als einer der bedeutendsten Bibliothekare der Bremer Bibliothek bezeichnet werden muß, hatte sich der Bestand so gut entwickelt, daß ein Neubau geplant werden mußte; 1895 wurde das Gebäude am Breitenweg – das 1997 dem Übermaxx, einem Gemeinschaftsunternehmen von Übersee-Museum und Cinemaxx weichen mußte – seiner Bestimmung übergeben: Bremens Stadtbibliothek hatte einen ihrer würdigen Ort gefunden.

2. Von der wissenschaftlichen Stadtbibliothek über die Staats-Bibliothek zur Universitätsbibliothek im Aufbau 1896 – 1965

Die Bremer Stadtbibliothek behält auch im beginnenden 20. Jahrhundert den Charakter einer wissenschaftlichen Bildungsinstitution; parallel dazu entwickelt sich, gefördert durch private Gelder der im Jahre 1901 gegründeten „Gesellschaft zur Verbreitung von Volksbildung" eine öffentliche Lesehalle, die viele Leser anzieht. Sie wurde bis zur Übernahme durch die Stadt im Jahre 1933 allein aus Privatgeldern finanziert; 1937 in „Volksbücherei" umbenannt, konnte sie 1940 ein eigenes Haus in einem Nebengebäude der Staatsbibliothek beziehen. Endgültig getrennt wurden Staatsbibliothek und Volksbücherei im Jahre 1947, als die Volksbücherei selbständig wurde und ein eigenes Gebäude im „Schüsselkorb" bezog; sie erhielt später den Namen „Stadtbibliothek".

Im Gegensatz zu dem stark nachgefragten Bestand der Lesehalle bzw. Volksbücherei, die bereits im Ersten Weltkrieg über ca. 250.000 Bände verfügte, entwickelte sich die Stadt- (ab 1927 Staats-) Bibliothek recht langsam: von 1902 bis 1942 gibt es einen Zuwachs von knapp 200.000 Bänden. Ein auswärtiger Besucher bemerkt hierzu in den Bremer Nachrichten am 20.04.1927, es könne

> „... einem völlig uninteressierten Nicht-Bremer, dem der gelegentliche Besuch der wundervollen Bremer Stadtbibliothek mit ihren kostbaren Beständen immer ein auserlesener Genuß ist, der Hinweis nicht verargt werden, daß sie in ihrem inneren Ausbau und der Nutzbarmachung für die Allgemeinheit von den Büchereien anderer Städte überholt wird, wenn ihr nicht pfleglichste Fürsorge zuteil wird."[24]

Der Zweite Weltkrieg bescherte der Bremer Staatsbibliothek weniger durch direkte Kriegseinwirkungen als vielmehr durch Auslagerung eines großen Teils ihrer Bestände eine Quasi-Halbierung ihrer Sammlungen. Zwar gelang es dem Bibliotheksoberinspektor Friedrich Wilkens bereits im Frühjahr 1945, wesentliche Teile – darunter die Bremensien aus Rotenburg/Wümme – wieder an einen sicheren Ort in Bremen zu überführen; ca. 100.000 Bände, die in 1.492 Kisten in ein Kali-Bergwerk in Bernburg/Saale verbracht worden waren, wurden von der Roten Armee beschlagnahmt und verschleppt. Inzwischen [im Jahre 1998, die Verf.] sind ca. 15.000 Bände davon aus Tbilissi/Georgien und ca. 50 aus Eriwan/ Armenien nach Bremen zurückgekehrt. Weitere 20.000 Bände lagern in St. Petersburg in der Russischen Nationalbibliothek, ca. 500 in der Wissenschaftlichen Universitätsbibliothek in Tomsk.

Es ist zu vermuten, daß der 1945 aus Bernburg verschleppte Bestand sich in weiteren wissenschaftlichen Bibliotheken der ehemaligen Sowjetrepubliken befindet. Ob und wann

---

24 Becker, Josef: Altes und Neues von der Bremer Stadtbibliothek. – In: Beiträge zur Geschichte der Staatsbibliothek Bremen / hrsg. von Hans Wegener. – Bremen 1952, S. 156.

die Bestände zurückkehren, ist weiterhin unklar; einzig aus Armenien ist in Kürze mit einer Rückgabe weiterer Bände zu rechnen.

Trotz hoher Verluste und der teilweisen Zerstörung des Bibliotheksgebäudes konnte die Staatsbibliothek am 31. Mai 1948 (nach der Schließung durch englische Truppen am 26. Mai 1945) wieder für das Publikum geöffnet werden. Mitarbeiter und Leitung hatten alles daran gesetzt, das Gebäude aus eigener Kraft herzurichten; die Bürger taten ein übriges, was die Bestandsvermehrung anging:

> „Wenn heute die alte Zahl von 300.000 Bänden wieder erreicht ist, so lag dies nicht an einer großzügigen Etatisierung, sondern daran, daß eine ganze Reihe von Schulbüchereien und die Reste der Bibliothek Roselius aus der Böttcherstraße und des Club zu Bremen dazukamen, außerdem große Bücherspenden aus der Schweiz und von der amerikanischen Besatzbehörde. Der Etat der Bibliothek aber blieb so klein, daß kaum die wichtigsten Neuerscheinungen erworben werden konnten. Erst in den letzten Jahren wurde der Etat den steigenden Buchpreisen angepaßt, aber doch nicht so, daß der riesige Nachholbedarf der Bibliothek daraus gedeckt werden konnte. Mit Hilfe der Deutschen Forschungsgemeinschaft, die zweimal beträchtliche Summen zur Verfügung stellte, war es endlich möglich, die wichtigsten Handbücher, Nachschlagewerke, Lexika und Bibliographien anzuschaffen, ohne die eine wissenschaftliche Bibliothek nicht arbeiten kann."[25]

Nicht nur die Bestände, auch das Gebäude und die Nachweisinstrumente bedurften des Neuaufbaus bzw. der Überarbeitung:

> „Die Situation, die der Krieg geschaffen hatte, war ähnlich der, die Kohl vorfand, als er die Leitung der Bibliothek übernahm. Es lag nahe, wieder, wie er es versucht hatte, die Bestände der wissenschaftlichen Bibliotheken in einem Zentralkatalog zusammenzufassen, und so der Allgemeinheit eine erheblich größere Büchermasse zur Verfügung zu stellen, als es der Staatsbibliothek möglich war. Der Versuch gelang. ... Heute ist der Verlust so vieler wertvoller Bücher zwar nicht überwunden, die Bibliothek aber ist voll arbeitsfähig, und die hohen Ziffern der Benutzung beweisen ihre Notwendigkeit und Leistung."[26]

In Wegeners Beitrag wird deutlich, daß sich auch die neueröffnete Staatsbibliothek in erster Linie als wissenschaftliche Bibliothek begriff; sie erhielt Zuwendungen von der Deutschen Forschungsgemeinschaft (DFG) und erfüllte weiterhin den Auftrag einer wissenschaftlichen Stadt- bzw. Landesbibliothek. Insofern war es nur konsequent, die Staatsbibliothek in den im Jahre 1961 vom Senat der Freien Hansestadt Bremen beschlossenen Aufbau einer Universität als Fundament für eine Universitätsbibliothek einzubeziehen. Ab 1965 wurde die Staatsbibliothek zur „Universitätsbibliothek im Aufbau". Was für ein Erbe war das, das die altehrwürdige Stadt- und Landesbibliothek in die Universität einbrachte? Es handelte sich um einen breit angelegten wissenschaftlichen Buchbestand aus allen Gebieten des Wissens (mit Schwerpunkt auf den Geisteswissenschaften), mit einigen Glanzlichtern an Sondersammlungen (z.B. Zeitungen, Bremensien), Rara und Handschriften. Dennoch hatte die Staatsbibliothek nie den Ruhm verwandter kultureller Einrichtungen in Bremen erlangt; insofern war Johann Georg Kohls beinahe beschwörende Aussage aus dem Jahre 1865 über die Zukunft der Bremer Bibliothek leider nicht in Erfüllung gegangen:

---

[25] Wegener, Hans: Die Bremer Bibliotheken. – In: Geistiges Bremen. Hrsg. von Alfred Faust. – Bremen 1960, S. 80.

[26] a.a.O., S. 81.

„Die Bremer Bibliothek hat nach ihrer Eröffnung im Jahre 1660 beständig ziemlich ge-
räuschlos fort vegetiert und erst seit den letzten Jahrzehnten dieses Jahrhunderts hat der
Geist der Zeit angefangen, auch diesem alten Institute ein wenig mehr Rührigkeit und
Behendigkeit einzuflössen. Rath und Bürgerschaft der Stadt sind jetzt fleissig darauf
bedacht, jährlich die Mittel ihrer Stadt-Bibliothek zu mehren und ihre Reformirung und
Umgestaltung zu fördern, und es kann so nicht fehlen, das Bremen mit der Zeit – denn
wenn etwas so will die Umgestaltung und Verbesserung der Bibliotheken Zeit haben –
auch durch seine Stadt-Bibliothek so glänzen wird, wie durch viele andere schon zu
großer Vollkommenheit gebrachte Institute und Bestrebungen.“[27]

3. Die (Staats-) und Universitätsbibliothek im Spannungsfeld ihrer Identitätsfindung 1966 und Folgejahre

In den ersten Jahren als „Universitätsbibliothek im Aufbau" war die Staatsbibliothek weiter
denn je entfernt von dem Ziel, eine der bedeutenden kulturellen Einrichtungen der Stadt zu
werden. Ihr Bestand wurde zum Teil in den nach neuen Regeln auf Mikrofiches entstehenden Katalog eingearbeitet; dies wurde im alphabetischen Zettelkatalog jedoch nicht immer
vermerkt. Eine Funktion als Landesbibliothek hatte sich – nach Aussage ihres leitenden
Direktors – mit der Ansiedlung auf dem Campus „erledigt":

„Da der Universitätscampus in Stadtrandlage weit vom Stadtzentrum entfernt liegt, wird
die neue Staats- und Universitätsbibliothek ihre Funktion als Stadtbibliothek nicht mehr
zureichend wahrnehmen können. Es ist daher beabsichtigt, eine neue Stadtbibliothek als
Zentralbibliothek des städtischen Büchereisystems aufzubauen."[28]

Hier ist von Staats- bzw. Landesbibliothek nicht mehr die Rede; neben der Universitätsbibliothek wurde nur noch eine Stadtbibliothek (im Sinne von Volksbücherei) für notwen-
dig gehalten. Leider muß man feststellen, daß in der Phase einer „Universitätsbibliothek im
Aufbau" nicht nur der alte Zettelkatalog in einen Torso verwandelt wurde; die „Corporate
Identity" der Bibliothek als Repräsentantin eines wichtigen Teils des kulturellen Erbes der
Stadt ging so gut wie verloren. Dies zeigte sich auch äußerlich: noch heute prangen signal-
rote runde Aufkleber (die den Buchstatus „nicht verleihbar" signalisieren) auf wertvollen
Buchrücken. Seit Bekanntwerden der Planungen für den Aufbau einer Universität in Bremen
Anfang der 60er Jahre wurden verschiedene Modelle hinsichtlich der zukünftigen Rolle der
Staatsbibliothek in einem Konzept der universitären Literaturversorgung diskutiert, die jedoch
alle mehr oder weniger eine Bestandsverlagerung zum Ziele hatten. Es wurde erwogen, die
Staatsbibliothek mit der zukünftigen Universitätsbibliothek entweder an einem oder zwei
Standorten zu einer „Stadt- bzw. Staats- und Universitätsbibliothek" zu machen; daneben
gab es Überlegungen, die für die Wissenschaft relevanten Bestände in die Universitätsbibliothek zu verlagern mit hieraus resultierenden zwei Varianten: Fortbestehen der Staatsbibliothek als wissenschaftliche Stadt- bzw. Landesbibliothek oder Abtretung ihres nicht in
die Universitätsbibliothek integrierten Restbestandes an die Stadtbibliothek (ehemals Volksbücherei).

---

27 Kohl, Johann Georg: Etwas über die Geschichte der Stadt-Bibliothek der freien Hansestadt Bremen. – In:
    Serapeum: Zeitschrift für Bibliothekswissenschaft, Handschriftenkunde und ältere Literatur 26 (1865) 8,
    S. 121.

28 Kluth, Rolf u. a.: Staatsbibliothek Bremen. – In: ZfBB 11(1971)Sh., S. 31-32.

Das erstgenannte Modell (mit der Variante ein Standort) setzte sich durch; es wurde von Bibliotheksrat Bernhard Bruch in einer Aktennotiz vom 08.06.1964 wie folgt beschrieben:

> „Völliges Aufgehen in der UB als einer einheitlichen ‚S und U-Bibliothek' nach dem bekannten Vorbild der drei bisherigen Stadtuniversitäten Frankfurt, Hamburg und Köln und wie es von vornherein als das Natürlichste erscheinen wird an Orten, wo die UB vom selben Unterhaltsträger, nämlich der Stadt oder dem Stadtstaat, wie die bisher vorhanden gewesene Stadt- oder S-Bibliothek zu unterhalten ist."[29]

Immerhin sprachen (neben vier anderen) für diese Lösung zwei Kriterien, die auf den Weiterbestand einer wissenschaftlichen Landesbibliothek ausgerichtet waren:

> „2. Vermeidung unnötiger Zerreißung alter, organisch gewachsener Einheiten.
> 3. Volle und bequeme Befriedigung der wissenschaftlichen Bedürfnisse nicht allein der Universitätskreise, sondern ebenso der Bremer Bürger."[30]

In der Argumentation Bruchs für eine integrierte Staats- und Universitätsbibliothek (an einem Standort) spielt die Landesbibliotheksfunktion eine nicht unwichtige Rolle. Die Campuslage wird seines Erachtens Stadtbenutzer nicht abschrecken:

> „Auch wächst die Unzugänglichkeit speziell der Verkehrsinsel der alten Staatsbibliothek und ihr Parkplatzmangel von Jahr zu Jahr derart, daß mindestens ältere Leute weit lieber zum ruhigen Campus fahren würden, als zur alten Staatsbibliothek."[31]

Er hält die gleichzeitige Versorgung von Universität und Stadtpublikum für ohne weiteres vereinbar:

> „Der Einwand, die UB werde schon für die Studenten kaum ausreichen und könnte Stadtpublikum nicht mitverkraften, ist in Bremen mindestens auf Jahrzehnte hinaus sicher gegenstandslos. Erstens soll Bremen keine Massenuniversität werden, andererseits aber ist die Anzahl seiner wissenschaftlich ernstlich interessierten Leser zweifellos bescheiden, und drittens konzentriert sich der Bedarf der Studenten so überwiegend auf die gängigen Lehrbücher, die natürlich in einer Sonderabteilung in Mehrfachstücken vorhanden sein müssen, daß daneben der Bedarf der Studenten (z.B. Doktoranden) an Monographien kaum allzusehr von demjenigen der Stadtbürger beeinträchtigt werden dürfte."[32]

Am 21.12.1971 wurde die Staatsbibliothek per Senatsbeschluß aufgelöst und ihre Bestände in die Universitätsbibliothek überführt. Dies hatte weitreichende Konsequenzen in Bezug auf Erschließung und Aufstellung: der alte Katalog mußte umgearbeitet werden, und ein nicht unwesentlicher Teil der Bücher wurde (nach vorausgegangener sachlicher Erschließung) in den Freihandbereichen aufgestellt. Handschriften und Inkunabeln wurden zusammen mit den Bremensien in einem separaten Referatsbereich betreut; eine regelrechte Abteilung „Staats- bzw. Landesbibliothek" gab es jedoch nicht; seltene und schöne Drucke wurden den einzelnen Fächern zugeordnet und sogar mit einer Freihandsignatur versehen offen ins Regal oder in Vitrinenschränke auf den Freihandebenen gestellt. In der Euphorie der Anfangsjahre brach die Universität auf zu „neuen Ufern" und betrachtete das Erbe der Staatsbibliothek beinahe als lästiges Anhängsel:

---

[29] Bruch, Bernhard: Die Staatsbibliothek im künftigen Bremer Bibliothekssystem (Erwägungen zur Planung der UB), 08.06.1964, Staatsarchiv Bremen, Ms.c.150k.12, S. 1.

[30] ebd.

[31] a.a.O., S. 3.

[32] ebd.

> „Trotz der immerhin beträchtlichen Büchermenge, die die Staatsbibliothek in die Universitätsbibliothek einbringen konnte, ist die Frage zu stellen, ob die Entscheidung, die Staatsbibliothek zur Grundlage der Universitätsbibliothek zu machen, richtig war. – Rein technisch ist es leichter, eine Universitätsbibliothek ab ovo aufzubauen: man kann sich auf ein Kontrollsystem beschränken. ... Die ·Bibliothek aus einem Guß ist immer leichter zu handhaben als die aus verschiedenen Teilen oder Schichten zusammengesetzte. Dennoch ist die Entscheidung in Bremen richtig gewesen. Im anderen Falle hätte sich die Universitätsbibliothek bei antiquarischen Anschaffungen aus Sparsamkeitsgründen zur Abstimmung doch an die dann weiter existierende Staatsbibliothek wenden müssen."[33]

Die Benutzer aus der Stadt ließen sich auch durch die Campuslage nicht abschrecken, wie es Bernhard Bruch bereits 1964 vorausgesagt hatte:

> „Interessant ist der hohe Anteil von nicht der Universität angehörigen ,Stadtbenutzern'. Er betrug Ende April 1975 ziemlich genau 50% der Gesamtbenutzerschaft. Der weite und ziemlich umständliche Weg zur Universität wird nicht gescheut; die Bibliothek, die nach ihrer Benutzungsordnung nicht nur den Universitätsangehörigen, sondern allen Bremer Bürgern offensteht, scheint auf den Bürger eine gewisse Anziehungskraft auszuüben."[34]

Der Nachfolger von Rolf Kluth, Hans-Albrecht Koch, setzt bei der Auswertung der Zahlen, die in den 80er Jahren noch dasselbe Verhältnis universitärer und städtischer Nutzer widerspiegeln, jedoch andere Akzente:

> „Schließlich entfremdete sich die Bibliothek durch den Umzug auf den stadtfernen Universitätscampus – weniger numerisch als atmosphärisch – zeitweise auch dem traditionellen Bremer Publikum der alten Staatsbibliothek. Dies war umso bedauerlicher, als die Bibliothek mit ihrem Bremensien-Bestand über Ressourcen verfügt, mit denen sie das Interesse des Stadtpublikums auf sich ziehen kann. In den ersten Jahren im neuen Haus wurde die Bibliothek seitens der Bremer Bürger vielfach mit ähnlichem Argwohn betrachtet wie die neue Universität."[35]

Seit der Eingliederung der Staatsbibliothek in die Universitätsbibliothek hat es immer wieder Bestrebungen ihrer Bibliothekare gegeben, besonders den wertvollen alten Bestand adäquat zu sichern, zu ergänzen und zu präsentieren; die Rahmenbedingungen waren jedoch denkbar schlecht. So ist es bis heute nicht gelungen, einen Etat für Bestandsergänzungen im Handschriften- und Rara-Bereich auszuweisen, der diesen Namen verdient; ein neues Etat-Verteilungsmodell für die gesamte Bibliothek soll hier Abhilfe schaffen. Regionalbibliographien und Bremer Gesamtkatalog wurden irgendwann eingestellt. Restaurierungs- und Fotowerkstatt sind nicht ausreichend ausgestattet. Die Personalausstattung des Handschriften- und Rara-Referats betrug (bis 1988) 1,5 Stellen; inzwischen sind es dank interner Umschichtungen und zunächst befristeter Beschäftigungsverhältnisse knapp 3 Stellen.

Seit 1982 trägt die Bibliothek den Namen „Staats- und Universitätsbibliothek"; 1986 wurde mit der Novellierung des Bremischen Hochschulgesetzes in § 92 a der Auftrag der regionalen Literaturversorgung verankert; hier heißt es in Absatz 2:

---

[33] Kluth, Rolf: Von der Staatsbibliothek zur Universitätsbibliothek Bremen,. – In: Schriften der Wittheit zu Bremen = Jahrbuch der Wittheit zu Bremen 19(1975), S. 209 (Festschrift Herbert Abel).

[34] a.a.O., S. 216.

[35] Koch, Hans-Albrecht: Zur Neuordnung der Staats- und Universitätsbibliothek Bremen. – In: Bibliotheken im Dienste der Wissenschaft. Festschrift für Wilhelm Totok zum 65. Geburtstag am 12. September 1986. Frankfurt 1986, S. 52.

„Das Bibliothekssystem versorgt die Hochschulen mit Literatur und anderen Medien für Forschung, Lehre und Studium. Darüber hinaus nimmt es Aufgaben der regionalen Literaturversorgung wahr und steht auch Nicht-Mitgliedern der Hochschulen zur Verfügung."[36]

Diesen Auftrag gilt es, erneut mit Leben zu füllen. In den letzten Jahren wurde u. a. durch Stellenverschiebung damit begonnen, die Staatsbibliothek als Landesbibliothek einschließlich des Handschriften- und Rara-Referats wieder stärker in das Bewußtsein ihrer Nutzer zu rücken und zu einem Bestandteil des bremischen Wissenschafts- und Kulturlebens zu machen, der dem Stellenwert des kulturellen Erbes, das sie bewahrt, angemessen ist. Die Erschließung der mittelalterlichen Handschriften wurde mit DFG-Mitteln im Jahre 1994 aufgenommen; die Erfassung der neuzeitlichen Briefe konnte ebenfalls mit Hilfe der DFG durchgeführt werden.

In einem Pilotprojekt wurden 100 der gut restaurierten Karten digitalisiert, mit der Titelaufnahme verknüpft und via Internet angeboten. Die Restitution von ca. 15.000 Bänden aus Tbilissi im Jahre 1998 hat – jedenfalls für diesen Teil der Sammlung – zur Aufnahme der Retrokatalogisierung der alten Staatsbibliotheksbestände geführt. Diese Anstrengungen, an ihre alte Tradition anzuknüpfen, unternimmt die Bibliothek aus eigener Kraft; bremische Sondermittel stehen hierfür nicht zur Verfügung. Die in letzter Zeit wahrnehmbare Ausrichtung der historisch-philologischen Fächer in der Universität auf Forschungsschwerpunkte, für die entsprechender historischer Buchbestand benötigt wird, kann hierbei nur fördernd und unterstützend wirken.

Die *„Bibliotheca Bremensis"* soll im Rahmen der Bibliotheksentwicklung der nächsten Jahre eine reelle Chance erhalten, ihren Stellenwert in der bremischen Kultur- und Wissenschaftslandschaft zurückzuerlangen, denn:

„Gerade in Zeiten fortschreitender Globalisierung und Internationalisierung ist die Bewahrung regionaler Besonderheiten eine wichtige unterstützende Maßnahme zur Sicherung der kulturellen Identität – die großzügige Rückgabe der Bestände aus Tbilissi hat also durchaus auch eine tiefere Bedeutung für die Standortbestimmung der Bibliothek."[37]

---

[36] Bremisches Hochschulgesetz in der Fassung vom 22. März 1982, § 92 a (2) „Bibliothekarische Einrichtungen", in: Gesetzblatt der Freien Hansestadt Bremen vom 30. März 1982, Nr. 15, S. 84.

[37] Rath-Beckmann, Annette: Die Bedeutung der zurückgeführten Bestände für die Staats- und Universitätsbibliothek. Geschenk und Verpflichtung zugleich. – In: Zurückgekehrte Kostbarkeiten der Staats- und Universitätsbibliothek Bremen. 1998 (Schriften der Staats- und Universitätsbibliothek Bremen ; 4), S. 8.

Christiane Schmiedeknecht und Karl Steuding

Von der Kooperation zur Integration:
Zur Zusammenarbeit zwischen der neu gegründeten Universitätsbibliothek Erfurt und der Bibliothek der Pädagogischen Hochschule Erfurt

1. Neugründung der Universität Erfurt

Die Universität Erfurt ist die jüngste deutsche Universität und verfügt zugleich über eine bis ins Mittelalter zurück reichende Tradition. Sie wurde 1392 als dritte Universität in Deutschland gegründet, 1816 geschlossen und durch ein vom Thüringer Landtag am 23. Dezember 1993 beschlossenes Gesetz mit Wirkung zum 1. Januar 1994 neu gegründet.

Sie wird den Studierenden auf den mittelfristig geplanten 4.000 Studienplätzen ein leistungsorientiertes und effizient organisiertes Studium mit hoher Betreuungsintensität bieten. Es ist beabsichtigt, zum Wintersemester 1999/2000 den allgemeinen Studienbetrieb aufzunehmen mit einer

- Philosophischen Fakultät (Sprach- und Literaturwissenschaften, Kultur- und Sozialwissenschaften) und im Sommersemester 2000 mit einer
- Sozial- und Staatswissenschaftlichen Fakultät (Politik-, Sozial-, Rechts- und Wirtschaftswissenschaften).
  Folgen sollen eine
- Katholische Theologische Fakultät (durch Fortführung der Aufgaben des bestehenden, traditionsreichen „Philosophisch-Theologischen Studiums" in Erfurt) und
- eine Erziehungswissenschaftliche Fakultät (im Zuge der Übernahme von Aufgaben der Pädagogischen Hochschule Erfurt).

Als erste Forschungs- und Lehreinrichtung der Universität Erfurt hat das Max-Weber-Kolleg für kultur- und sozialwissenschaftliche Studien im April 1998 seinen Betrieb aufgenommen. Es zeichnet sich durch eine besondere Organisationsform aus. Diese besteht in der Verbindung von Center for Advanced Study, Forschungsinstitut und Graduiertenkolleg.

2. Übernahme von Literaturbeständen an der Universitätsbibliothek Erfurt

Mit dem Aufbau einer funktions- und leistungsfähigen Universitätsbibliothek[1] auf hohem technischen Stand wurde bereits 1994 begonnen, da im Zentrum der Universität Erfurt die Geisteswissenschaften und somit die buchintensiven Fächer stehen. Der Aufbau eines umfassenden Büchergrundbestands wird als unabdingbare Voraussetzung für eine qualitativ hochstehende bibliothekarische Versorgung der Hochschule erachtet. Durch Integration zahlreicher Dauerleihgaben und Geschenke wird ein wichtiger Grundstock gelegt.

---

[1] Universitätsbibliothek Erfurt im folgenden UB genannt.

Hierzu zählen u. a. die in Aussicht gestellte Übernahme von Beständen, die derzeit noch Bestandteil der Stadt- und Regionalbibliothek Erfurt sind, wie

- die Bibliotheca Amploniana mit zum Teil einzigartigen Handschriften der ehemaligen Erfurter Universitätsbibliothek. Diese von Amplonius Rating de Bercka (1394 zweiter Rektor an der Universität Erfurt) gestiftete Bibliothek enthält heute 979 Codices vorwiegend aus dem 12. bis 15. Jahrhundert;
- die Boineburgische Büchersammlung mit ca. 4.500 Bänden, eine Schenkung des Rektors der Universität und Kurmainzischen Statthalters Reichsgraf Philipp Wilhelm von Boineburg (1656 – 1717);
- die Bibliothek des Mainzer Statthalters Karl Theodor Anton Maria Freiherr von Dalberg, der von 1772 – 1802 in Erfurt wirkte, mit ca. 2.300 Bänden;
- weitere Bestände überwiegend aus Erfurter Klöstern aus dem 16. bis 18. Jahrhundert.

Von Bedeutung für den Bestandsaufbau der Universitätsbibliothek sind auch die kirchlichen Dauerleihgaben wie

- die ca. 142.000 Bände umfassende Bibliothek der ehemaligen Kirchlichen Hochschule Naumburg als Dauerleihgabe der Evangelischen Kirche der Kirchenprovinz Sachsen und der Evangelischen Kirche der Union;
- die zur Übernahme vorgesehene Bibliothek des Erfurter Philosophisch-Theologischen Studiums mit über 100.000 Bänden.

Ferner ist mit der Verabschiedung der Änderung vom 5. Juli 1999 des Thüringer Hochschulgesetzes die Forschungs- und Landesbibliothek Gotha mit ihren historischen Beständen im Umfang von ca. 530.000 Bänden (davon ca. 350.000 Bände aus dem 16. bis 19. Jahrhundert und ca. 10.000 Handschriften) in die UB Erfurt integriert worden. Dadurch entsteht die Universitäts- und Forschungsbibliothek Erfurt/Gotha an zwei Standorten. Die UB bildet die Hauptbibliothek und nimmt zahlreiche Aufgaben zentral wahr. Die Teilbibliothek Gotha wird zum Bestands- und Kompetenzzentrum für Handschriften, „Alte Drucke" und andere Sonderbestände sowie zum Kern einer internationalen Studien- und Forschungsstätte.

Bereits die Planungen für die Neugründung der Universität Erfurt berücksichtigen die Übernahme von Aufgaben und Ressourcen der Pädagogischen Hochschule nach Realisierung der ersten Ausbaustufe der Universität.[2] Deshalb wird auch bei den Überlegungen für die bibliothekarische Versorgung der Universität Erfurt und bei der Planung für den Bibliotheksneubau die Integration der Bibliothek der Pädagogischen Hochschule[3] mit einem Bestand von ca. 260.000 Bänden mit berücksichtigt.[4]

Die umfangreichen Bestände aus den übernommenen Sammlungen müssen durch sachgemäße Unterbringung, laufende Buchpflege und ggf. durch restauratorische Maßnahmen erhalten werden. Um sie in der Forschung nutzen zu können, müssen sie vollständig und EDV-gestützt nach UB-Standard erschlossen werden.

---

[2] vgl. Wissenschaftsrat: Stellungnahme zur Aufnahme der Universität Erfurt in das Hochschulverzeichnis des Hochschulbauförderungsgesetzes, Drs. 2273/95

[3] Bibliothek der Pädagogischen Hochschule im folgenden PHB genannt

[4] vgl. Wissenschaftsrat: Stellungnahme zur bibliothekarischen Versorgung der Universität Erfurt und zum geplanten Neubau der Universitätsbibliothek, Drs. 2633/96

Die Benutzbarkeit der übernommenen Bestände wird durch die Integrierung in den fächerübergreifenden Bestand der Universitätsbibliothek wesentlich erhöht. Sie gewinnen dadurch an wissenschaftlicher Bedeutung.

Voraussetzung für die erfolgreiche Nutzbarmachung der übernommenen Sammlungen ist regelmäßig das Erstellen von Bearbeitungskonzepten durch die UB und eine enge Kooperation mit der Bibliothek des Leihgebers bzw. Schenkenden.

3. Zur Kooperation zwischen der Universitätsbibliothek und der Bibliothek der Pädagogischen Hochschule Erfurt mit der Zielrichtung auf Integration

Mit Beginn des Aufbaus der Universitätsbibliothek wurde auch die Kooperation zwischen ihr und der Hochschulbibliothek der Pädagogischen Hochschule aufgenommen und schrittweise ausgebaut.

Der Kooperationsprozeß der beiden Bibliotheken und die vorgesehene Integration der Bibliothek der Pädagogischen Hochschule Erfurt in die Universitätsbibliothek Erfurt hat als Ausgangspunkt zwei doch recht unterschiedliche Bibliotheken:

– die z. Zt. im 47. Jahr ihres Bestehens befindliche PHB und die neu gegründete UB,
– die PHB, die sich 17 Jahre in zwei Bibliotheken von institutionell und räumlich getrennten Pädagogischer Instituten (Erfurt und Mühlhausen) entwickelt hat und erst ab 1969 zu einer einheitlichen Hochschulbibliothek an zwei Standorten wurde (Auflösung des Standortes Mühlhausen und Verlagerung der Literatur nach Erfurt Ende 1994),
– die PHB, die sich vor 1990 als Bibliothek einer Hochschule entwickelte, an der die Lehrerausbildung für Mathematik, Naturwissenschaften und Technik den Hauptteil der Ausbildungsfächer bildeten und an der sich die geisteswissenschaftlichen Fächer erst nach 1990 zum Fächerschwerpunkt entwickelten
– die PHB, die im Gegensatz zur UB kein Fachreferentensystem besitzt,
– die PHB, die ihre Erwerbungspolitik schwerpunktmäßig auf die Belange der Lehrerausund -fortbildung ausgerichtet hat im Gegensatz zu der wesentlich breiter und tiefer angelegten Erwerbungspolitik einer UB.

Daraus resultieren an der PHB spezifische Bestands- und Organisationsstrukturen, die zu denen der UB erst paßfähig gemacht werden müssen.

Auf dem Weg zur Integration der PH-Bibliothek werden folgende Aufgaben von der Universität bzw. der UB immer mehr wahrgenommen: Haushalt und Mittelbewirtschaftung, Personal, Literaturauswahl, Beschaffung, Buchbearbeitung, Einbandstelle, EDV, Neue Medien.

Um die Synergieeffekte zu nutzen, erfolgen Vereinheitlichungen bzw. Anpassungen in Bereichen wie

– einheitliche Organisation in der Buchbearbeitung (Fachteams),
– EDV-gestützer Ausleihbetrieb,
– gebende und nehmende Fernleihe, Dokumentenlieferdienst,
– integrierte Erwerbung, Bearbeitung und Verwaltung der Bestände mit PICA,
– systematische Aufstellung der Literatur nach der Regensburger Verbundklassifikation,
– Einbindung der PH-Bibliothek in das Universitätsnetz, Verfügbarkeit und Nutzung elektronischer Dienste, EDV-Ausstattung, Betriebssysteme, Anwendungsprogramme, Datenhaltung und -migration.

Betrachtet man den Prozeß der Kooperation zwischen beiden Bibliotheken, so lassen sich drei Phasen unterscheiden, in denen die Kooperation jeweils eine neue Qualität annahm:

1. Phase: Informelle Zusammenarbeit und Kooperation insbesondere in der Abstimmung beim Bestandsaufbau (1994 bis 1996),
2. Phase: Vorbereitung, Verabschiedung und Umsetzung einer Vereinbarung zwischen der Universität Erfurt und der Pädagogischen Hochschule Erfurt zur Kooperation in Bibliotheksangelegenheiten (1997 bis 1998),
3. Phase: Erweiterung der Kooperation und Vorbereitung der Integration der PHB (ab Herbst 1998).

3.1 Zur ersten Phase der Kooperation

Der Arbeitsschwerpunkt der Universitätsbibliothek war anfangs geprägt durch den Personal- und Bestandsaufbau, die Einrichtung eines EDV-gestützten integrierten Geschäftsgangs unter der Anwendung von PICA sowie durch die Entwurfs- und Planungsverfahren für den Bibliotheksneubau. Eine Benutzung der Bestände war in dieser ersten Ausbaustufe noch nicht vorgesehen, da dafür weder die personellen Voraussetzungen noch die räumlichen und sonstigen materiellen Bedingungen in der provisorischen Unterbringung der Universitätsbibliothek gegeben waren.

Die PHB hat ca. 3.700 Benutzer (vorwiegend Lehrkräfte und Studenten der PH, aber auch Benutzer aus der Region sowie anderer Schulen und Hochschulen) mit Literatur zu versorgen. Der Bestand von ca. 190.000 Bänden (1993) und heute ca. 260.000 Bänden war bis Herbst 1992 nur in konventionellen Zettelkatalogen (alphabetische, systematische und Schlagwortkataloge) nachgewiesen. Erst ab November 1992 wurde der Literaturzugang vollständig elektronisch katalogisiert (zuerst mit Allegro C, dann ab Frühjahr 1995 – zeitgleich mit der UB – mit PICA im Gemeinsamen Bibliotheksverbund). Außerdem begann ab Ende 1994 eine elektronische Retrokatalogisierung von Altbeständen.

In dieser Anfangsphase der Zusammenarbeit beider Bibliotheken mußte die Bibliothek der PH ihre Nutzer mit Literatur versorgen und zwar weitgehend unabhängig von den sich entwickelnden Beständen der Universitätsbibliothek, da diese noch nicht zur Benutzung zur Verfügung gestellt werden konnten. Andererseits hat die UB Literatur, die sich im Bestand der PH befand, bewußt in ihrer Anschaffung ausgespart. Da in der Anfangsphase nur ein kleiner Teil der Literatur der Bibliothek der PH elektronisch erfaßt war, war dieser Abgleich der Bestände bei den beiden räumlich getrennten Standorten personell sehr aufwendig und konnte nicht mit aller Konsequenz realisiert werden. Mit der zunehmenden elektronischen Speicherung der Titeldaten der PHB und der sich verbessernden Vernetzung beider Bibliotheken war eine konsequente Dublettenprüfung besser möglich und ist jetzt bis auf spezielle Altbestände geringeren Umfangs durchweg elektronisch zu realisieren. In der Monographienerwerbung gab es von Anfang an bis zur Übernahme der Erwerbungsfunktion durch die UB am 01.07.1997 eine Absprache zwischen den beiden Bibliotheken: Danach konzentrierte sich die UB auf die Erwerbungsjahre bis 1992, während die PHB die aktuelle Literatur ab 1993 kaufte. Konsequent wurde von Beginn an die Abstimmung beim Aufbau der Zeitschriftenbestände umgesetzt. Hier erfolgte die Bestellung aller Abonnements und Rückergänzungen in Absprache. Bei den Zeitschriften wurde auch sehr frühzeitig das System der Zugangsnummern vereinheitlicht. Analog zu den Zeitschriftenabonnements wurden auch bei Abonnements von CD-ROM und anderen Medien verfahren. Hier wurden die Lizenzen bei Neuabonnements prinzipiell und bei bereits vorhandenen schrittweise so gestaltet, daß Zugriffe sowohl für die Universität als auch die Pädagogische Hochschule möglich sind. Ab 1996 wurde bei allen Medienarten ein einheitliches Zugangsnummern-system für beide Bibliotheken eingeführt.

Für Hochschullehrer der PH hat die UB ab 1995 auch erste Ansätze einer Benutzung ermöglicht. Es konnte auf Antrag Literatur für Handapparate aus den Beständen der UB ausgeliehen werden.

Die UB hat die PHB in der zeitweisen Bereitstellung von Magazinkapazität für 10.000 Bände älterer Zeitschriftenliteratur unterstützt (1995/96), bis der Umbau eines Raumes auf dem Gelände der PH mit Kompaktmagazinen die kritische Magazinsituation der Bibliothek der PH entspannt hat und die Stellplatzkapazität von der UB selbst dringend für die Auf-stellung ihrer wachsenden Bestände benötigt wurde. Für diese Zeitschriften hat die UB auch die Bearbeitung der Ausleih- und Kopierwünsche realisiert.

Neben den genannten Erfolgen in der Zusammenarbeit, gab es auch einige wesentliche Probleme, die in dieser Phase der Kooperation noch nicht gelöst werden konnten.

Zum *einen* wurden alle Neuerwerbungen der PHB nach dem Signaturen- und Sach-erschließungsystem der PHB eingearbeitet. Die Literatur der Universitätsbibliothek wurde hingegen nach der Regensburger Verbundklassifikation erschlossen und signiert. Außer-dem wurden die Bücher der PHB nicht für eine elektronische Ausleihverbuchung und meist auch nicht für die elektronische Buchsicherung vorbereitet. Das bedeutet, daß jedes nach dem System der PHB eingearbeitete Buch später nochmals für den Bestand der UB um-gearbeitet und neu etikettiert werden muß. Deshalb war es das gemeinsame Bestreben, diese unbefriedigende Situation so schnell als möglich zu beenden. Voraussetzung dafür war aber einmal ein entsprechender personeller Aufbau der UB, da mit dem viel zu geringen Personal der PHB und mit nur einer Fachreferentin eine Sacherschließung nach der Regensburger Verbundklassifikation für über 20 Fächer nicht zu leisten war und zum anderen auch eine Vereinbarung zwischen beiden Hochschulen das rechtliche und verfahrensmäßige Vorgehen absichern mußte (wie z. B. Signierung von PH-Büchern mit dem Etikett der UB, Fragen der Personalunterstellung, Weisungsbefugnisse).

Zum *anderen* war die Personalausstattung der PHB völlig unzureichend. Das Fächer-spektrum der Pädagogischen Hochschule Erfurt hat sich nach 1990 etwa verdreifacht und die Literaturerwerbungsmittel wurden fast versechsfacht. Das ohnehin knappe Personal wurde jedoch noch um ein Viertel reduziert. Damit war die PHB nicht mehr in der Lage, die erworbene oder auch in größerem Umfang als Geschenk erhaltene Literatur in an-gemessener Zeit einzuarbeiten. Es entstand ein erheblicher Rückstau an nicht bearbeiteter Literatur. Der Senat der Pädagogischen Hochschule hat der Bibliothek über mehrere Jahre Sondermittel zur Beschäftigung von ein bis zwei zusätzlichen Mitarbeitern zur Verfügung gestellt. Bei dem vorhandenen Personaldefizit konnte das die Situation zwar etwas mildern aber keinesfalls entspannen. Im Hinblick auf die im Aufbau befindliche Universitäts-bibliothek und die vorgesehene Integration der PHB in die UB war aber eine größere Per-sonalaufstockung nicht mehr zu realisieren. Auch dieses Problem eines erheblichen Rück-staus bei der Einarbeitung konnte deshalb nur in Kooperation mit der UB gelöst werden.

Nachdem im November 1996 der Gründungsrektor der Universität Erfurt seine Arbeit aufgenommen hat, sind die offiziellen Gespräche beider Hochschulleitungen über eine Kooperation und schrittweise Integration der Bibliotheken fortgesetzt worden. Dazu hat die Universitätsbibliothek ein Konzept für vorgesehene Integrationsschritte vorgelegt.

3.2 Zur zweiten Phase der Kooperation

Am 22.01.1997 gab es ein Gespräch der Rektoren beider Hochschulen in Anwesenheit der beiden Bibliotheksdirektoren, in dem die weiteren Schritte zu einer angestrebten Integration der PHB in die UB Erfurt eine wesentliche Rolle spielten. Hier wurde beschlossen, einen Kooperationsvertrag zur Absicherung aller rechtlichen Fragen zu erarbeiten und die entsprechenden Arbeitsaufgaben und Maßnahmen festzulegen. Es begann eine Phase intensiver gemeinsamer Arbeit, in deren Ergebnis eine Vereinbarung entstand, die zum 01.07.1997 in Kraft trat.

Als wesentliches Ziel der Kooperation wurde die Schaffung der Voraussetzungen für die spätere sachliche und personelle Integration der Bibliothek der Pädagogischen Hochschule in die Universitätsbibliothek Erfurt bezeichnet. Weiterhin wurden detailliert weitere Ziele, Termine und die Aufgaben beider Hochschulen bzw. Bibliotheken bei diesen Prozessen vereinbart.

Dabei gab es Festlegungen, welches *Personal* der PHB in Form von Amtshilfe (bzw. später auf der Basis von Abordnungen) mit welchem Anteil der Arbeitszeit (teils bis zu 100%) in die Arbeitsprozesse der UB integriert wurde. So ist gesichert worden, daß die Mitarbeiter der PHB in die spezifischen Arbeitsaufgaben der UB hineinwuchsen und dafür – soweit die Kenntnisse und Fertigkeiten nicht vorhanden waren – auch durch die UB qualifiziert wurden. Mit der schrittweisen Erweiterung der Kooperation wurden die Abordnungen entsprechend erweitert.

Ein wesentlicher Inhalt der Vereinbarung war die Kooperation in der *Erwerbung und Katalogisierung*. Die UB übernahm zum 01.07.1997 die Monographienerwerbung für die Pädagogische Hochschule (vorerst außer Fortsetzungsbestellungen, diese erst ab 1999) in der Regel auf der Basis von Anschaffungsvorschlägen der Hochschullehrer der Pädagogischen Hochschule. Dazu wurde der UB die Bewirtschaftungsbefugnis für diesen Anteil der Erwerbungsmittel übergeben. Außerdem ist das entsprechende Personal der PHB, das bisher schon in der Erwerbung/Buchbearbeitung tätig war, in die entsprechenden Arbeitsprozesse der UB integriert worden. Die Aufstellung der nach den Kriterien der UB eingearbeiteten und aus den Mitteln der PH angeschafften Monographien erfolgte vorerst weiterhin an der PH, wo diese wie bisher konventionell ausgeliehen wurden. Die Daten dieser Titel wurden auch in den lokalen mit Allegro C verwalteten Katalog der PHB übernommen.

Noch vor dem Inkrafttreten der Vereinbarung wurde bereits Anfang April 1997 gemeinsam von beiden Bibliotheken ein ABM-Projekt begonnen, das die Katalogisierungsrückstände der PHB sowie die in den Instituten der PH befindlichen Literatur nach den Richtlinien der UB bearbeitete. Mit Hilfe dieses Projektes konnten die 21.000 Bände des Katalogisierungsrückstands der PHB aufgearbeitet und mit der Einarbeitung der in der Regel noch nicht bibliothekarisch erschlossenen Institutsbestände begonnen werden. Bisher wurden davon ca. 41.000 Bände katalogisiert.

In der Kooperationsvereinbarung war festgelegt worden, daß die im Gemeinsamen Bibliotheksverbund vorliegenden PICA-Daten der Bibliothek der PH in die Daten der Universitätsbibliothek eingespielt werden, so daß sie als einheitlicher Bestand geführt werden können. In Verbindung mit dieser Einspielung wurden umfangreiche Datennormierungen vorgenommen, wie Normierung der Zugangsnummer und der PHB-Systematik, Einfügen der Provenienzangabe für die Bücher der PH, Anpassen der Ausleihindikatoren, Einfügen von Selectionscodes, Anpassen der Standortkennungen, Übernahme PH-interner Identifikationsnummern und von Feldinhalten in andere Kategorien, Löschen bestimmter Kategorien u. v. a. Diese Datennormierungen, Löschungen und Einspielungen wurden im März/April 1998 durch die Verbundzentrale in Göttingen in mehreren gemeinsam festgelegten Schritten vorgenommen.

Am 01.03.1998 begann ein weiteres gemeinsames ABM-Projekt beider Bibliotheken, die Umarbeitung der Bestände der PH-Freihandbibliothek nach den Vorgaben der Universitätsbibliothek. Bisher wurden ca. 20.000 Bände bearbeitet. Das Ziel ist, diese Bestände so umzuarbeiten, daß die PH-Freihandbibliothek schrittweise für die Aufnahme in die Lehrbuchsammlung der Universität umgestaltet wird. Dieser Prozeß mußte so durchgeführt werden, daß es zu keinen Problemen in der Literaturversorgung der Studenten kam. Sowohl die noch nicht umgearbeiteten als auch die bereits umgearbeiteten Titel wurden vorerst konventionell nach dem bisherigen Verfahren der PHB ausgeliehen. Nach den Regelungen der UB steht jeder Titel, der in die Lehrbuchsammlung der UB eingeordnet wird, auch in einem Exemplar im künftigen Lesesaalbereich der UB. Das wurde für die Literatur der PHB-Freihandbibliothek ebenfalls vorbereitet.

Für die konventionelle Ausleihe in der PH-Freihandbibliothek war es notwendig, die Daten weiterhin im Allegro-Katalog der PHB zu pflegen. Um die Datenveränderungen durch die o. g. Umarbeitungen möglichst ohne manuellen Aufwand durchzuführen, war erheblicher Programmieraufwand notwendig. Die Daten wurden nach PICA erfaßt bzw. in PICA geändert. Dann erfolgte ein Download in den lokalen Allegro-Katalog der PHB derart, daß die alte PH-Signatur und -Systematikangabe beim jeweiligen Exemplar durch die neuen Signatur- und Systematikangaben der UB überschrieben wurden. Gleichzeitig mußte das eine Exemplar, das in den Lesesaalbestand der UB überging, automatisch aus dem Allegro-Katalog gelöscht werden. Da der Bestand der PHB aus zwei ehemals eigenständigen Bibliotheken mit teilweise identisch vergebenen Zugangsnummern zusammengesetzt ist, war das selektive Überschreiben bzw. Löschen von Exemplarsätzen keine einfach zu lösende Aufgabe.

Anfang April 1998 waren die Vorarbeiten in der Universitätsbibliothek zum Aufbau einer Benutzungsabteilung, zur Installation und Erprobung des elektronischen PICA-Ausleihmodules sowie des PICA-Onlinekataloges so weit fortgeschritten, daß mit der EDV-gestützten Ausleihe der Universitätsbibliothek in den Räumen der PHB begonnen werden konnte. Vor Beginn der Ausleihe wurden die inzwischen nach den Kriterien der UB bearbeiteten Bände der PHB in die Bestände der UB einsortiert, so daß über die EDV-gestützte Ausleihe sowohl die *Bestände der UB* als auch die seit 01.07.1997 neu eingearbeiteten Bestände und den Regelungen der UB entsprechenden *Titel der PHB* ausgeliehen werden konnten. Räumlich sind diese Bestände sowohl in den provisorischen Magazinen der UB als auch in den Magazinen der PHB aufgestellt. Das hat den Vorteil, daß diese PHB-Bestände voll in die UB-Bestände integriert sind und damit wird der Umzug im kommenden Jahr in den Neubau der UB erleichtert. An der PH häufig genutzte Literatur wurde dabei auch auf dem PH-Campus aufgestellt, um die Büchertransporte zu minimieren. Konventionell wurde durch die Ausleihe der PHB noch weiterhin die *vor dem 01.07.1997 in die PHB eingearbeitete Literatur* ausgeliehen.

Der nächste Integrationsschritt war die Übernahme der bisher für beide Bibliotheken über die PHB durchgeführten Fernleihe durch die UB in zwei Schritten (nehmende und gebende Fernleihe) im Sommer 1998 gewesen, so daß jetzt die gesamte Fernleihe für beide Einrichtungen über die UB läuft.

Nachdem 1997 mit der Einarbeitung der Zeitschriften der UB über PICA begonnen worden war, folgte die Umarbeitung der Zeitschriften der PHB und die schrittweise Übernahme der Abonnements durch die UB. Seit dem 01.10.1998 liegen die Zeitschriften des laufenden Jahrgangs der UB und der PHB gemeinsam im Zeitschriftenlesesaal der PH aus.

Mit diesen Ergebnissen waren die Festlegungen des Kooperationsvertrages – z. T. vorfristig und inhaltlich weitergehend als ursprünglich geplant – erfüllt worden. Im Sommer 1998 gab es deshalb weiterführende Überlegungen zur Vertiefung der Kooperation mit dem Ziel der vollständigen Integration der PHB in die UB Erfurt.

3.3 Zur dritten Phase der Kooperation

Ab Sommer 1998 begannen wiederum intensive Gespräche, um weitere Schritte der Kooperation festzulegen und letztlich die Integration der Bibliothek der Pädagogischen Hochschule in der UB Erfurt vorzubereiten. Es wurde eine Erweiterung der Vereinbarung zu Bibliotheksangelegenheiten von 1997 zwischen den beiden Hochschulen verhandelt und im Februar 1999 beschlossen.

Einzelne Zwischenschritte wurden bereits vor der formellen Bestätigung der Vereinbarung nach Abstimmung mit den Gremien der beiden Hochschulen umgesetzt. In dieser Phase der Kooperation wurden die Abordnungen von Mitarbeitern der PHB in die UB so erweitert, daß alle Mitarbeiter der PHB – zumindest mit einem Teil ihrer Arbeitszeit – Aufgaben im Arbeitsprozeß der UB übernommen haben.

Sehr personalaufwendig war bisher die parallele Ausleihe aus den Magazinen: die elektronische der UB (einschließlich der seit 01.07.97 eingearbeiteten Bestände der PH-Bibliothek) und die konventionelle der PH-Bibliothek, über die noch nicht umgearbeitete Bestände ausgeliehen wurden. Da seit 1½ Jahren alle neu eingearbeiteten Bücher bereits nach dem Standard der UB bearbeitet wurden, gingen die Ausleihzahlen für die älteren Bestände über die Magazinausleihe der PHB zurück. So war es vertretbar, die beiden Ausleihverfahren zu integrieren. Seit dem 01.10.1998 gibt es nur noch *eine Ortsleihe*, über welche die Magazinbestände beider Bibliotheken EDV-gestützt ausleihbar sind. Ein noch nicht umgearbeitetes Buch der PHB wird konventionell über einen Bestellschein bestellt und 2 Stunden nach Abgabe des Bestellscheins dem Benutzer elektronisch verbucht zur Verfügung gestellt. Vor der Ausgabe des Buches wird ein Strichcode-Etikett aufgeklebt und ein OT-Satz („ohne Titel") im PICA-Ausleihsystem erzeugt. Nach Rückgabe des Buches wird überprüft, ob das Buch in den Bestand der UB übernommen wird (Dublettenprüfung, Entscheidung nach dem Fächerprofil der UB). Wenn die Prüfung positiv ausfällt, wird das Buch sofort umgearbeitet. Bei negativem Ausgang dieser Prüfung bleibt die alte Signierung der PHB erhalten. Auf diese Weise sind seit August 1998 bereits mehr als 2.600 Bände jeweils nach einer Ausleihe auf den Standard der UB umgearbeitet worden. Durch dieses Verfahren werden bevorzugt die Bücher des PH-Bestandes umgearbeitet, die eine entsprechende Nachfrage durch die Benutzer erfahren.

Zum Jahresanfang 1999 hat die Universitätsbibliothek den ehemaligen *Zeitschriftenlesesaal* der PH nach Ergänzung mit UB-Zeitschriften als gemeinsamen Zeitschriftenlesesaal in ihre Verwaltung übernommen, da nun auch der größte Teil der Abonnements von Zeitschriften der PHB von der UB über PICA verwaltet wird.

Inzwischen ist die Umarbeitung der *Lehrbuchsammlung* der PH so weit fortgeschritten, daß ab 15.02.1999 dort ebenfalls die elektronische Ausleihverbuchung eingeführt werden konnte. Damit wird nach Rückgabe aller konventionell verbuchten Titel die gesamte Ausleihe (abgesehen von einer kleinen Zweigbibliothek außerhalb des Campus) für beide Bibliotheken elektronisch erfolgen und die Benutzerdaten der PHB sind dann vollständig mit denen der UB vereinigt, so daß die konventionelle Benutzerkartei der PHB aufgelöst werden kann.

Zeitgleich mit dem Übergang der wesentlichen Ausleihbereiche der PHB in die Verantwortung der UB wird auch die EDV-Arbeit der PHB nunmehr vollständig in den EDV-Bereich der UB einbezogen, so daß auch auf diesem Gebiet der Integrationsprozeß umfassend vollzogen werden kann. Hinsichtlich der Umarbeitung von Beständen der PHB werden nach dem Abschluß der Umarbeitung der Lehrbuchsammlung die nach der politischen Wende erworbenen Bücher des Magazins, die im Monographienlesesaal aufgestellten Titel sowie die von der PHB bereitgestellte Literatur in den Handapparaten der Lehrstühle nach den Kriterien der UB umgearbeitet. Dieser Prozeß wird sich bis zum Bezug des Neubaue der UB Anfang 2000 erstrecken. Damit wird der für das Fächerspektrum der Universität Erfurt relevante Teil der neueren Literatur der PHB vollständig in die Bestände der UB integriert sein. Es werden trotzdem weit über 100.000 Bände übrig bleiben, deren Prüfung auf Relevanz für die UB und Umarbeitung erst nach Bezug des Neubaus der UB im kommenden Jahr begonnen werden kann. Dieser Bestand wird deshalb bis auf weiteres nur über den Allegro-Katalog der PHB, bei einigen kleineren Sonderbeständen nur über die vorhandenen Zettelkataloge zugänglich sein.

4. Ausblick

Seit dem Abschluß des Kooperationsvertrages von Mitte 1997 hat der Prozeß der Zusammenarbeit beider Bibliotheken eine große Dynamik entwickelt. Viele komplizierte Prozesse der Integration von Mitarbeitern und Arbeitsprozessen der PHB in die UB haben sich schneller und reibungsloser vollzogen, als man es vorhersehen konnte. Einige Prozesse waren aber auch langwieriger und komplizierter als ursprünglich angenommen. Wichtige Schlüsselqualifikationen bei den Mitarbeitern beider Einrichtungen wie Flexibilität, Kreativität, Phantasie, Kommunikations-, Teamfähigkeit und Tatkraft führten bei den bisherigen einzelnen Schritten von der Kooperation zur Integration zum Erfolg.

Die bisherigen Resultate berechtigen zu weiterem Optimismus und zu der Feststellung, daß die im kommenden Jahr vorgesehene vollständige personelle und sachliche Integration der PHB in die UB gut vorbereitet ist. Zum Zeitpunkt des Bezugs des Neubaus der UB im 1. Quartal 2000 wird es voraussichtlich die Bibliothek der Pädagogischen Hochschule Erfurt als Institution nicht mehr geben. Insbesondere das Personal, der Buchbestand und ein Teil des Inventars werden dann Bestandteil der Universitätsbibliothek Erfurt sein.

Als gelungen ist die Zusammenlegung der beiden Bibliotheken dann anzusehen, wenn im Ergebnis Synergieeffekte genutzt und Kapazitäten für neue Aufgaben frei werden.

Heiner Schnelling

Strukturfragen einschichtiger Bibliothekssysteme:
Das Beispiel der Universitäts- und Landesbibliothek
Sachsen-Anhalt in Halle (Saale)

Bibliothek statt „UB": Nach etwa einem Jahr – auch kommissarischer – Tätigkeit in Halle habe ich in einem Artikel über die Universitäts- und Landesbibliothek Sachsen-Anhalt (im folgenden ULB) den Wunsch geäußert, man möge künftig innerhalb der Universität nicht mehr von der „Universitätsbibliothek" (der ULB-Zentrale) und den verstreuten „Instituts-bibliotheken" sprechen, weil das möglicherweise einen Gegensatz assoziieren könnte. Vielmehr habe ich dafür plädiert, von der *Bibliothek* zu sprechen, die bibliothekarischen Einrichtungen der Martin-Luther-Universität als Einheit zu begreifen und ihre Aufgaben, Bestände und Service-Angebote in einem funktionalen Zusammenhang zu sehen.[1]

Es wird in diesem Beitrag nicht darum gehen können, das Thema der Strukturfragen ein-schichtiger Bibliothekssyteme in allgemeinen zu behandeln. Vielmehr soll der Blick – nach einer Skizzierung der grundsätzlichen gesetzlichen Rahmenbedingungen – auf das Beispiel der ULB gerichtet sein, gewissermaßen als Fallstudie und ohne paradigmatischen Anspruch. Dabei werden – eher als die grundsätzlichen Bestimmungen des Hochschulgesetzes des Landes Sachsen-Anhalt – die Regelungen von Bedeutung sein, welche sich die Martin-Luther-Universität selbst gegeben hat (etwa die *Verwaltungsordnung der ULB*) oder in Kürze geben wird (in Form einer erstmals zu verabschiedenden *Ordnung der ULB*). Sodann werden aber auch die Empfehlungen des Landesrechnungshofes zu berücksichtigen sein, der die ULB im Herbst/Winter 1997/98 einer ausführlichen Organisations- und Wirtschaftlich-keitsprüfung unterzogen und seine diesbezüglichen Empfehlungen im September 1998 vorgelegt hat.

1. Rechtsgrundlagen

Die Bibliothekssysteme der Universitäten in den Bundesländern Brandenburg, Mecklen-burg-Vorpommern, Sachsen, Sachsen-Anhalt und Thüringen sind einschichtig organisiert. Sie können damit zum einen innerhalb der Rahmenbedingungen weiter arbeiten, welche im Zuge der Hochschulreform bereits 1969 in der DDR gesetzt wurden;[2] sie folgen damit indessen auch den Strukturprinzipien, welche in der Bundesrepublik seit den Universitäts-neugründungen (seit Bielefeld und Konstanz) verfolgt werden. Auch in traditionell zwei-schichtigen Systemen sind Tendenzen in Richtung Einschichtigkeit nicht zu übersehen, und neuerdings nehmen auch die Hochschulgesetze einzelner Länder Begriffe wie „funktionale Einschichtigkeit" wenigstens auf, auch wenn, wie zum Beispiel im neuen hessischen Hoch-

---

[1] Heiner Schnelling: Die Universitäts- und Landesbibliothek vor dem Beginn des nächsten Jahrzehnts. – In: scientia halensis: Wissenschaftsjournal der Martin-Luther-Universität, 1997, Nr. 4, S. 3-5.

[2] Joachim Dietze: Das Bibliotheksnetz der Martin-Luther-Universität Halle-Wittenberg in der 3. Hochschul-reform: ein Erfahrungsbericht. – In: ZfB, 85 (1971), S. 705-717. S. a.: Joachim Dietze: Eine traditionelle Universitätsbibliothek als einschichtiges System: was heißt das heute? – In: Wissenschaftliche Bibliotheken nach der Wiedervereinigung Deutschlands: Entwicklung und Perspektive. Hrsg. J. Dietze; B. Scheschonk. Halle 1996, S. 48-57.

schulgesetz, der Begriff „Bibliothek" selbst gar nicht mehr enthalten ist, auf den sich so etwas wie „funktionale Einschichtigkeit" beziehen könnte.[3]

Ungeachtet der einschichtigen Organisationsstruktur aller universitären Bibliotheks-systeme in den oben genannten neuen Bundesländern regeln deren Hochschulgesetze diese Struktur in durchaus unterschiedlicher Weise. Zwar kennen alle Gesetze[4] die Rechtsfigur der „Hochschulbibliothek", die als zentrale Betriebseinheit der Hochschule alle bibliothe-karischen Einrichtungen der Hochschule umfaßt (hier zitiert nach dem Hochschulgesetz des Landes Sachsen-Anhalt) und aus einer Zentralbibliothek sowie Teilbibliotheken (Fakultäts-, Fachbereichs-, Instituts-, Seminar- und Kliniksbibliotheken) bestehen kann. Der Begriff „Teilbibliotheken" findet sich in Brandenburg und in Sachsen-Anhalt (allerdings dort mit einer in Sachen Erwerbung noch zu besprechenden Betonung der „Zentralbibliothek"), in Mecklenburg-Vorpommern findet sich der Begriff Fachbibliotheken. Allein Thüringen ver-zichtet auf eine derartige Unterscheidung von einer zentralen und dezentralen bibliothekari-schen Einrichtungen, wie überhaupt der dort gewählte Begriff „Hochschulbibliothek" nach-gerade monolithisch erscheint und eine räumliche Zersplitterung des Bibliothekssystems ebenso wenig in Erwägung zu ziehen scheint wie eine mögliche Verteilung der Zuständigkeit für die Hochschulbibliothek auf verschiedene universitäre Einrichtungen.

Aus den durchweg gleichlautenden Vorgaben der genannten Hochschulgesetze, wonach die „Hochschulbibliothek" sämtliche bibliothekarischen Einrichtungen der Hochschule um-fassen soll, erwachsen – je nach Bundesland – freilich höchst unterschiedliche Folgerungen für die Zuständigkeiten der betreffenden Hochschulbibliothek und mithin für die Befugnisse ihrer Leitung. Das Spektrum reicht von einer explizit einschichtig orientierten Vorgabe in Thüringen und – wenngleich implizit – auch in Mecklenburg-Vorpommern über eine an zweischichtige Bibliothekessysteme erinnernde Regelung der bloß fachlichen Aufsicht (in Sachsen-Anhalt) bis hin zu einer eher neutralen, fast schon unverbindlichen Regelung (in Brandenburg).

Einschichtigkeit muß im wesentlichen festgemacht werden

– an der Dienstaufsicht bzw. der Weisungsbefugnis des Bibliotheksdirektors über sämtliche der Hochschulbibliothek zugewiesenen Kräfte,
– an der einheitlichen Bewirtschaftung des Literaturetats sowie der Mittel für die sonstigen sächlichen Ausgaben; dabei ist für die letztere Voraussetzung zu unterscheiden zwischen einer administrativen Bedeutung (der fachgerechten Abwicklung einer Medienbestellung) und einer inhaltlichen Bestimmung, nämlich der Kompetenz der Auswahl der zu be-schaffenden Medien,
– an der Grundsatzentscheidung, an welcher Stelle des Bibliothekssystems einzelne Dienstleistungen erbracht werden sollen.

---

[3] So das am 3.11.1998 verkündete novellierte *Hessische Hochschulgesetz (HHG)*, das in §53 („Informations-management") unter dem Gesichtspunkt der „funktionalen Einschichtigkeit" folgende Punkte einfordert: „die einheitliche Bewirtschaftung der Informationsmedien", „die bestmögliche Verfügbarkeit des Informations-angebots für alle Mitglieder und Angehörigen der Hochschule", „die Beteiligung an hochschulübergreifenden Verbünden zur Vermittlung und Verarbeitung von Informationen."

[4] Zitiert wird im folgenden nach: *Gesetz über die Hochschulen des Landes Brandenburg (BbgHG)*, §95 („Hoch-schulbibliothek"); *Gesetz über die Hochschulen des Landes Mecklenburg-Vorpommern (LHGMV)*, §97 („Hoch-schulbibliothek"); *Hochschulgesetz des Landes Sachsen-Anhalt (HGLSA)*, §102 („Bibliothekswesen"); *Thü-ringer Hochschulgesetz (ThürHG)*, §90 („Bibliotheken"). Siehe grundsätzlich zu rechtlichen Fragestellungen im Zusammenhang wissenschaftlicher Bibliotheken: Günter Gattermann: Wissenschaftliche Bibliotheken. – In: Handbuch des Wissenschaftsrechts. Hrsg. C. Flämig. Berlin 1996, Bd. 2, S. 897-928.

Mit Blick auf die Einschichtigkeit der Hochschulbibliothekssysteme weisen die Hochschulgesetze in Thüringen sowie Mecklenburg-Vorpommern sicherlich die am weitesten reichenden Bestimmungen auf. Das Thüringische Hochschulgesetz spricht von „einheitlicher Leitung", das Hochschulgesetz des Landes Mecklenburg-Vorpommern bestimmt ausdrücklich: „Der Leiter [der Hochschulbibliothek, H.S.] ist Vorgesetzter aller Mitarbeiter, die der Hochschulbibliothek zugewiesen sind." Demgegenüber billigt das Hochschulgesetz des Landes Sachsen-Anhalt dem Leiter der Hochschulbibliothek eine bloß fachliche Aufsicht „über alle bibliothekarischen Einrichtungen und Kräfte" zu. Eine lediglich fachliche Aufsicht billigen die Hochschulgesetze der alten Bundesrepublik dem Bibliotheksdirektor auch zu, wobei in zwei- und (real) mehrschichtigen Bibliothekssystemen die Fachaufsicht – gegenüber der Dienstaufsicht – faktisch eine eher zu vernachlässigende Größe darstellen dürfte.[5]

Hinsichtlich des zweiten für die Einschichtigkeit wesentlichen Moments, Bewirtschaftung des Literaturetats, findet sich dagegen keine erwartbare Fortsetzung der eben für die Dienstaufsicht geschilderten Abstufung zwischen den Hochschulgesetzen. Sowohl in Thüringen als auch in Mecklenburg-Vorpommern ist die Erwerbungskompetenz – im Sinne einer inhaltlichen Bestimmung der zu beschaffenden Medien – eher bei den universitären Einrichtungen als bei der Hochschulbibliothek angesiedelt. In Thüringen heißt es: „Die Auswahl der Literatur und der anderen Informationsträger wird von den Fachbereichen und wissenschaftlichen Einrichtungen im Zusammenwirken mit der Hochschulbibliothek vorgenommen." In Mecklenburg-Vorpommern heißt es, mit etwas verändertem Akzent, aber dennoch eindeutig: „Bei der Literaturauswahl hat er [der Leiter der Hochschulbibliothek, H.S.] die Vorschläge der Fachbereiche und Einrichtungen zu berücksichtigen, soweit keine wichtigen Gründe entgegenstehen." Demgegenüber heißt es in Sachsen-Anhalt: „Die Beschaffung der Literatur und anderer Informationsträger erfolgt durch die Zentralbibliothek." Dies betont aus meiner Sicht zum einen den aus den zweischichtigen Bibliothekssystemen der alten Länder bekannten Gegensatz zwischen zentraler Universitätsbibliothek und Fachbereichs- bzw. Institutsbibliotheken in der Zuständigkeit universitärer Einrichtungen.[6] Zum anderen verkennt eine solche Bestimmung, daß im Zuge der datentechnischen Entwicklung auch Teil- (oder, wie wir in Halle sagen) Zweigbibliotheken die Beschaffung von Büchern und anderen Informationsträgern erfolgreich leisten können, ja müssen: Dies vor allem dann, wenn die Dezentralisierung von Geschäftsgängen (Bestellung, Inventarisierung, Formal- und Sachkatalogisierung, Bereitstellung für die Benutzung) nicht nur datentechnisch möglich ist, sondern im Sinne einer konsequent benutzerorientierten Bibliothekspolitik gerade dann verfolgt werden muß, wenn die „Hochschulbibliothek" räumlich äußerst stark zersplittert ist (in Halle nicht anders als an anderen alten Universitätsstandorten). Allerdings muß die Bestimmung des Hochschulgesetzes des Landes Sachsen-Anhalt, welche die Rolle der Zentralbibliothek für die Medienbeschaffung betont, als eine ganz überwiegend administrative verstanden werden und nicht etwa als eine inhaltliche, die Literaturauswahl bestimmende; davon wird noch die Rede sein.

---

[5] Berndt v. Egidy: Fachaufsicht im Bibliothekssystem einer alten Universität: Möglichkeiten der Zusammenarbeit. – In: Bibliothek: Forschung und Praxis, 14 (1990), S. 156-164. Ulrich Naumann: Koordinierung und Fachaufsicht an der FU Berlin. – In: Zwischen Kooperation und Weisungsrecht: aktuelle Probleme des FU-Bibliothekssystems und westdeutsche Erfahrungen. Berlin 1990, S. 46-61.

[6] Vgl. paradigmatisch etwa die Bestimmungen des (alten) *Hessischen Universitätsgesetzes* (1978). Zwar heißt es in §38,1: „Die bibliothekarischen Einrichtungen der Universität bilden ein einheitliches System"; allein §20,4 bestimmt: „Der Fachbereich [...] verwaltet die ihm zugewiesenen Einrichtungen, insbesondere Arbeitsräume, Bibliotheken, ...".

2. Die Universitäts- und Landesbibliothek Sachsen-Anhalt als einschichtige Bibliothek

Die ULB verfügt neben den beiden Gebäuden der Zentrale in der August-Bebel-Straße über 30 Zweigbibliotheken (s.u.) sowie etwa 60 kleinere Literaturstandorte (überwiegend jeweils unter 5.000 Bände), die noch bis 1998 als Zweigbibliothek mit eigenem Sigel geführt wurden, indessen – je nach Bestand – mit *Handapparat* oder *Handbibliothek* treffender bezeichnet wären. Über die Reduzierung der Zweigbibliotheken wird noch zu reden sein. Der Stellenplan der ULB umfaßt zur Zeit 180 Stellen. Die Bestände belaufen sich auf ca. 4,54 Mill. Bände. Der Erwerbungsetat lag 1998 bei DM 8 Mill. (einschließlich der Mittel für den Bücher-grundbestand in Höhe von DM 2 Mill.), die Gesamtausgaben des letzten Jahres lagen – unter Berücksichtigung der für die ULB verwendeten Drittmittel – bei DM 9,2 Mill. Der Jahreszugang 1998 betrug ca. 95.000 Bände. Im laufenden Jahr ist der Erwerbungsetat auf DM 6,5 Mill. reduziert.

2.1. Dienstaufsicht des Bibliotheksdirektors

Die ULB ist einschichtig organisiert.[7] Sie ist nicht „funktional einschichtig" oder „kooperativ einschichtig",[8] sondern einschichtig organisiert in dem Sinne, daß die Bibliotheksmittel zentral bewirtschaftet werden und der Bibliotheksdirektor der Dienstvorgesetzte sämtlichen bibliothekarischen Fachpersonals ist. Der Senat der Martin-Luther-Universität hat bereits 1993 entsprechende Bestimmungen in der *Verwaltungsordnung der ULB* gebilligt. Er hat damit die eher weiten Bestimmungen des Hochschulgesetzes des Landes Sachsen-Anhalt in einer Weise präzisiert, die sowohl einen rationalen Einsatz von Personal- und Sachmitteln garantiert als auch in einer für alle Beteiligten wünschenswerten Weise die Zuständigkeit für bibliothekarische Belange der Universität verdeutlicht. In der *Verwaltungsordnung* heißt es (§2): „Der Direktor der Universitäts- und Landesbibliothek führt die fachliche Auf-sicht über alle bibliothekarischen Einrichtungen und Kräfte, er ist Vorgesetzter des Fach-personals."[9] Das zeigt, daß sich die Martin-Luther-Universität Halle-Wittenberg die recht allgemeinen Vorgaben des HGLSA für die Funktionsfähigkeit der Hochschulbibliothek in einer Weise zu eigen gemacht hat, welche die im Sinne einer einschichtigen Strukturierung der universitären Bibliothekssysteme in anderen Bundesländern gesetzten Akzente unter-stützt. Die im Entwurf vorliegende *Grundordnung der ULB*, die im Laufe des Jahres 1999 verabschiedet werden soll, bestätigt diese Position. Damit ergibt sich hinsichtlich der Wei-sungsbefugnis des Bibliotheksdirektors faktisch eine Parallele zwischen der Hallenser Situation und den gesetzlichen Bestimmungen in Mecklenburg-Vorpommern und Thüringen.

2.2. Erwerbungsetat

Auch hinsichtlich der Bewirtschaftung der Literaturmittel entspricht die Hallenser Situation den Regelungen des Thüringischen Hochschulgesetzes, das ja die am weitesten gehende Formulierung der Einschichtigkeit von Hochschulbibliothekssystemen vorsieht. Sämtliche

---

[7] Heinz P. Galler; Heiner Schnelling: Die Universität und ihre Bibliothek. – In: scientia halensis: Wissen-schaftsjournal der Martin-Luther-Universität, 1997, Nr. 4, S. 19-20. Heinz P. Galler / Heiner Schnelling: Die Martin-Luther-Universität und ihre Bibliothek, die Universitäts und Landesbibliothek Sachsen-Anhalt: strukturelle Voraussetzungen und künftige Aufgaben. – In: mb: Mitteilungsblatt der Bibliotheken in Nieder-sachsen und Sachsen-Anhalt, 1998, Nr. 107/108, S. 7-12.

[8] Dirk Barth: Vom zweischichtigen Bibliothekssystem zur kooperativen Einschichtigkeit. – In: ZfBB, 44 (1997), S. 495-522.

[9] Verwaltungsordnung der Universitäts- und Landesbibliothek Sachsen-Anhalt in Halle (Saale) vom 5.5.1993.

Beschaffungen von Medien aller Art erfolgen über die Universitäts- und Landesbibliothek. Damit ist aber noch nichts gesagt über die grundsätzliche Verteilung der Mittel für den Literaturerwerb sowie die Regelung der Erwerbungskompetenz. Die Literaturmittel werden auf Vorschlag der Bibliothek – nach Bestätigung durch die Bibliothekskommission sowie die Haushaltskommission – durch den Senat der Universität verteilt. Für die wesentlichen Momente des Bestandsaufbaus universitärer Bibliothekssysteme, Monographien, Zeitschriften, Lehrbücher und neue Medien, ergibt sich im Hallenser Bibliothekssystem folgende Situation:

– Die Mittel für Monographien werden zu ca. zwei Dritteln von den Fakultäten und Fachbereichen ausgegeben, während etwa ein Drittel bei dem Etat-Posten verbleibt, der bislang als ULB-Zentrale bezeichnet wurde und für Beschaffungen durch die Fachreferenten/innen der ULB reserviert blieb; deren Beschaffungen wurden ganz überwiegend in der Zentrale der ULB aufgestellt, nämlich im Hauptmagazin der ULB in der August-Bebel-Straße. Die Verantwortung der Fachreferenten/innen für einen die Partikularinteressen der Fakultäts- und Fachbereichsvertreter übergreifenden homogenen und systematischen Bestandsaufbau hat innerhalb der Martin-Luther-Universität niemand in Frage gestellt, weswegen die traditionelle Reservierung eines Drittels der Monographienmittel für diesen Zweck auch nicht angezweifelt wurde. Dazu tragen auch die Erwerbungsprofile bei, welche auf Veranlassung der Bibliotheksleitung im Frühjahr 1998 zwischen den fachlichen Vertretern der Bibliothek (den Fachreferenten/innen) und den universitären Einrichtungen vereinbart und auch umgehend von der Bibliothekskommission sowie dem Senat der Universität bestätigt wurden.
– Die Mittel für Zeitschriften gehen zu etwa 90% in die Fakultäten und Fachbereiche, während der Rest für allgemeine und interdisziplinäre Zeitschriften in der Hand der Zentrale der ULB bleibt. Indessen ist mit dieser Mittelverteilung der Standort der Zeitschriften nicht abschließend geklärt: Viele der aus Mitteln der Fakultäten und Fachbereichen beschafften Zeitschriften liegen im Zeitschriftenlesesaal der ULB-Zentrale aus, weil dort – im Gegensatz zu manchen dezentralen Standorten – großzügige Öffnungszeiten geboten werden können.[10]
– Die Mittel für Lehrbücher bleiben ausschließlich in der Verfügung der Fakultäten und Fachbereiche, weil sie in Sachsen-Anhalt aus den Zuweisungen von Bibliotheksmitteln an die wissenschaftlichen Bibliotheken ausgeschlossen sind. Diese Bibliotheken erhalten ihre Mittel zunächst in Titel 52301 sowie in 81362 (für den Büchergrundbestand) als direkte Zuweisungen durch das Kultusministerium (zwar innerhalb der Kapitel der Hochschulen, aber nicht innerhalb der Ausgabentitelgrupppe 71 für Forschung und Lehre). Mittel für Lehrbücher werden in Titel 52471 ausgebracht („Lehr- und Lernzwecke"), der an der Martin-Luther-Universität allein auf die Fakultäten und Fachbereiche verteilt wird, nicht aber an die zentralen Einrichtungen und mithin auch nicht an die ULB (Ausgaben 1998: DM 300.000). Die Entscheidung über die Verwendung der Mittel dieses Titels für Lehrbücher sowie über konkrete Erwerbungen obliegt den Fakultäten und Fachbereichen.
– Die Beschaffung neuer Medien unterliegt den gleichen Modalitäten wie die Beschaffung von Monographien und Zeitschriften.

---

[10] Die Öffnungszeiten des Lesesaals sowie des Zeitschriftenlesesaals der ULB-Zentrale liegen seit dem 1.1.1999 bei 99 Stunden pro Woche und ermöglichen auch eine Öffnung am Sonntag. – Zur Verteilung der Zeitschriftenmittel siehe: Joachim Dietze: Koordinierter Zeitschriftenbezug an einer Universität als Modell. – In: Bibliotheksdienst, 30 (1996), S. 854-856.

Diese Situation, die ich bei meinem Amtsantritt 1997 vorgefunden habe, hat sich aus meiner Sicht bewährt. Eine Veränderung der Verteilung von Erwerbungsmitteln und der damit zusammenhängenden Frage nach der Aufstellung der beschafften Medien ist allenfalls dadurch signalisiert, daß die Fachreferenten/innen seitens der Bibliotheksleitung aufgefordert wurden, mit Beginn des Haushaltsjahres 1999 aus den ihnen zur Verfügung stehenden Mitteln etwa zwei Drittel der Beschaffungen ausdrücklich nicht mehr für die Aufstellung in der ULB-Zentrale vorzusehen, sondern dezentral in einer der Zweigbibliotheken.

Diese Festlegung ist vor allem dadurch begründet, daß die Kapazität des Hauptmagazins nahezu erschöpft ist. Die gegenwärtige Belegung von ca. 1,2 Mill. Bänden ist aufgrund baupolizeilicher Auflagen aus statischen Gründen alsbald zu reduzieren. Eine weitere Unterbringung der aus Mitteln der Fachreferenten/innen beschafften Bücher in diesem Magazin ist daher kaum noch möglich. Ein zusätzlicher Grund erwächst allerdings aus den Empfehlungen des Landesrechnungshofes (Sachsen-Anhalt), welche nach einer im Herbst/Winter 1997/98 durchgeführten Organisations- und Wirtschaftlichkeitsprüfung seit September 1998 vorliegen.[11] Darin läßt der Landesrechnungshof keinen Zweifel, daß die Aufstellung der aktuellen, für Forschung und Lehre laufend benötigten Literatur ganz überwiegend in den dezentralen Zweigbibliotheken der ULB unerläßlich ist. Mehr noch: Die Zentrale der ULB wird nicht länger als Komplementärbibliothek zu den Zweigbibliotheken verstanden – also etwa im Sinne einer Ausleihbibliothek im Gegensatz zu den Zweigbibliotheken mit ihren Präsenzbeständen – , sondern als Archivbibliothek mit sehr eingeschränkten Erwerbungstätigkeiten, wobei diese vor allem in den Bereichen Pflicht, Tausch und Geschenk liegen sollen. Auf die Behandlung der Pflichtexemplare wird noch zurückzukommen sein.

2.3. Räumliche und institutionelle Struktur

Damit ist die Frage nach der räumlichen Struktur des Hallenser Bibliothekssystems gestellt. Dieses System umfaßt neben der Zentrale noch 30 Zweigbibliotheken sowie über 60 Literaturstandorte, die über das gesamte Stadtgebiet verstreut sind. Es ähnelt somit in sehr starkem Maße den traditionellen zweischichtigen Bibliothekssystemen in den alten Bundesländern. Die nicht nur terminologische Differenzierung in Zweigbibliotheken und Literaturstandorte reflektiert die Bemühungen der Bibliotheksleitung, die Zahl der Zweigbibliotheken alsbald deutlich zu reduzieren. Diese Absicht wird seitens der Leitung der Martin-Luther-Universität ausdrücklich unterstützt, greift sie doch frühere Konzeptionen der Martin-Luther-Universität[12] ebenso auf wie von HIS,[13] wobei erstere von einer Reduktion der Zweigbibliotheken auf etwa 15 sogenannte „Bibliotheksbereiche" ausgeht, letztere von einer Reduzierung auf 10. Der Landesrechnungshof fordert im Übrigen als Ergebnis seiner Untersuchung, es sollten baldmöglichst neben der Zentrale der UB nur noch 6 Bereiche vorhanden sein.

Noch Mitte 1998 wurden in der ULB nicht weniger als 94 Zweigbibliotheken geführt.[14] Darin waren so unterschiedliche Einrichtungen unterschiedslos subsumiert wie die Zweigbibliothek Rechtswissenschaften mit ca. 180.000 Bänden wie die Zweigbibliothek in der Kustodie der Universität mit etwa 500 Bänden. Seither sind zunächst 9 Zweigbibliotheken zu räumlichen und organisatorischen Einheiten zusammengelegt worden, was zum Teil mit

---

11 Landesrechnungshof Sachsen-Anhalt: Prüfung der Organisation und Wirtschaftlichkeit bei der Universitäts- und Landesbibliothek Sachsen-Anhalt in Halle. Dessau 1998.

12 Martin-Luther-Universität Halle-Wittenberg: Bibliothekskonzeption 1995-2005. Halle 1995.

13 HIS Hochschul-Informationssystem: Bauliche Entwicklung der Martin-Luther-Universität Halle-Wittenberg. Hannover 1997.

14 Sigelverzeichnis der ULB. Stand: Februar 1998.

Baumaßnahmen und in Einzelfällen auch mit der Zerstreuung von mitunter nicht unerheblichen Bedenken seitens der Institutsangehörigen verbunden war. In einem zweiteiligen Konzept, das von der Bibliothekskommission sowie dem Senat der Universität bestätigt wurde, werden im ersten Teil von den verbleibenden 85 Zweigbibliotheken 12 weitere bis Ende 1999 mit anderen Zweigbibliotheken integriert; nochmals 11 werden bis etwa 2005 folgen. Dadurch würde die Zahl der Zweigbibliotheken schon auf 60 reduziert.

Diese immer noch sehr hoch anmutende Zahl von Zweigbibliotheken bedarf allerdings insofern einer Differenzierung, als darin 30 früher so genannte Zweigbibliotheken mit einem Bestand von weniger als 5.000 Bänden versammelt sind, die überdies in 16 Fällen auch nicht hauptamtlich durch Personal der ULB betreut werden, sondern von Angehörigen der betreffenden Institute. Von diesen kleineren Einrichtungen entfallen die meisten auf die medizinische und die landwirtschaftliche Fakultät. Daher sieht der zweite Teil des oben genannten Beschlusses vor, daß diese Einrichtungen jeweils einer Zweigbibliothek zugeordnet werden, die als Leitbibliothek fungiert und wo der gesamte Geschäftsgang sowie – im Rahmen der Unterbringungskapazität – auch Bestände konzentriert werden (etwa laufende Zeitschriften). Im Ergebnis handelt es sich, pointiert formuliert, durchaus um so etwas wie eine „dezentralisierte Zentralisierung auf mittlerer Ebene."[15] Durch diesen Schritt werden 30 Zweigbibliotheken obsolet: Eine dauerhafte Betreuung durch Personal der ULB findet nicht mehr statt. Die genannten Reduzierungsmöglichkeiten der Zweigbibliotheken sind entweder ohne Baumaßnahmen zu realisieren oder die erforderlichen Baumaßnahmen sind fest eingeplant.[16] In jedem Fall bleibt gewährleistet, daß den Benutzer/innen auch nach der Integration der Zweigbibliotheken keine Nachteile durch größere Entfernung zu diesen Bibliotheken entstehen. Zur Erinnerung: Der Begriff „Pantoffel-Entfernung" hat in den 70er Jahren eine gewisse Rolle gespielt, als es darum ging, einschichtige Bibliothekssysteme auch in einer Form räumlicher Konzentration durchzusetzen (wie etwa Bielefeld oder Konstanz). In Halle reden wir zum einen um Entfernungen, die genau diesem fast schon sprichwörtlichen Begriff entsprechen, zum anderen aber davon, benachbarte, teilweise im gleichen Haus oder gar auf der gleichen Etage befindliche Zweigbibliotheken zu räumlichen und organisatorischen Einheiten zusammenzufassen. Und in dem einen oder anderen Fall waren es eher „psychologische" Vorbehalte, die gegen eine solche Integration vorgebracht wurden.[17]

Läßt man diese kleinen Zweigbibliotheken oder Literaturstandorte, die aufgrund ihrer Bestände eher erweiterten Handapparaten entsprechen, unberücksichtigt, verbleiben 30 Zweigbibliotheken, für welche diese Bezeichnung künftig verwendet werden soll. Dabei zeichnet sich bereits jetzt ein klarer und die bisherigen Überlegungen zur Bereichsbildung bestätigender Trend ab: Denn Bereiche wie Rechtswissenschaft, Wirtschaftswissenschaften, Altertumswissenschaft, Agrarwissenschaft, Medizin, Neuphilologien, Geschichte/Kunstgeschichte, Orientwissenschaften (einschließlich dem Sondersammelgebiet „Vorderer Orient und Nordafrika") sowie Technik sind bereits jetzt deutlich erkennbar. Weitere Bereiche

---

[15] Diese Begriffskombination hat Ulrich Naumann gewählt in einem Vortrag über die Umstrukturierungen des Bibliothekssystems der Freien Universität Berlin anläßlich der Tagung der Sektion IV des Deutschen Bibliotheksverbandes am 24.2.1999 in Kassel.

[16] Dies gilt mit Ausnahme der Mathematisch-Naturwissenschaftlichen Zweigbibliothek, die in den nächsten HBFG-Rahmenplan eingebracht werden soll.

[17] Harro Heim: Die Universitätsbibliothek Bielefeld 1968 – 1984: Aufbau und Entwicklung. München 1984 und Joachim Stoltzenburg ; Günther Wiegand: Die Bibliothek der Universität Konstanz 1965 – 1974: Erfahrungen und Probleme. Pullach 1975.

werden bis zum Jahr 2000 folgen, u. a. Erziehungswissenschaft/Theologie oder Musikwissenschaft. Mittelfristig – etwa bis 2005 – wird die Bereichsbildung in den Naturwissenschaften und der Mathematik abgeschlossen werden können. Eine weiter gehende Reduktion der Zweigbibliotheken, etwa auf das vom Landesrechnungshof gesetzte Ziel von sechs dezentralen Standorten, ist ohne umfangreiche Baumaßnahmen nicht zu realisieren; und es bleibt abzuwarten, welche dieser Baumaßnahmen angesichts stetig enger werdender finanzieller Rahmenbedingungen realisiert werden können.

2.4. Dezentralisierung von Geschäftsgängen

Eine wesentliche Herausforderung, ein Bibliothekssystem mit der in Halle gegebenen räumlichen Struktur als einschichtig zu verwirklichen, besteht aus meiner Sicht in der Dezentralisierung der Geschäftsgänge sowie ihrer effizienten und effektiven Organisation.[18] Dieses ist in der ULB durch die Implementierung von PICA in den Zweigbibliotheken verwirklicht worden, soweit das der Ausbau des Hallenser Universitätsnetzes zuläßt. Zur Zeit wickeln 30 Zweigbibliotheken ihre Buchbearbeitung selbständig ab, d.h. Erwerbung und Katalogisierung erfolgen direkt in PICA im Rahmen des GBV. Vier dieser Zweigbibliotheken fungieren als Leitbibliotheken für insgesamt 33 der eben angesprochenen kleineren Literaturstandorte (Handapparate), so daß insgesamt 63 Zweigbibliotheken und Literaturstandorte durch einen PICA-Geschäftsgang erfaßt werden. 10 Zweigbibliotheken werden über einen Geschäftsgang in der Abteilung Koordinierung versorgt, die in der ULB-Zentrale untergebracht ist. Im Zuge der in Halle praktizierten und vom Landesrechnungshof bestätigten Dezentralisierung der Buch- und Zeitschriftenaufstellung werden Geschäftsgänge auch weiterhin dezentralisiert werden, soweit das personell und netztechnisch möglich ist. Daher ist das Bearbeitungsvolumen der Abteilung Koordinierung tendenziell rückläufig. Ebenso rückläufig ist im übrigen das Bearbeitungspensum der seit 1997 integriert arbeitenden Buchbearbeitung in der ULB-Zentrale, schon aufgrund der schon seit 1998 stagnierenden und 1999 deutlich gesunkenen Erwerbungsmittel. Es ist daher beabsichtigt, die Abteilungen Koordinierung sowie Buchbearbeitung in der Zentrale zusammenzulegen und Personal aus diesen Abteilungen im Bedarfsfall in den Zweigbibliotheken einzusetzen.

Festzuhalten bleibt aber vor allem: Die 30 Zweigbibliotheken, die, wie oben ausgeführt, diese Bezeichnung rechtfertigen, arbeiten jetzt bereits in PICA. Festzuhalten bleibt aber auch, daß mit Blick auf die zur Zeit verfügbaren ebenso wie mittelfristig erwartbaren Mittel realistisch zu planenden Baumaßnahmen die strikten Vorgaben insbesondere des Landesrechnungshofes sich möglicherweise nicht werden realisieren lassen. Deshalb ist es umso wichtiger, daß bereits jetzt die bibliothekarischen und datentechnischen Voraussetzungen erfüllt werden, um dezentralisierte und benutzerorientierte Geschäftsgänge an den Standorten zu realisieren, welche bis auf weiteres die räumliche Struktur des Hallenser Bibliothekssystems notwendig bestimmen werden.

Für die Einschichtigkeit von Bibliothekssystemen konstitutiv ist die einheitliche Bewirtschaftung des Literaturetats sowie der Mittel für die sonstigen sächlichen Ausgaben. Dabei lassen sich eine inner- sowie eine außerbetriebliche Ebene unterscheiden. Die innere bezeichnet die Grundsätze der Lieferantenauswahl bzw. der Bezugskonditionen (Rabatte, zusätzliche Service-Leistungen), die auch dann durchzusetzen sind, wenn Geschäftsgänge zunehmend de-

---

[18] Heiner Schnelling: Integrierte Bibliothekssysteme: Zentralisierung, Dezentralisierung. – In: Moderne Dienstleistungen: Trends und Aspekte, Entwicklungen und Probleme in Bibliotheken, Informationszentren und Dokumentationseinrichtungen der Bundesrepublik Deutschland. Berlin 1990 (dbi-Materialien; 95), S. 31-49.

zentralisiert werden sollen. Indessen versuchen – auf der außerbetrieblichen Ebene – einzelne Lieferanten durchaus, diesen Grundsatz der einheitlichen Mittelbewirtschaftung dadurch aufzuweichen, daß sie eben nicht ohne weiteres bereit sind, die ULB als institutionelle Einheit zu sehen, die aus *Zentrale plus Zweigbibliotheken* besteht. Die dafür geltend gemachten Gründe reichen von „unterschiedlichen Bestell-" bis hin zu „unterschiedlichen Lieferadressen". Die ULB ist dazu übergangen, von Lieferanten ggf. eine schriftliche Bestätigung einzufordern, daß die ULB als institutionelle Einheit anerkannt wird.

2.5. Datenverarbeitung

Ebenso wesentlich wie die Organisation der Geschäftsgänge ist die Organisation der für die Bibliothek relevanten EDV. Die 1997 verabschiedete mittelfristige Entwicklungskonzeption der Martin-Luther-Universität sieht in begrüßenswerter Deutlichkeit vor, daß für Betrieb und Weiterentwicklung der Bibliotheks-EDV allein die ULB zuständig bleibt.[19] Das setzt zunächst voraus, daß die für die Arbeit im und mit dem Verbund unabdingbaren Dienste erbracht werden können. Die ULB hat 1997/98 ihre PC- und Druckerausstattung für Benutzer- wie Mitarbeiterplätze in zwei HBFG-Verfahren qualitativ und quantitativ auf den letzten Stand bringen können. Seither stehen ca. 400 PCs (unabhängig von den PC-Pools der universitären Einrichtungen) bereit. Sämtliche PCs sind Internet-fähig. Die Formulierung „Arbeit im und mit dem Verbund" reflektiert sowohl die Interessen der Mitarbeiter/innen als auch der Benutzer/innen der ULB. Insbesondere für letztere sind Dienstleistungen wie *Online Contents* oder *GBV direkt* mittlerweile unverzichtbar geworden. Gleiches gilt für die Dienstleistungen im Rahmen von Programmen wie SUBITO u. a.

Aber über diese GBV-bezogenen Dienstleistungen hinaus leistet die Datenverarbeitung einen wesentlichen Beitrag zum Gelingen eines einschichtigen Bibliothekssystems. Dazu zählen innovative Dienstleistungen, welche das routinemäßige Angebot des Verbundes ergänzen und erweitern. So ist zum Beispiel die Vormerkung von Büchern über den WEB-OPAC ermöglicht worden, welche seitens der Bibliothek (Zentrale wie Zweigbibliotheken) bestellt worden sind oder sich im Geschäftsgang befinden (plus Eilgeschäftsgang). Weiterhin werden seit Ende 1998 monatliche Neuerwerbungslisten über die Homepage der ULB angeboten, die – nach BK klassifiziert – die Neuerwerbungen (auch Antiquaria) umfassend für die ULB nachweisen. Schließlich hat die ULB seit Mitte 1997 ein System der inneruniversitären Dokumentbestellung eingerichtet, das – für Mitglieder der Martin-Luther-Universität – die Erledigung dieser Aufgaben über die Homepage der ULB per Email sowie die Dokumentlieferung per File-Transfer, Fax (beides am gleichen Tag der Bestellung) oder auch Unipost ermöglicht: Das System bedient sich der ARIEL-Technologie, und mittlerweile sind acht aktive ARIEL-Stationen in Betrieb, weitere werden im Laufe des Jahres 1999 folgen (in Halle hört das System auf den Namen HARIEL).[20] Diese Stationen verbinden nicht nur die Standorte der ULB (Zentrale und Zweigbibliotheken), die bei der gebenden Fernleihe das größte Volumen der Bestellungen bearbeiten, sondern sie tragen auch dazu bei, so etwas wie eine virtuelle Bibliothek zu bilden: Im Fall beispielsweise der Medizin hilft das System, die auf mindestens fünf Standorte (Alt-Klinikum, Neu-Klinikum, ULB-Zentrale, Biologie Innenstadt, Naturwissenschaften Stadtrand) verteilten medizinischen und

---

[19] Martin-Luther-Universität Halle-Wittenberg: Entwicklungskonzeption für die Martin-Luther-Universität 1998 – 2001, Halle 1997, S. 20.

[20] Gerald Lutze ; Heiner Schnelling: HARIEL – Halle Ariel: Dokumentlieferung innerhalb der Universität. – In: scientia halensis: Wissenschaftsjournal der Martin-Luther-Universität. 1997, Nr. 4, S. 13-15, s. a. u. http://www.bibliothek.uni-halle.de/text/scientia/harie01.htm

biowissenschaftlichen Zeitschriftenbestände gewissermaßen auf Abruf bereit zu haben. In einem gewissermaßen bibliothekspolitischen Sinn tragen derartige Dokumentliefer-Systeme dazu bei, den ebenso alten wie heftigen Streit über den Aufstellungsort von Zeitschriften wenn schon nicht zu beheben, dann doch zu entschärfen.[21]

3. Die Zentrale der ULB

Das Moment, das zur Zeit die Entwicklung der einschichtig organisierten ULB bestimmt, ist auf den ersten Blick stark dezentral orientiert. Dazu tragen ganz verschiedene Gründe bei:

- Die Auflage des Landesrechnungshofs, aktuell beschaffte Literatur ganz überwiegend in den Zweigbibliotheken aufzustellen,
- die Stärkung fachlich bestimmter Bibliotheksbereiche: Dezentralisierung von Beständen (Zeitschriften, Handbücher u.ä.) aus dem Hauptmagazin in eine der Zweigbliotheken; auf dieses Ziel hin wird ebenfalls eine ganz wesentliche Funktion der Landesbibliothek orientiert, die Sammlung der Pflichtexemplare: auch sie werden in den Zweigbibliotheken aufgestellt, in die sie fachlich gehören; gleichwohl werden die Pflichtexemplare auch weiterhin in der Zentrale der ULB abgeliefert werden müssen, schon um deren Nachweis in der Regionalbibliographie zu gewährleisten,
- diverse Personal-Umsetzungen, etwa von Fachreferenten/innen in die bereits jetzt erkennbaren Bibliotheksbereiche (seit Anfang 1997); die Fachreferenten/innen haben – ausweislich ihrer Tätigkeitsbeschreibung sowie der Verwaltungsordnung der ULB – schon immer die zu ihren jeweiligen Fächern gehörenden Zweigbibliotheken geleitet, allein wurde diese Tätigkeit ganz überwiegend von einem Arbeitsplatz aus in der Zentrale der ULB wahrgenommen.

Was wird angesichts dieser womöglich zentrifugalen Kräfte mit der Zentrale der ULB passieren? Beide Gebäude sind immerhin seit 1996 mit erheblichem Aufwand renoviert worden. Wird die Zentrale überhaupt noch eine Funktion haben? Ängste dieser Art erscheinen mir unbegründet. Es kann keine Rede davon sein, daß die Zentrale ein „Auslaufmodell" ist, wie das für die zentralen Universitätsbibliotheken in zweischichtigen Bibliothekssystemen schon geäußert worden ist.[22] Vielmehr hat die Zentrale, sowohl das Magazin- als auch das Verwaltungsgebäude (August-Bebel-Str. 50 bzw. 13), im Rahmen der oben angesprochenen zentrifugalen Momente ganz präzise Aufgaben zu erfüllen. Nur eine klassische Aufgabe eben nicht mehr: Die Zentrale der ULB wird sich nicht länger als Bestandszentrale verstehen können, als Ort mithin, wo der wesentliche oder zumindest noch ein nennenswerter Zuwachs des aktuellen Bestandes versammelt wäre.

Das Verwaltungsgebäude soll künftig primär als Dienstleistungs- und Kompetenz-Zentrale für die ULB genutzt werden, um dort Beratungs- und Service-Funktionen zu bündeln und auszubauen, zum Beispiel in folgenden Bereichen:

- EDV: PICA-Lokalsystem Halle-Merseburg mit sechs angeschlossenen außeruniversitären Teilnehmern (u. a. Franckesche Stiftungen, Leopoldina, Fachhochschule Merseburg); CD-ROM Netz; elektronische Publikationen, Multimedia-Projekte, Volltextarchive;

---

[21] Berndt Dugall: Organisatorische und finanzielle Aspekte der Infomationsversorgung zweischichtiger universitärer Bibliothekssysteme. – In: Ordnung und System: Festschrift zum 60. Geburtstag von Hermann Josef Dörpinghaus. Hrsg. Gisela Weber. Weinheim u. a.: Wiley,VCH, 1997, S. 204-217.

[22] Dugall, a.a.O.

- Medienbeschaffung: Verhandlungen über Beschaffungskonditionen, Lieferantenauswahl;
- Medienerschließung: Formal- und Sachkatalogisierung;
- bibliographische Information: Regionalbibliographie; Fernleihe;
- Bestandserhaltung: Betrieb einer Restaurierungswerkstatt sowie einer Ehtylen-Begasungsanlage zur Massenbehandlung schimmelbefallener Bücher;[23]
- Fort- und Weiterbildung: für Mitarbeiter/innen,[24] Programme für Benutzerschulungen.[25]

Für die künftige Nutzung des Magazin-Gebäudes zeichnen sich u. a. diese Möglichkeiten ab: zum einen die Unterbringung von Literatur (insbesondere Zeitschriften), die nicht mehr unbedingt Teil des aktiven Literaturbestandes ist und dennoch nicht so „inaktiv", daß sie in ein Speichermagazin gehören würde; zum anderen die Unterbringung des überaus wertvollen Altbestandes der ULB, der zumindest für das 17. und 18. Jahrhundert zu den vollständigsten in Deutschland gehört. Gegenwärtig sind umfangreiche Teile des Altbestandes (ca. 700.000 Bände) in einem Ausweichmagazin (Stephanus-Kirche) untergebracht, das für diese Nutzung nur sehr bedingt geeignet ist.

4. Ausblick

Die ULB, besser gesagt: zunächst die *Bibliothek* der Martin-Luther-Universität, aber auch die Landesbibliothek, kann in konsequent einschichtigen Rahmenbedingungen arbeiten. Sie muß dies tun, obwohl die räumliche Struktur alles andere als vorteilhaft ist. An der räumlichen Struktur wird sich mittelfristig aufgrund der sattsam bekannten Haushaltsengpässe nichts grundsätzlich ändern können. Um so wichtiger ist es daher, genau die Mechanismen zu betonen, welche trotz der räumlichen Zersplitterung des Hallenser Bibliothekssystems für die Einschichtigkeit seiner Organisation bestimmend sind:

- Die Datenverarbeitung, welche die Infrastruktur rascher Kommunikation zwischen den am Hallenser Bibliothekssystem beteiligten Einrichtungen überhaupt erst ermöglicht: sowohl zu Erwerbungs-, Erschließungs- oder Statistikfragen, als auch vor allem zur laufenden Information der Mitarbeiter/innen durch Email und PICA-Mail;
- die einheitliche Mittelbewirtschaftung durch die Bibliothek, einschließlich der grundsätzlichen Vorgaben für Lieferantenauswahl und Beschaffungswege der für die Literaturversorgung der Universität erforderlichen Medien;
- die Kompetenz für sämtliche Fragen des Bibliotheksneubaus, -umbaus sowie der Abwicklung von Umzügen sowie der Einrichtung von räumlichen Provisorien;
- die Möglichkeit der Bewirtschaftung des Stellenplans der Bibliothek, der Personaldisposition sowie der Weisungsbefugnis durch die Bibliotheksleitung;

---

[23] Der Altbestand der ULB zählt zu den vollständigsten in deutschen Bibliotheken. Um so bedauerlicher ist die Reduzierung der Mittel für Bestandserhaltung durch die Landesregierung im Jahr 1999 von DM 140.000 (wie in den Vorjahren) auf DM 0!

[24] Die ULB testet zum Beispiel seit April 1999 ein Modell der kontinuierlichen Weiterbildung der Mitarbeiter/innen: Zu zehn verschiedenen Themen, die von der tarifgerechten Eingruppierung über Rechtsfragen der Bibliotheksbenutzung und Dokumentlieferung bis zur Bestandserhaltung reichen, werden in einem dreimonatlichen Rhythmus Vorträge angeboten, an denen jeweils bis zu ca. 40 Mitarbeiter/innen teilnehmen können, so daß im Laufe eines Jahres fast jede/r Mitarbeiter/in Gelegenheit erhält, sich über die wichtigsten Themen zu informieren.

[25] Seit drei Semestern bietet die ULB zum Beispiel ein Programm regelmäßiger Einführungen in Online-Kataloge, Fach-Datenbanken und elektronische Publikationen an.

– die binnen-rechtlichen Rahmenbedingungen des Bibliothekssystems in Form einer die Zentrale sowie die Zweigbibliotheken umfassenden Benutzungsordnung, Gebührenordnung sowie ggf. eines Entgeltverzeichnisses;[26]
– die außen-rechtlichen Rahmenbedingungen in Form der Vertretung des gesamten Bibliothekssystems durch die Bibliotheksleitung, auf lokaler Ebene in der Universität ebenso wie auf regionaler Ebene im Verbund.

Wie eingangs gesagt: *Bibliothek* statt „UB".

---

[26] Die neue Benutzungsordnung der ULB trat zum 1.1.1999 in Kraft; die seit 1995 erwartete erste Gebührenordnung der wissenschaftlichen Bibliotheken des Landes Sachsen-Anhalt ebenfalls; im Vorgriff auf diese Gebührenordnung hatte die Martin-Luther-Universität ein Entgeltverzeichnis beschlossen, das zum 1.1.1997 in Kraft trat und das nunmehr im Lichte der oben genannten neuen Gebührenordnung novelliert werden muß.

Gisela Gülzow und Edeltraud Paetrow

Veröffentlichungen von Konrad Marwinski 1966 – 1998

1. Veröffentlichungen

1966

Die Schätze der Thüringischen Landesbibliothek Weimar. – In: Börsenblatt für den deutschen Buchhandel. – Leipzig 133(1966)27. – S. 472-474

Der Verein für Thüringische Geschichte und Altertumskunde zu Jena : Abriß seiner Geschichte. – Leipzig, 1966. – 121 Bl. – Berlin, Humboldt-Univ., Fernstudium Geschichte, Diplomarb.

1968

Die Sammlung Dr. Georg Haar in der Thüringischen Landesbibliothek Weimar. – In: Marginalien. – Berlin ; Weimar 32(1968). – S. 33-41

Die Sammlung Dr. Georg Haar in der Thüringischen Landesbibliothek Weimar : eine bibliotheks- und buchkundliche Darstellung. – [Weimar, 1968]. – 73 Bl. : Ill. – Berlin, Humboldt-Univ., Inst. für Bibliothekswiss. u. wiss. Information, Diplomarb.

Zu einem glückseligen neuen Jahr gedruckt : 43 Wand- und Wappenkalender aus den Jahren 1568 bis 1781 beschrieben, erläutert und mit einem Namen- und Sachregister versehen / Konrad und Felicitas Marwinski. – Weimar, 1968. – 100 S.

1969

„Der Freundschaft und der Tugend heilig" : in alten Weimarer Stammbüchern geblättert. – In: Marginalien. – Berlin ; Weimar 34(1969). – S. 33-50

1970

Die Aus- und Weiterbildung an der Universitätsbibliothek Jena. – In: Arbeitsberichte aus der Universitätsbibliothek Jena. – Jena, 1970. – S. 200-209

Langer Jahre redlich streben ... : Arbeitsberichte aus der Universitätsbibliothek Jena ; Frau Direktor Dr. Annemarie Hille anläßlich ihres 60. Geburtstages überreicht von ihren Mitarbeitern / bearb. und hrsg. von Günter Steiger und Konrad Marwinski. – Jena : Univ.-Bibl., 1970. – 209 S.

1971

Bibliographie veröffentlichter Arbeiten 1970 / Friedrich-Schiller-Universität Jena. Gesamtleitung: Konrad Marwinski. – Jena, 1971. – 283 S.

500 Jahre Kirchenbibliothek Römhild : eine bibliotheks- und einbandgeschichtliche Studie / Konrad Marwinski ; Felicitas Marwinski. – In: Aus zwölf Jahrhunderten. – Berlin : Evang. Verl.-Anst., 1971. – S. 143-168. – (Thüringer kirchliche Studien ; 2)

Reiseberichte über den Kaukasus, über Georgien und Persien : 16. bis 19. Jahrhundert / Konrad Marwinski ; Günter Steiger ; Helmut Fritsch. – Jena, 1971. – 22 S.

Zusammenstellung in- und ausländischer Patentschriften auf dem Gebiet der Holographie : Berichtszeit 1948 – 1970 / [Gesamtleitung: Konrad Marwinski]. – Jena : Univ.-Bibl., Informationsabt., 1971. – X, 115 S. – (Bibliographische Mitteilungen der Universitäts-bibliothek Jena ; 12)

1972

Beiträge zur Einbandkunde aus der Kirchenbibliothek zu Arnstadt in Thüringen : ein Bericht / Konrad Marwinski ; Felicitas Marwinski. – In: Einbandstudien : Ilse Schunke zum 80. Geburtstag am 30. Dezember 1972 gewidmet / hrsg. von d. Dt. Staatsbibliothek Berlin. – Berlin, 1972. – S. 98-119

Universitätsbibliothek <Jena>: Benutzungshinweise / Univ.-Bibl. Jena. – Jena, 1972. 1 Faltbl.

[Rez.]
Einbände der Ausstellung der Solothurner Zentralbibliothek in Ascona / hrsg. von Ilse Schunke. – Solothurn : Verl. Zentralbibl., 1971. – 32 S. : Taf. – In: Marginalien. – Berlin ; Weimar 48(1972). – S. 70

1973

Die Arnstädter Kirchenbibliothek – ihre Geschichte und ihre Einbände / Felicitas Marwinski ; Konrad Marwinski. – In: Glaube und Heimat. – 28(1973) Nr. 40. – S. 2

Karl Benjamin Preusker – ein Sammler aus Leidenschaft. – In: Marginalien. – Berlin ; Weimar 52(1973). – S. 48-60

1974

ABC der Universitätsbibliothek Jena : ein Wegweiser für die Benutzung. – 2., überarb. und erw. Aufl. – Jena : Univ.-Bibl., 1974. – 56 S.

Bibliographie wissenschaftlicher Arbeiten 1971 / Friedrich-Schiller-Universität Jena. Gesamtleitung: Konrad Marwinski. Red. u. Register: Helmut Vogt. – Jena, 1974. – 252 S.

Von der Hofbuchdruckerei zum Verlag Böhlau : Geschichte der Hofbuchdruckerei in Weimar von den Anfängen bis 1853. – Weimar : Böhlau, 1974. – 130 S.

1975

Allgemeine Bibliographische Nachschlagewerke : eine Einführung für Studenten. – Jena : Univ.-Bibl., 1975. – 71 S.

Aus der Zeitungsgeschichte der Stadt Weimar. – In: Thüringische Landeszeitung. – 31(1975) Nr. 216, 234, 258, 282, 294

Beiträge zur bibliothekarischen Praxis aus der Universitätsbibliothek Jena / Red.: Konrad Marwinski. – Jena : Univ.-Bibl., 1975. – 217 S.

Bibliographie wissenschaftlicher Arbeiten 1972 / Friedrich-Schiller-Universität Jena. Gesamtleitung: Konrad Marwinski. – Jena, 1975. – 272 S.

Bibliographie wissenschaftlicher Arbeiten 1973 / Friedrich-Schiller-Universität Jena. Gesamt-leitung: Konrad Marwinski. – Jena, 1975. – 324 S.

Entdeckungsreise in Sondershausen : alte Bücher und Dokumente erzählen Geschichte / Felicitas Marwinski ; Konrad Marwinski. – In: Glaube und Heimat. – 30(1975) Nr. 31. – S. 2

Funktion und Aufgaben der Abteilung Wissenschaftliche Information im Bibliotheks- und Informationssystem der Friedrich-Schiller-Universität. – In: Beiträge zur biliothekarischen Praxis aus der Universitätsbibliothek Jena. – Jena, 1975. – S. 75-91

Importliteratur : Neuerwerbungen der Universitätsbibliothek der Friedrich-Schiller-Universität Jena / Red. u. Gesamtleitung: Konrad Marwinski. – Jena : Universitätsbibliothek, 1975. – 50 S.

Thüringische Geschichtsvereine vor 1871 : ein Beitrag zur Funktionsbestimmung der bürgerlichen deutschen Geschichts- und Altertumsvereine im 19. Jahrhundert. – Leipzig Bd. 1. 1975. – VII, 213 Bl.;
Bd. 2. 1975. – Bl. 215-322. – Leipzig, Univ., Sekt. Geschichte, Diss. A

Universitätsbibliothek <Jena>: Benutzungshinweise / Univ.-Bibl. Jena. – Jena, 1975. – 1 Faltbl.

1976

Aus der Zeitungsgeschichte der Stadt Weimar. – In: Thüringische Landeszeitung. – 32(1976) Nr. 8, 32, 62, 86, 156

Die Kirchenbibliotheken in Arnstadt, Sondershausen und Schmalkalden / Konrad Marwinski ; Felicitas Marwinski. – In: Laudate Dominum. – Berlin : Evang. Verl.-Anst., 1976. – S. 161-168. – (Thüringer kirchliche Studien ; 3)

1977

Erbekonferenz des Ministeriums für Hoch- und Fachschulwesen in Jena. – In: Zentralblatt für Bibliothekswesen. – Leipzig 91(1977)7. – S. 277-279

Erfurter Einbände in Sondershausen – zur Situation in der Erfurter Einbandforschung / Konrad Marwinski ; Felicitas Marwinski. – In: Das Buch als Quelle historischer Forschung. – Leipzig : Bibliogr. Inst., 1977. – S. 139-150. – (Zentralblatt für Bibliothekswesen : Beih. ; 89) (Arbeiten aus der Universitäts- und Landesbibliothek Sachsen-Anhalt in Halle/Sa. ; 18)

Die Universitätsbibliothek Jena und das kulturelle Erbe. – In: Erbe und Tradition an der Friedrich-Schiller-Universität Jena : hrsg. aus Anlaß d. Konferenz d. Minist. für Hoch- und Fachschulwesen am 10.2.1977 in Jena. – Jena : Friedrich-Schiller-Univ., 1977. – S. 71-78

Verzeichnis ausländischer Periodika der Universitätsbibliothek Jena / Konrad Marwinski und Annette Heilmann. – Jena : Univ.-Bibl.
T. 1. Mathematik – Naturwissenschaften – Technik. – 1977. – 168 S.
T. 2. Gesellschaftswissenschaften. – 1978. – 186 S.
T. 3. Medizin. – 1981. – 77 S.

1978

ABC der Universitätsbibliothek Jena : ein Wegweiser für die Benutzung. – 3., neubearb. Aufl. – Jena : Univ.-Bibl., 1978. – 73 S.

Zur Ausbildung von Bibliotheksfacharbeitern in Wissenschaftlichen Allgemein- und Fachbibliotheken. – In: Zentralblatt für Bibliothekswesen. – Leipzig 92(1978)11. – S. 517-521

1979

Die schriftliche Hausarbeit für die Lehrabschlußprüfung von Bibliotheksfacharbeitern in Wissenschaftlichen Allgemein- und Fachbibliotheken. – In: Zentralblatt für Bibliothekswesen. – Leipzig 93(1979)7. – S. 310-315

Thüringische historische Vereine im 19. Jahrhundert. – In: Jahrbuch für Regionalgeschichte. – Weimar 7(1979). – S. 205-242

Universitätsbibliothek <Jena>: Benutzungshinweise / Univ.-Bibl. Jena. – Jena, 1979. – 1 Faltbl.

Zur Bestandsgeschichte der Universitätsbibliothek Jena. – In: Bibliothek und Universität. – Kraków ; Jena, 1979. – S. 60-79

1980

[Rez.]
Penland, P. R.: The library as a learning / P. R. Penland ; A. Mathai. – New York [u. a.] : Dekker, 1978. – 237 S. – (Books in library and information science ; 24). – In: Zentralblatt für Bibliothekswesen. – Leipzig 94(1980)1. – S. 45-46

1981

ABC der Universitätsbibliothek Jena : ein Wegweiser für die Benutzung. – 4., neubearb. Aufl. – Jena : Univ.-Bibl., 1981, 100 S.

Bibliotheken in Jena. – In: Jena-Information. – Jena (1981)4. – S. 14-15

Fülle von literarischen Sachzeugen : die Universitätsbibliothek Jena. – In: Börsenblatt für den deutschen Buchhandel. – Leipzig 148(1981)46. – S. 914-917

1982

Biblioteka Uniwersytecka w Jenie – jej znaczenie dawniej i dzis = Die Universitätsbibliothek Jena – ihre Bedeutung in Vergangenheit und Gegenwart. – In: Biuletyn Biblioteki Jagiellonskiej. – Krakow 32(1982)2. – S. 19-45

Universitätsbibliothek <Jena>: Benutzungshinweise / Univ.-Bibl. Jena. – Jena, 1982. – 1 Faltbl.

Das Wechselverhältnis von Zentralisation und Dezentralisation als qualitativer Wirkungsfaktor für eine effektive Bibliotheksarbeit an der Friedrich-Schiller-Universität Jena. – In: Die Bestände der Universitätsbibliothek und ihrer Zweigstellen / Hrsg.: Waltraud Irmscher. – Berlin : Univ.-Bibl., 1982. – S. 58-65

1983

Bibliographie zur Geschichte der Universität Jena : Literatur der Jahre 1945 – 1980. – Jena : Univ.-Bibl., 1983. – 196 S. – (Bibliographische Mitteilungen der Universitätsbibliothek Jena ; 37)

Entwicklungstendenzen des Bibliothekswesens an der Friedrich-Schiller-Universität Jena 1945 – 1970 / Konrad Marwinski ; Lothar Bohmüller. – In: Wissenschaft und Sozialismus : Studien zur Hochschul- und Wissenschaftsgeschichte. – Jena, 1983. – S. 198-211

Der Hennebergische altertumsforschende Verein zu Meiningen 1832 bis 1935. – Meiningen : Staatl. Museen, 1983. – 87 S. – (Südthüringer Forschungen ; 18)

Marginalien zur Bibliotheksgeschichte Schmalkaldens im 16., 17. und 18. Jahrhundert. – In: Beiträge zur Geschichte des Feudalismus und der Reformation in Südthüringen. – Kloster Veßra : Agrarhistor. Museum d. Bezirkes Suhl, 1983. – S. 14-22

Regionales Pflichtexemplar und Thüringen-Bibliographie : Zugänge werden zu einer echten Leistungssteigerung der UB führen. – In: Sozialistische Universität. – Jena (1983) Nr. 21. – S. 5

Veröffentlichungen des Hennebergischen altertumsforschenden Vereins zu Meiningen. – Meiningen : Staatl. Museen, 1983. – 12 S. – (Südthüringer Forschungen ; 18 : Erg.)

425 Jahre Universitätsbibliothek Jena : kurzgefaßte Bibliotheksgeschichte. – Jena : Univ.-Bibl., 1983. – 74 S.

1984

Die bibliographische Erfassung des thüringischen regionalkundlichen Schrifttums von den Anfängen bis zur Thüringen-Bibliographie. – In: Zentralblatt für Bibliothekswesen. – Leipzig 98 (1984)10. – S. 433-438

Marginalien zur Bibliotheksgeschichte Schmalkaldens im 16., 17. und 18. Jahrhundert. – In: Wissenschaftliche Zeitschrift der Friedrich-Schiller-Universität Jena. Gesellschafts- und Sprachwissenschaftliche Reihe. – Jena 33(1984)3. – S. 387-396

Musentempel und Magazin der Ehre und der Tugend : bedeutende Sammlungen in der Jenaer Uni-Bibliothek. – In: Thüringische Landeszeitung. – 40(1984) Nr. 30. – S. 3

[Rez.]
Sondersammlungen in Bibliotheken der DDR : ein Verzeichnis / Helmut Roob [u. a.]. – 2., überarb. Aufl. – Berlin : Method. Zentrum für wiss. Bibliotheken und Informations- und Dokumentationseinrichtungen d. Minist. für Hoch- und Fachschulwesen, 1982. – 127 S. In: Zentralblatt für Bibliothekswesen. – Leipzig 98(1984)4. – S. 178

1985

Universitätsbibliothek Jena – Regionalbibliothek für Thüringen. – In: Thüringer Neueste Nachrichten. – 35(1985) Nr. 233. – S. 4

Zu Fragen der Studienliteratur und audiovisuellen Lehrmittel : dargestellt aus der Sicht des Bereiches Medizin der Friedrich-Schiller-Universität Jena / Konrad Marwinski ; Horst Bruchhaus ; Günther Wagner. – In: Methodische Fragen der Ausbildung im Medizin- und Stomatologiestudium : 1. Hochschulpäd. Kolloquium d. Medizin. Akademie Erfurt in Zsarb. mit d. Wissenschaftsbereich Hochschulpädagogik d. FSU Jena, 8. Dez. 1984. – Erfurt, 1985. – S. 123-139

1986

Thüringer Zentralkatalog (TZK) : die Universitätsbibliothek stellt sich vor. – In: Sozialistische Universität. – Jena (1986) Nr. 8. – S. 8

Der Verein für Thüringische Geschichte und Altertumskunde zu Jena. – In: Wissenschaftliche Zeitschrift der Friedrich-Schiller-Universität Jena. Gesellschafts- und Sprachwissenschaftliche Reihe. - Jena 36(1986)4. - S. 355-376

[Rez.]
Walther, Karl Klaus: Die deutschsprachige Verlagsproduktion von Pierre Marteau – Peter Hammer, Köln : zur Geschichte eines fingierten Impressums. – Leipzig : Bibliogr. Inst., 1983. – 151 S. : Ill. - (Zentralblatt für Bibliothekswesen : Beih. ; 93). – In: Zentralblatt für Bibliothekswesen. – Leipzig 99(1986)12. – S. 557-558

1987

Literatur zur Geschichte der Medizin an der Jenaer Universität : Auswahlbibliographie 1945 – 1987 / Konrad Marwinski ; Günther Wagner ; Horst Bruchhaus. – In: Jenaer Hochschullehrer der Medizin. – Jena : Univ., 1987. – S. 204-236. – (Jenaer Reden und Schriften)

Die Universitätsbibliothek Jena und die Carl Zeiss-Stiftung (1886 – 1920). – In: Zentralblatt für Bibliothekswesen. – Leipzig 101(1987)8. – S. 345-349

[Rez.]
Katalog der Drucke aus den Jahren 1501 – 1565 in der Stadt- und Kreisbibliothek Bautzen / Bearb.: J. Keil. – Bautzen : Stadt- und Kreisbibl., 1986. – 111 S. – In: Der Bibliothekar. – Leipzig 41(1987)5. – S. 237-238

[Rez.]
Die mittelalterlichen Schneeberger Handschriften der SLB Dresden, Bestandsverzeichnis aus dem Zentralinventar mittelalterlicher Handschriften (ZIH) / bearb. von R. Schipke. – Berlin : Dt. Staatsbibl., 1985. – VIII, 103 S. – (Handschrifteninventare / Deutsche Staatsbibliothek ; 8). – In: Zentralblatt für Bibliothekswesen. – Leipzig 101(1987)7. – S. 317-318

1988

ABC der Universitätsbibliothek Jena : ein Wegweiser für die Benutzung. – 5., neubearb. Aufl. – Jena : Univ.-Bibl., 1988. – 86 S.

Bibliotheksalltag 1820 : aus den Diensttagebüchern des Jenaer Universitätsbibliothekars Georg Gottlieb Güldenapfel und seiner Mitarbeiter / Lothar Bohmüller ; Konrad Marwinski. – Jena : Univ.-Bibl., 1988. – 123 S. – (Beiträge zur Geschichte der Universitätsbibliothek Jena ; 3)

Bürgerliche Geschichtsvereine in Ostthüringen. – In: Heimatbote. – Greiz 34(1988)9. – S. 161-163

Literatur zur Geschichte der Medizin an der Jenaer Universität : Auswahlbibliographie 1945 – 1987 / Konrad Marwinski ; Günther Wagner ; Horst Bruchhaus. – In: Jenaer Hochschullehrer der Medizin . – 2., durchges. Aufl. – Jena : Univ., 1988. – S. 204-236. – (Jenaer Reden und Schriften)

[Rez.]
Beiträge zur Berliner Bibliotheksgeschichte. H. 4 / Red. Günther Meyer. – Berlin : Bibliotheksverband d. DDR, Bezirksgruppe Berlin, 1986. – 102 S. – In: Zentralblatt für Bibliothekswesen. – Leipzig 102(1988)9. – S. 413-415

[Rez.]

Fliege, Jutta: Die lateinischen Handschriften der Stadtbibliothek Dessau : Bestandsverzeichnis aus dem Zentralinventar mittelalterlicher Handschriften. – Berlin, 1986. - XI, 175 S. – (Handschrifteninventare / Deutsche Staatsbibliothek ; 10). – In: Zentralblatt für Bibliothekswesen. – Leipzig 102(1988)3. S. 138-139

1989

Die Universitätsbibliothek Jena und die Arbeitsgemeinschaft Jenaer Bibliotheken. – In: Zentralblatt für Bibliothekswesen. – Leipzig 103(1989)1. – S. 29-32

Die Universitätsbibliothek Jena von 1933 bis 1945 / Konrad Marwinski ; Lothar Bohmüller. – In: Die Universitätsbibliotheken Heidelberg, Jena und Köln unter dem Nationalsozialismus / hrsg. von Ingo Toussaint. – München [u. a.] : Saur, 1989. – S. 91-287. – (Beiträge zur Bibliothekstheorie und Bibliotheksgeschichte ; 2)

Zwei Jahrzehnte Veröffentlichungen der Universitätsbibliothek Jena und ihrer Mitarbeiter : 1970 – 1989 / [zsgest. und bearb. von Gisela Gülzow und Konrad Marwinski]. – Jena : Univ.-Bibl. d. Friedrich-Schiller-Univ. Jena, 1989. – 54 S. – (Bibliographische Mitteilungen der Universitätsbibliothek Jena ; 53)

[Rez.]

Loh, Gerhard: Geschichte der Universitätsbibliothek Leipzig von 1543 bis 1832. – Leipzig : Bibliograph. Inst., 1987. – 174 S. – (Zentralblatt für Bibliothekswesen : Beih. ; 96). – In: Zentralblatt für Bibliothekswesen. – Leipzig 103(1989)10. – S. 465-466

[Rez.]

Syré, Ludger: Die Universitätsbibliothek Tübingen auf dem Weg ins 20. Jahrhundert : die Amtszeit Karl Geigers 1895 – 1920. Tübingen : Mohr, 1986. – In: Jahrbuch für Regionalgeschichte. – Weimar 16(1989) T. 2. – S. 299 ff

1990

Heimatgeschichte und bürgerliche Geschichtsvereine in Ostthüringen : gekürzte Fassung eines Vortrages zum Tag der Heimatgeschichte im Kreis Zeulenroda 1987 im Museum Reichenfels. – In: Jahrbuch des Museums Hohenleuben-Reichenfels. – Hohenleuben 35(1990). – S. 59-63

Jena – Canterbury – Edinburgh und zurück : Eindrücke von einer Bibliotheksreise nach Großbritannien. - In: Zentralblatt für Bibliothekswesen. – Leipzig 104(1990)4. – S. 164-170

Nachwort [zu Schmidt, Julius: Medizinisch-physikalisch-statistische Topographie der Pflege Reichenfels]. – Faks.-Druck [d. Ausg.] Leipzig, 1827. – Plauen, 1990

Die Privatprotokolle des Jenaer Universitätsbibliothekars Johann Gottfried Müller 1759 bis 1762. – In: Von der Wirkung des Buches : Festgabe für Horst Kunze ... – Berlin, 1990. – S. 191-207

Votum für Landesbibliothek : Interview mit Dr. Konrad Marwinski, Direktor der Universitätsbibliothek und Vorsitzender des Vereins für Thüringische Geschichte / d. Gespräch führte Eberhard Stein. – In: Thüringen-Magazin. – Jena 1(1990)3. – S. 43-45

Zur Entwicklung und zum Stand des Bibliothekswesens in der DDR. – In: Bibliotheksdienst. – Berlin 24(1990)7. – S. 890-899

1991

Aus der Geschichte des Vereins für Thüringische Geschichte und Altertumskunde : Vortrag auf der ersten Hauptversammlung des Vereins für Thüringische Geschichte e.V. in Jena am 28. Mai 1990. – In: Blätter des Vereins für Thüringische Geschichte e.V. – Jena 1(1991)1. S. 6-16

Bericht über die Gründung des Vereins für Thüringische Geschichte e.V. – In: Hessisches Jahrbuch für Landesgeschichte. – Marburg 41(1991). – S. 409-412. – Auch als Sonderdr. erschienen

Deutsche Bibliotheken unter einem Dach. - In: Mitteilungen / Universitätsbibliothek Jena. – Jena 1(1991)2. – S. 1

Geschichtsverein tagte – Jahreshauptversammlung 1991 des Vereins für Thüringische Geschichte in Gotha. – In: Mitteilungen / Universitätsbibliothek Jena. – Jena 1(1991)3. – S. 7

Jahresbericht für das Vereinsjahr 1990/1991, erstattet auf der Jahreshauptversammlung in Gotha am 11. Mai 1991 durch den Vorsitzenden. – In: Blätter des Vereins für Thüringische Geschichte e.V. – Jena 1(1991)2. – S. 28-32

Mitgliederversammlung des Landesverbandes Thüringen im Deutschen Bibliotheksverband e.V. in Erfurt. – In: Mitteilungen / Universitätsbibliothek Jena. – Jena 1(1991)3. – S. 1-2

L'ouverture des frontières : impact sur les bibliothèques de l'Allemagne de l'Est. – In: Bulletin des bibliothèques de France. – Paris 36(1991)6. – S. 556-563

Senatskommission für Bibliotheks- und Informationsangelegenheiten. – In: Mitteilungen / Universitätsbibliothek Jena. – Jena 1(1991)3. – S. 15

Thüringen - eine Bibliothekslandschaft im Überblick. - In: Bibliotheken in Hessen / Dt. Bibliotheksverband, Landesverband Hessen e.V. – Wiesbaden, 1991. – S. 39-44

Thüringen – eine Bibliothekslandschaft im Überblick. – In: Mitteilungen / Universitätsbibliothek Jena. – Jena 1(1991)2. – S. 2-11

Zu einem glücklichen neuen Jahr : allen Mitarbeiterinnen und Mitarbeitern der ThULB zum Gruß! – In: Mitteilungen / Universitätsbibliothek Jena. – Jena 1(1991)5. – S. 1-4

Zur Problematik der Büchergrundbestände an der Universitätsbibliothek Jena. – In: Mitteilungen / Universitätsbibliothek Jena. – Jena 1(1991)3. – S. 10-13

Die Zusammenarbeit zwischen den wissenschaftlichen Bibliotheken der alten und neuen Bundesländer. – In: Bibliotheksforum Bayern. – München 19(1991)1. – S. 3-10

1992

Anschluß der Bibliotheken in Thüringen an den Bibliotheksverbund Niedersachsen/ Sachsen-Anhalt / Konrad Marwinski ; Dorothee Reißmann. – In: Mitteilungen / Thüringer Universitäts- und Landesbibliothek Jena. – Jena 2(1992)5. – S. 7-13

Bibliothekare in Nordirland. - In: Mitteilungen / Thüringer Universitäts- und Landesbibliothek Jena. – Jena 2(1992)2. – S. 1-2

Herbart in Jena. – In: Johann Friedrich Herbart aus Oldenburg (1776 – 1841) / bearb. von Rudolf Fietz. – Oldenburg, 1992. – S. 23-28. – (Schriften der Landesbibliothek Oldenburg ; 27)

Jahresbericht für das Vereinsjahr 1991/92, erstattet auf der Jahreshauptversammlung des Vereins in Erfurt am 16. Mai 1992. – In: Blätter des Vereins für Thüringische Geschichte e.V. – Jena 2(1992)2. – S. 34-39

Runder Tisch „Restitution der Bibliotheksbestände und Zusammenarbeit in Europa" in Moskau. – In: Mitteilungen / Thüringer Universitäts- und Landesbibliothek Jena. – Jena 2(1992)5. – S. 1-6

Thüringen, eine Bibliothekslandschaft im Wandel. – In: Bibliotheksforum Bayern. – München 20(1992)1. – S. 5-20

Verein für Thüringische Geschichte e.V. (VTG). – In: Volkskunde in Thüringen. – Erfurt, 1992. – S. 91-94. – (Thüringer Hefte für Volkskunde ; 1)

Zensurpraxis an der Alma mater Jenensis im 18. Jahrhundert. – In: Wissenschaft und Bibliothek : Prof. Dr. habil. Joachim Dietze anläßlich seines 60. Geburtstages gewidmet. – Halle (Saale), 1992. – S. 70-78

Zur Geschichte der Medizin an der Universität Jena : Auswahlbibliographie 1945 ff. Erster Nachtrag / Konrad Marwinski ; Günther Wagner ; Horst Bruchhaus. – In: Medizinprofessoren und ärztliche Ausbildung. – Jena : Univ.-Verl., 1992. – S. 329-349

Zwischen Bücherspende und Erwerbungsetat : Bemerkungen zur Situation der Hochschulbibliotheken im Erneuerungsprozeß des Hochschulwesens in den neuen Bundesländern. – In: Mitteilungen / Thüringer Universitäts- und Landesbibliothek Jena. – Jena 2 (1992)3. – S. 1-8

1993

Das Bauprojekt Thüringer Universitäts- und Landesbibliothek Jena – der Jenaer Bibliotheksneubau als Integrationsfaktor im universitären Bibliothekssystem. – In: Bibliothek, Forschung und Praxis. – München 17(1993)3. – S. 369-374

Der Beitrag des Vereins für Thüringische Geschichte und Altertumskunde zur thüringischen Landesgeschichtsforschung. – In: Zeitschrift des Vereins für Thüringische Geschichte. – Jena 46(1992). – 1993. – S. 11-52

Das einschichtige integrierte Bibliothekssystem und der Erneuerungsprozeß an der Friedrich-Schiller-Universität Jena. – In: Bibliotheken in alten und neuen Hochschulen : 82. Deutscher Bibliothekartag in Bochum. – Frankfurt a.M., 1993. – S. 294-304

Jahresbericht für das Vereinsjahr 1992/93, erstattet auf der Jahreshauptversammlung des Vereins in Altenburg am 15. Mai 1993 durch den Vorsitzenden des Vereins für Thüringische Geschichte. – In: Blätter des Vereins für Thüringische Geschichte e.V. – Jena 3(1993)2. – S. 24-29

Jahresbericht ThULB 1992. – Jena : Thür. Universitäts- und Landesbibliothek, 1993. – 27, [11] S. : Ill. – (Mitteilungen / Thüringer Universitäts- und Landesbibliothek Jena ; 3, 1993, 4)

Studienreise in die Niederlande. – In: Mitteilungen / Thüringer Universitäts- und Landesbibliothek Jena. – Jena 3(1993)1. – S. 1-7

Gisela Gülzow und Edeltraud Paetrow

Der Thüringer Dienstleistungsverbund der Bibliotheken – ein Pendant zum Bibliotheksverbund Ostwestfalen-Lippe : (Ansprache anläßlich der Eröffnung des Bibliotheksverbundes Ostwestfalen-Lippe am 20. Oktober 1993 in der Lippischen Landesbibliothek Detmold). – In: Mitteilungen / Thüringer Universitäts- und Landesbibliothek Jena. – Jena 3(1993)5. – S. 12-15

Der Verein für Thüringische Geschichte e.V. : Kommunikations- und Konsultationszentrum für thüringische Landeskunde in Jena. – In: Weimar Kultur Journal. – Weimar (1993)6. – S. 16-17

Die wissenschaftliche Bibliothek : Aufgaben, Wandlungen, Probleme / bearb. und hrsg. im Auftrag d. Deutschen Bibliotheksverbandes von Jürgen Hering. Unter Mitarb. von ... K. Marwinski ... – Berlin : Dt. Bibliotheksverband, 1993. – 69 S.

1994

Aus Bibliothekswelt und Kulturgeschichte : Bücher aus dem Besitz von Joachim Wieder jetzt an der ThULB. – In: Mitteilungen / Thüringer Universitäts- und Landesbibliothek Jena. – Jena 4(1994)6. – S. 6-7

Bericht über die Tätigkeit der Historischen Kommission für Thüringen seit ihrer Gründung am 4. April 1991. – In: Zeitschrift des Vereins für Thüringische Geschichte. – Jena 48(1994). – S. 191-202

Die Deutsche Bibliothek – Richtfest in Frankfurt am Main. – In: Mitteilungen / Thüringer Universitäts- und Landesbibliothek Jena. – Jena 4(1994)3. – S. 3-8

Herbart in Jena. – In: Johann Friedrich Herbart aus Oldenburg (1776 – 1841) / bearb. von Rudolf Fietz. – 2., verm. Aufl. – Oldenburg, 1994. – S. 23-28. – (Schriften der Landesbibliothek Oldenburg ; 27)

Irmgard Höß zum 75. Geburtstag. – In: Blätter des Vereins für Thüringische Geschichte e.V. – Jena 4(1994)2. – S. 49-50

Jahresbericht für das Vereinsjahr 1993/94, erstattet auf der Jahreshauptversammlung in Sömmerda am 14. Mai 1994. – In: Blätter des Vereins für Thüringische Geschichte e.V. – Jena 4(1994)2. – S. 39-44

Jahresbericht ThULB 1993. – Jena : Thür. Universitäts- und Landesbibliothek, 1994. – 76 S. : Tab. – (Mitteilungen / Thüringer Universitäts- und Landesbibliothek Jena ; 4, 1994, 5)

Die Organisation des Bibliothekswesens in Thüringen. – In: Mitteilungen / Thüringer Universitäts- und Landesbibliothek Jena. – Jena 4(1994)4. – S. 1-14

Thüringens Museumslandschaft und die Geschichtsvereine. – In: Kleinstaaten und Kultur in Thüringen. – Weimar : Böhlau, 1994. – S. 435-441

Walter Barton, Verzeichnis der Veröffentlichungen : 1952 – 1994 ; zum 70. Geburtstag am 8. Februar 1994 / bearb. von Egbert Koolman. [Die Verfasser: Egbert Koolman ; Konrad Marwinski ; Klaus Sturm]. – Oldenburg : Holzberg, 1994. – 48 S. : Ill. – (Schriften der Landesbibliothek Oldenburg ; 28)

[Rez.]
Herzog Ernst II. von Sachsen-Coburg und Gotha 1818 – 1893 und seine Zeit : Jubiläumsschrift im Auftrage der Städte Coburg und Gotha / hrsg. von Harald Bachmann [u. a.]. –

Augsburg : Maro-Verl., 1993. – 488 S. – In: Zeitschrift des Vereins für Thüringische Geschichte. – Jena 48(1994). – S. 168-169

[Rez.]
Kreuch, Knut: Wechmar : das Tor zum Thüringer Burgenland ; Festbuch der Gemeinde Wechmar und des Wechmarer Heimatvereins e.V. / Knut Kreuch ; Heinz Armstroff. – 1. Aufl. – Horb am Neckar : Geiger, 1992. – 60 S. : zahlr. Ill. – In: Zeitschrift des Vereins für Thüringische Geschichte. – Jena 47(1993). – 1994. – S. 189-191

[Rez.]
Raschke, Helga: Gotha : die Stadt und ihre Bürger. – Horb am Neckar : Geiger, 1992. – 252 S. : zahlr. Ill. – In: Zeitschrift des Vereins für Thüringische Geschichte. – Jena 47(1993). – 1994. – S. 188-189

1995

Eduard Rosenthal : Rechtshistoriker, Verfassungsrechtler und Vorsitzender des Vereins für Thüringische Geschichte und Altertumskunde. – In: Zeitschrift des Vereins für Thüringische Geschichte. – Jena 49(1995). – S. 47-54

Jahresbericht für das Vereinsjahr 1994/95, namens des Vorstandes erstattet auf der Jahreshauptversammlung in Mühlhausen am 13. Mai 1995 durch den Vorsitzenden Dr. Konrad Marwinski, Weimar. – In: Blätter des Vereins für Thüringische Geschichte e.V. – Jena 5(1995)2. – S. 44-49

[Jahresbericht ThULB 1994]. – Jena : Thür. Universitäts- und Landesbibliothek, 1995. – 68 S. : Tab. – (Mitteilungen / Thüringer Universitäts- und Landesbibliothek Jena ; 5, 1995, 4)

Jahresrück- und Ausblick 1994/1995 : Auszüge aus der Ansprache des Direktors der Thüringer Universitäts- und Landesbibliothek Jena ... – In: Mitteilungen / Thüringer Universitäts- und Landesbibliothek Jena. – Jena 5(1995)1. – S. 1-16

Johann Weischner jun. – erster Faktor der Officina Ducalis Vimariensis. – In: Ein Verlag braucht eine große Stadt. – Weimar : Pavillon Presse, 1995. – S. 6-7

Literaturexpress Thüringer Bibliotheken – eine Leistung des Thüringer Dienstleistungsverbundes. – In: Mitteilungen / Thüringer Universitäts- und Landesbibliothek Jena. – Jena 5(1995)6. – S. 1-11

Moser zurück! – In: Mitteilungen / Thüringer Universitäts- und Landesbibliothek Jena. – Jena 5(1995)5. – S. 23-25

Thüringen – eine besondere deutsche Bibliothekslandschaft. – In: Palmbaum. – Rudolstadt [u. a.] 3(1995)2. – S. 6-19

Thüringer Biographisches Lexikon (ThBL) – ein neues Projekt der Historischen Kommission für Thüringen. – In: Blätter des Vereins für Thüringische Geschichte e.V. – Jena 5(1995)1. – S. 63-64

Thüringer Biographisches Lexikon (ThBL) – ein neues Projekt der Historischen Kommission für Thüringen. – In: Mitteilungen / Thüringer Universitäts- und Landesbibliothek Jena. Jena 5(1993)3. – S. 10

Thüringer Dienstleistungsverbund – Modell für die Zusammenarbeit von wissenschaftlichen und öffentlichen Bibliotheken. – In: Bibliotheken – eine Investition für die Zukunft : 1. Thüringer Bibliothekartag in Gera am 21. Oktober 1995. – Gera, 1995. – S. 16-22

Thüringer Universitäts- und Landesbibliothek Jena. – In: Bücher Markt. – Hannover 4(1995)2. – S. 22-24

Das thüringische Bibliothekswesen im Verbund. – In: Mitteilungen / Thüringer Universitäts- und Landesbibliothek Jena. – Jena 5(1995)2. – S. 1-11

Vielseitiger Jurist : Prof. Eduard Rosenthal zum Gedenken / Konrad Marwinski ; Axel Stelzner. – In: Alma mater Jenensis. – Jena 6(1995-06-13) = 16. – S. 7

[Rez.]
Bestandsaufbau und Erwerbungspolitik in universitären Bibliothekssystemen : Versuch einer Standortbestimmung. – Berlin : Dt. Bibliotheksinst., 1994. – 135 S. – (DBI-Materialien ; 134). – In: Buch und Bibliothek. – Bad Honnef 47(1995)5. – S. 522-524

1996

[Jahresbericht ThULB 1995]. – Jena : Thür. Universitäts- und Landesbibliothek, 1996. – 52 S. (Mitteilungen / Thüringer Universitäts- und Landesbibliothek Jena ; 6, 1996, 2)

Jahresrück- und Ausblick 1995/1996 : Ansprache des Direktors der Thüringer Universitäts- und Landesbibliothek Jena vor der Belegschaftsversammlung am Donnerstag, dem 18. Januar 1996, im Allgemeinen Lesesaal. – In: Mitteilungen / Thüringer Universitäts- und Landesbibliothek Jena. – Jena 6(1996)1. – S. 1-13

Der Literaturexpress : eine Leistung des Thüringer Dienstleistungsverbundes. – In: Buch und Bibliothek. – Bad Honnef 48(1996)2. – S. 171-173

Die post-moderne Bibliothek zwischen Funktionalität und Ästhetik: Tagungsbericht. – In: Mitteilungen / Thüringer Universitäts- und Landesbibliothek Jena. – Jena 6(1996)1. – S. 14-33

Rechenschaftsbericht für die Wahlperiode 1993/1996, erstattet auf der Jahreshauptversammlung des Vereins für Thüringische Geschichte in Hohenleuben am 18. Mai 1996 durch den derzeitigen Vorsitzenden Dr. Konrad Marwinski. – In: Blätter des Vereins für Thüringische Geschichte e.V. – Jena 6(1996)2. – S. 47-51

Safárik und die Jenaer Akademische Bibliothek : Wirkungen der Bibliotheksbenutzung eines slowakischen Studenten. – In: Pavol Jozef Safárik a slavistika. – Martin : Matica Slovenská, 1996. – S. 413-419. – (Acta facultatis philosophicae Universitatis Safárikianae)

Stand und Aufgaben landesgeschichtlicher Forschungsarbeit in Thüringen. – In: 44. Thüringischer Archivtag Erfurt 1995. – Weimar : Thür. Archivverband, 1996. – S. 45-54

Ein Umzugswort. – In: Mitteilungen / Thüringer Universitäts- und Landesbibliothek Jena. – Jena 6(1996)4. – S. 1-5

Die Universitätslehranstalt für Buch- und Bibliothekswesen in Jena. – In: Bibliothek als Lebenselixier : Festschrift für Gottfried Rost zum 65. Geburtstag. – Leipzig ; Frankfurt a. M. ; Berlin : Die Deutsche Bibliothek, 1996. – S. 129-142

Die Wiedervereinigung Deutschlands – eine Wende für das wissenschaftliche Bibliotheks-
wesen? – In: Wissenschaftliche Bibliotheken nach der Wiedervereinigung Deutschlands –
Entwicklung und Perspektive / hrsg. von Joachim Dietze u. Brigitte Scheschonk. – Halle :
Martin-Luther-Univ. Halle-Wittenberg, Univ.- u. Landesbibliothek Sachsen-Anhalt, 1996.
– S. 9-22. – (Arbeiten aus der Universitäts- und Landesbibliothek Sachsen-Anhalt ; 42)

Die Wiedervereinigung Deutschlands – eine Wende für das wissenschaftliche Bibliothekswesen? - In: INFO / Deutscher Bibliotheksverband. – Berlin 20(1996). – S. 133-138

1997

Die Ältere Thüringische Historische Kommission von 1896. – In: Hundert Jahre Historische Kommission für Hessen (1897 – 1997) : Festgabe dargebracht von Autorinnen und
Autoren der Historischen Kommission. T. 2 / hrsg. von Walter Heinemeyer. – Marburg,
1997. – S. 1205-1214. – (Veröffentlichungen der Historischen Kommission für Hessen ; 61)

Bericht des Vorsitzenden über das Vereinsjahr 1996/97, erstattet auf der Mitgliederver-
sammlung im Rahmen der 8. Jahreshauptversammlung des Vereins für Thüringische
Geschichte in Artern am 10. Mai 1997 durch den derzeitigen Vorsitzenden Dr. Konrad
Marwinski. – In: Blätter des Vereins für Thüringische Geschichte e.V. – Jena 7(1997)2. –
S. 45-48

Erfahrungsbericht aus der Thüringer Universitäts- und Landesbibliothek Jena, vorgetragen auf
der Ersten GBV-Verbundkonferenz am 26. Februar 1997 in Göttingen. – In: Mitteilungen /
Thüringer Universitäts- und Landesbibliothek Jena. – Jena 7(1997)1. – S. 1-7

„Gotha hat eine weit und breit renommirte Bibliotheque ...“ : Vortrag zum Festakt anläßlich
des 350jährigen Jubiläums der Forschungs- und Landesbibliothek Gotha am 10. September
1997. – Gotha : Forschungs- und Landesbibliothek, 1997. – 20 S. : Ill.

Grußwort zur Feier „50 Jahre Evangelischer Buchberater“ des Deutschen Verbandes Evangelischer Büchereien am 21. Februar 1997 in Göttingen. – In: DBV-Jahrbuch. – Berlin
(1997). – S. 69-70

Helmut Claus im Ruhestand. – In: Zeitschrift für Bibliothekswesen und Bibliographie. –
Frankfurt a. M. 44(1997)1. – S. 110-111

[Jahresbericht ThULB 1996]. – Jena : Thür. Universitäts- und Landesbibliothek, 1997. –
56 S. : Tab. – (Mitteilungen / Thüringer Universitäts- und Landesbibliothek Jena ; 7, 1997, 2)

Max Keßler zum 90. Geburtstag. – In: Blätter des Vereins für Thüringische Geschichte e.V.
– Jena 7(1997)1. – S. 50

Papierrettung im Wettlauf mit der Zeit : flexibles System zur Restaurierung und Konservie-
rung des Schriftträgers Papier an der Thüringer Universitäts- und Landesbibliothek Jena /
Konrad Marwinski ; Günter Müller. – In: Forschungsmagazin / Friedrich-Schiller-Univ. Jena.
– Jena (1997)6. – S. 18-23

Papierrettung im Wettlauf mit der Zeit : flexibles System zur Restaurierung und Konservie-
rung des Schriftträgers Papier an der Thüringer Universitäts- und Landesbibliothek Jena /
Konrad Marwinski ; Günter Müller. – In: Mitteilungen / Stifterverband für die Deutsche
Wissenschaft 5(1997)4. – S. 40-43

Safárik und die Jenaer Akademische Bibliothek : Wirkungen der Bibliotheksbenutzung eines slowakischen Studenten. – In: Mitteilungen / Thüringer Universitäts- und Landesbibliothek Jena. – Jena 7(1997)3. – S. 19-35

Zum Geleit. – In: Fünfzig Jahre Universitätsarchiv Jena / Hrsg.: Friedrich-Schiller-Univ., Thür. Univ.- und Landesbibl., 1997. – S. 1-2. – (Mitteilungen / Thüringer Universitäts- und Landesbibliothek Jena ; 7, 1997, 4)

[Rez.]
Berndt, Michael: Jak korzystac z biblioteki? Razmówki polsko-oniemieckie i niemiecko-polskie = Wie benutze ich eine Bibliothek? Gesprächsführer polnisch-deutsch und deutsch-polnisch. – Krakow : Ksè garnia Akademicka, 1996. – 62 S. – In: Bibliothek, Forschung und Praxis. – München 21(1997)2. – S. 254-255

[Rez.]
Festschrift für Hans Eberhardt zum 85. Geburtstag / hrsg. von Michael Gockel und Volker Wahl. – Köln [u. a.] : Böhlau, 1993. – XVI, 624 S. – (Thüringische Forschungen). – In: Jahrbuch für Regionalgeschichte und Landeskunde. – Leipzig 20(1995/1996). – [ersch. 1997]. – S. 221-223

1998

Ansprache des Direktors auf der Belegschaftsversammlung der ThULB am 13. Januar 1998 in den Rosensälen. – In: Mitteilungen / Thüringer Universitäts- und Landesbibliothek Jena. – Jena 8(1998)1. – S. 1-10

Der (Deutsche) Bibliotheksverband der DDR 1964 bis 1990. – In: Bibliothekspolitik in Ost und West / hrsg. von Georg Ruppelt. – Frankfurt a.M. : Klostermann, 1998. – S. 65-129. – (Zeitschrift für Bibliothekswesen und Bibliographie : Sonderhefte ; 72)

Ex Bibliotheca C.W. Starkii : Anmerkungen zur Nachlaßbibliothek von Carl Wilhelm Stark (III), die 1846 von der Universitätsbibliothek Jena erworben wurde. – In: Mitteilungen / Thüringer Universitäts- und Landesbibliothek Jena. – Jena 8(1998) Sonderh. – S. 46-57

Der Neu- und Wiederaufbau des zentralen Bibliotheksgebäudes der Thüringer Universitäts- und Landesbibliothek Jena. – In: Schritte zur Neuen Bibliothek : Rudolf Frankenberger zum Abschied aus dem Dienst / hrsg. von Otto Weippert. – München : Saur, 1998. – S. 153-177

2. Herausgeber- und Mitarbeitertätigkeit

Lexikon der Buchkunst und Bibliophilie. – Leipzig : Bibliogr. Inst., 1987. – Mitarbeit (16 Artikel)

Bibliothek, Forschung und Praxis. – München [u. a.] : Saur (seit 1991)

Blätter des Vereins für Thüringische Geschichte e.V. – Jena : VTG (seit 1991)

Mitteilungen / Landesverband Thüringen im Deutschen Bibliotheksverband e.V. – Jena (seit 1991)

Mitteilungen / Thüringer Universitäts- und Landesbibliothek Jena. – Jena (seit 1991)

Zeitschrift des Vereins für Thüringische Geschichte. – Jena : VTG (seit 1992)

Zeitschrift für Bibliothekswesen und Bibliographie. – Frankfurt a.M. : Klostermann (seit 1993)

Verzeichnis der Autorinnen und Autoren

Dr. Helmut Claus
Bibliotheksdirektor a. D.
(Forschungs- u. Landesbibliothek Gotha)
Hauptmarkt 15
99867 Gotha

Frau Gisela Gülzow
Ottogerd-Mühlmann-Straße 25
07743 Jena

Prof. Dr. Bernd Hagenau
Ltd. Bibliotheksdirektor der Universitäts-
und Landesbibliothek Saarbrücken
Postfach 15 11 41
66041 Saarbrücken

Dr. Ekkehard Henschke
Ltd. Bibliotheksdirektor der
Universitätsbibliothek Leipzig
Beethovenstraße 16
04107 Leipzig

Dr. Peter Hoffmann
Ltd. Bibliotheksdirektor der
Universitätsbibliothek Rostock
Universitätsplatz 5
18055 Rostock

Dr. Michael Knoche
Direktor der
Herzogin Anna Amalia Bibliothek
Platz der Demokratie 1
99423 Weimar

Frau Ingrid Kranz
Direktorin a. D.
(Bibliothek der Bauhaus-Universität Weimar)
Schwanseestraße 33
99423 Weimar

Prof. Dr. Joachim-Felix Leonhard
Vorstand der Stiftung Deutsches Rundfunkarchiv
Frankfurt am Main – Berlin
Postfach 10 06 44
60006 Frankfurt / M.

Dr. Gottfried Mälzer
Ltd. Bibliotheksdirektor der
Universitätsbibliothek Ilmenau
Postfach 10 05 65
98684 Ilmenau

Prof. Dr. Elmar Mittler
Direktor der Niedersächsischen Staats- und
Universitätsbibliothek Göttingen
Platz der Göttinger Sieben
37073 Göttingen

Dr. Ekkehard Oehmig
Direktor der
Universitätsbibliothek Magdeburg
Universitätsplatz 2
39016 Magdeburg

Frau Edeltraud Paetrow
Thüringer Universitäts- und Landesbibliothek Jena
Postfach
07740 Jena

Prof. Dr. Engelbert Plassmann
Institut f. Bibliothekswissenschaft
der Humboldt-Universität Berlin
Postfach
10999 Berlin

Frau Annette Rath-Beckmann
Direktorin der Staats- und Universitätsbibliothek Bremen
Postfach 33 01 60
28331 Bremen

Frau Dorothee Reißmann
Stellvertreterin der Direktorin der
Thüringer Universitäts- u. Landesbibliothek Jena
Postfach
07740 Jena

Dr. Georg Ruppelt
Ltd. Bibliotheksdirektor der
Herzog August Bibliothek Wolfenbüttel
Lessingplatz 1
38304 Wolfenbüttel

Frau Christiane Schmiedeknecht
Ltd. Biblioteksdirektorin der
Universitätsbibliothek Erfurt
Gotthardtstraße 21-23
99084 Erfurt

Frau Barbara Schneider-Eßlinger
Ltd. Bibliotheksdirektorin der
Universitätsbibliothek Potsdam
Am Neuen Palais 10
14469 Potsdam

Dr. Heiner Schnelling
Ltd. Bibliotheksdirektor der
Universitäts- und Landesbibliothek Sachsen-Anhalt
August-Bebel-Straße 13 und 50
06108 Halle/Saale

Dr. Karl Steuding
Direktor der Hochschulbibliothek
Pädagogische Hochschule
Postfach 307
99006 Erfurt

Dr. Rosemarie Werner
Dozentin Bibliothekswesen a. D.
(Institut f. Bibliothekswissenschaft
der Humboldt-Universität Berlin)
Siedlerweg 3
15755 Töpchin